许金生 ⊙ 著

无声的炸弹

传单上的抗日战争

复旦大学出版社

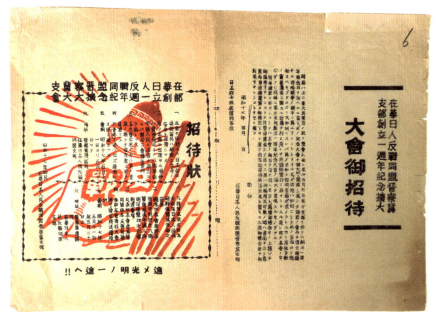

在华日本人民反战同盟晋察冀支部的中、日文传单《在华日本人民反战同盟晋察冀支部创立一周年纪念扩大大会招待信》(制作时间：1942年4月)

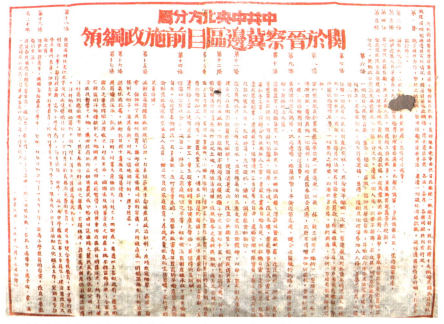

《中共中央北方分局关于晋察冀边区目前施政纲领》的传单(制作时间：1940年8月后)

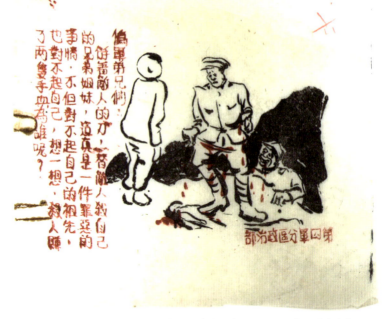

晋察冀军区第四军分区政治部的中文传单（制作时间：1942年7月左右）

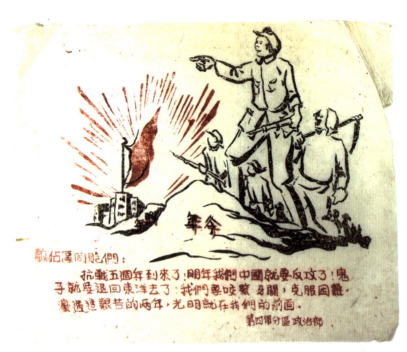

晋察冀军区第四军分区政治部的中文传单（制作时间：1942年7月左右）

晋察冀军区第四分区司令员邓华、政委刘道生的中文传单《纪念抗战五周年告敌占区同胞书》（制作时间：1942年7月）

晋察冀军区第四分区司令部、政治部的中文传单《纪念抗战五周年告伪军伪官书》（制作时间：1942年6月左右）

制作者不明的日文传单《通行证》（制作时间不明）

第四軍分區信箋

先生：

日寇乘英美集中力量打擊希特勒之際，發動太平洋侵畧戰爭，半年來雖獲得些許勝利，然其所得實不償失，現在日寇攻勢日挫，英美在太平洋上日益充其實力，日寇之必敗，已証於最近中途島珍珠港之役，其盟兄希特勒在蘇聯不斷打擊下，已銳疲力竭，春季攻勢，已成子虛，近則蘇英美更訂親密新約，相誓互助共戰一敵，於是德寇內則有歐洲第二戰線之威脅，外則有英美蘇等國之夾擊，德寇既亡，日寇自斃，斯達林曰：「今年要完全擊敗希特勒！」毛澤東曰：「中國抗戰再有二年即可勝利。」今則我國實力日增，內部團結與團國合戰仇敵，反攻在即，敵佔區同胞，忍氣吞聲，屈辱於鐵蹄下者五年矣，觀日寇之必敗，察相國之興起，對於自己前途，應深加攷慮，如果乘機棄暗投明，則應速作準備，如因一時不能脫身，則應抱「身在曹營心在漢」之心理，盡量帮助抗戰，為自身將來留荷餘地，但為黑白分別，免於玉石復焚，望速與八路軍及抗日政府秘密接洽，取得聯系，先通衷曲，實為善計。「人不負我，我不負人」，君其熟慮，今密抗戰五週年，勝利在望，日寇「迴光返照」之際，謹以竭誠，暑致數語，惟希察響，並頌

時祺

司　　令　員　鄧　華
政　治　委　員　劉道生
政治部主任　王紫峯
參謀長　易耀彩

目 录

序 言 / 1

第一章　宣传主体及其政策 / 11
　　一、中国共产党方面 / 13
　　二、中国国民党方面 / 38
　　三、日本人反战组织 / 52
　　四、朝鲜抗战团体 / 72
　　五、其他抗日、反战组织 / 83

第二章　宣传对象及其内容 / 95
　　一、针对日军的宣传 / 97
　　二、针对伪军等的宣传 / 138
　　三、针对敌占区、游击区的中国民众 / 156

第三章　传单的形式 / 193
　　一、以文字为主的一般传单 / 195

二、以图为主的传单 / 202

三、书信类形式的传单 / 213

四、数据表格形式的传单 / 222

五、通行证 / 224

六、招待券 / 226

七、诗歌类形式的传单 / 228

八、纸币形式的传单 / 236

第四章 传单的散发 / 241

一、通常的散发方法 / 243

二、利用礼物散发 / 246

三、利用飞机、"土飞机"散发 / 252

第五章 宣传的规模与效果 / 257

一、宣传规模 / 259

二、宣传效果 / 269

结 语 / 283

参考文献 / 286

后 记 / 289

序　言

所谓用兵之道,攻心为上,攻城次之。决定战争走向的主要因素有人和技术,而人的精神状态对于战争的影响甚大。战争中的宣传工作,对于敌方,目的在于使其降低士气,削弱斗志,减少乃至丧失战斗意志,甚至促使其投降,加速敌国的军事和政治失败。对于我方,则在于揭露敌方的政策和谣言,抵御敌方的宣传,稳定、凝聚、巩固军心、民心,激励斗志,动员和组织民众参与战争,赢得战争。

攻心于战争之重要性,古今皆然,尤其是进入近代社会以后。传播学的奠基人之一哈罗德·D·拉斯韦尔通过对第一次世界大战宣传战的研究认为:"现代战争必须在三个战线展开:军事战线、经济战线、宣传战线。"[1]对宣传战在20世纪战争中的重要性做了准确定位。确实,进入近代社会以后,大众传播媒介日益丰富,手段众多,为展开宣传战提供了十分有利的条件。据研究,中国共产党至今所使用的宣传方法达60多种[2],而八路军领导人朱德、彭德怀抗战初期在《抗

---

[1] [美]哈罗德·D·拉斯韦尔著,张洁、田青译:《世界大战中的宣传技巧》,中国人民大学出版社,2014年,第214页。
[2] 林之达主编:《中国共产党宣传史》,四川人民出版社,1990年,第3页。

敌的游击战术》一书中则将游击区内的宣传方法概括为文字宣传、图影宣传、口头宣传、行动宣传[1]。其实,这四种方法不仅在游击区,在沦陷区和大后方都会使用。文字宣传,包括以纸张为载体的传单、宣言、标语、口号、歌曲、小说、报刊、书籍等。图影宣传,包括利用图画、电影、幻灯进行的宣传。口头宣传,指"口耳相传",比如开会、演戏、广播等。行动宣传,是以实际行动做榜样,启示激发被宣传对象。

在以上众多的宣传形式中,传单仅仅属于文字宣传的一种,似乎并不起眼。何谓传单?一般而言,将宣传的要点,用通俗的文字,有时配以图画作简明扼要的说明,字数多于标语,印在小小的纸张上,向目标对象散发,就是传单。

不同的宣传方式,在制作、使用、宣传效果等方面当然有不同的特点和优势。与所有纸质大众传播媒介相比,传单的各种优势和特点则是显而易见的,它集多种宣传品的宣传优势于一体。具体而言,传单具有以下优势和特点。

(1) 使用方法的灵活性。传单可以用来张贴、传递、散发、邮寄。张贴时,不像宣传画和标语等张贴时需要有一定面积的平整平面,传单面积小,对于张贴处要求很低,诸如大街小巷和乡村的墙壁、树干、火车等交通工具上均可,可谓随处可贴;传递时,因纸张面积小,并且可任意折叠,较其他纸质宣传品方便;散发时,因一般是单独纸片,便于在公共场所高空散布,而报刊、宣传册、大幅图画等是不适合的;邮寄时,既可伪装成信件邮寄,也可夹在邮寄品中一起寄出。

(2) 制作的廉价性。与宣传画、宣传册、报刊等相比,制作传单和

---

[1] 朱德、彭德怀:《抗敌的游击战术》,抗敌救亡出版社,1938年,第24—26页。

标语的人工成本和材料成本是最低的,十分便于大量印制。

（3）散发时间、空间上的随意性。跟报刊相比,传单在时间上完全不受期号等限制,随时可以编写印制。在散发空间上,完全不需要固定的发行渠道,可以散发到任何地方,即使是穷乡僻壤、天涯海角都可散发,这是其他纸质宣传品望尘莫及的。

（4）隐匿性。因为面积小,便于偷偷收藏,便于任意折夹而偷偷携带和散发,如秘密夹在物体中携带,秘密夹在邮寄品中邮寄。与此相比,报刊、宣传册和纸幅较大的图画、标语就较容易暴露。

（5）传阅性。传单的"传"是传递之意,本质上就属于"传阅"之单。与绘画、标语这种固定于某处的纸质宣传品相比,传单则是用来秘密或公开传阅的。

（6）体裁、表现形式等的丰富多样性。传单不受体裁束缚,根据宣传的实际需要,可以是文章、诗歌,也可以是歌词、口号,还可以是书信等。在形式上可以是纯文字的,也可以图文并茂,甚至还可以为纯图画的。在篇幅上,不像标语只能写一两句话,宣传内容无法展开,文字可多可少,相对自由。

因为具有以上优势和特点,所以无论处于何种艰苦环境,作为传播信息的最后手段而得以保留下来的正是传单[1]。当然,说到艰苦环境,最艰苦的大概莫过于战争环境,莫过于战争时期敌方占领下的环境。与在我方控制地域可以采用各种有效手段大张旗鼓宣传不同,战争状态下在敌方地域的宣传只能以一些特殊方法进行,而传单的上述特点正好符合这一点。可以说传单是最适用于敌方地域的宣传品。

---

[1] ［日］土屋礼子:《対日宣伝ビラが語る太平洋戦争》,吉川弘文館,2011年,第2页。

传单因具有这种对敌作战的特殊功能被称为"纸弹"。这种"纸弹"在第二次世界大战中得到了超强利用和发挥。据研究,第二次世界大战中美国仅仅在对日战争中撒下的传单就达三亿份,加上英国和澳大利亚的,同盟国在太平洋战线投下的传单约有四亿份[1]。以上还不包括中国军队制作的传单,这足以说明同盟国对利用传单对日展开宣传战的重视。

二战中日军亦同样重视宣传战。在中国战场,日军开始大量制作散布传单始于九一八事变,主要用于事变后对东北民众的"宣抚"和抗日武装的围剿活动。在向华北扩张的过程中,日军也常常使用传单宣传,七七事变前,日军更频繁出动飞机在京津地区、青岛等地违法散发传单[2],攻击国民政府政策,制造混乱,扰乱人心,为战争铺路。七七事变一爆发,日军更是武力侵略与宣传攻势并重,不断利用飞机在前线和重要城市大量散发传单,破坏我军民抗战斗志。太平洋战争爆发后,日军参谋本部第8课在东京神田淡路町专门成立一家机构(对外称设计事务所),将国内很多漫画家集中于此,秘密研究和设计针对美英军队以及东南亚等战区的传单。

在抗击日本侵略中,中国各方也充分发挥了思想战、宣传战的作用。抗日战争是一场集军事、经济、思想、外交等方面的综合战、总力战,宣传战占有绝对重要的地位。宣传的对象既有日军,亦有我方军民等。就前者而言,必须对深受军国主义教育而穷凶极恶的日军加以瓦解。就后者而言,日本侵华蓄谋已久,除了军事侵略外,还非常重视

---

[1] [日]土屋礼子:《对日宣伝ビラが語る太平洋戦争》,吉川弘文館,2011年,第4页。
[2]《日机飞青散发传单,市政府提严重抗议》,《中央日报》1937年1月5日。《日机继续散发传单》,《申报》1937年1月8日。

利用思想文化征服中国人心。我方在抵御日军军事上猖獗进攻的同时，必须与日军展开激烈的思想战、宣传战。而敌强我弱，战争旷日持久，使得我方的宣传工作显得更为重要，帮助军民正确认识中日战争的性质、前途，坚定抗战信心，成为持久抗战和取得胜利的必要前提。

在这抗日战争的第二战场——一个没有硝烟的战场上，我方自抗战伊始就与日军展开了殊死搏斗，仅仅就利用传单宣传而言，中国共产党早在九一八事变后就开始使用这一特殊的武器战斗。插图0-1、0-2便是1932年中国共产党奉天委员会、中国共产党满洲省委员会给日军士兵和伪军的传单。

而七七事变后，国民政府最初派飞机远袭日本本土大量投掷的"炸弹"，也正是"纸弹"——传单。特意挑选这一"炸弹"轰炸日本，看中的必然是其特殊的宣传作用。那么，我方在抗日战争中是如何"生产"和使用这一特殊武器的？这一武器的实际状况究竟如何呢？

有关抗日战争中我方实施宣传战的研究，中国学界已经出现了大量优秀成果，这些成果包括：(1)有关中国共产党及其抗日武装对敌政治工作、瓦解敌军方针政策、组织工作、成效等的研究。(2)对中国共产党以及国民政府动员民众抗日的研究。(3)对在华日人反战组织反战宣传活动的研究。(4)对在华朝鲜抗日组织对敌工作的研究。总体而言，以上研究大多是对宣传战的综合研究，亦有一些从画报、宣传画、漫画、木刻画角度进行的专题研究和考证[1]。这些专题研究均

---

[1] 例如，《延安时期的抗战宣传画》编委会编：《延安时期的抗战宣传画》，陕西人民美术出版社，2016年。张伟主编：《笔墨长城——宣传画里的中国抗战丛书》，安徽人民出版社，2015年。王晓华编：《纪念抗日战争胜利60周年：抗战海报》，河南大学出版社，2005年。沈建中编：《抗战漫画》，上海社会科学出版社，2005年。[日]森哲郎编，于钦德、鲍文雄译：《中国抗日漫画史》，山东画报出版社，1999年。

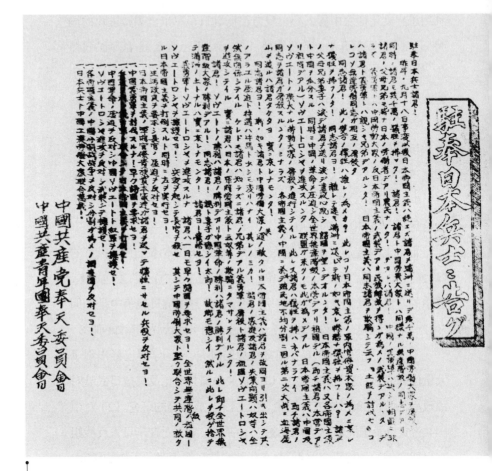

插图0-1　中国共产党奉天委员会、中国共产青年团奉天委员会的日文传单《告驻奉天日本士兵》，公开信形式

主要内容："驻奉天日本士兵诸位：去年九月十八日事变以来，日本帝国主义不断把你们送到东北来，屠杀成千上万的中国劳动大众"，"诸位和中国的劳动大众都属于无产阶级的同志"，中国苏维埃不是"赤匪"，是中国劳动大众的武装，是反对日本帝国主义谋求民族解放的武装。军方欺骗你们说讨伐"赤匪"，诸位不要相信。日本帝国主义才是压迫诸位的敌人。日本士兵和中国工农大众联合起来，反对日本帝国主义！

制作时间：1932年（据文中内容推断）

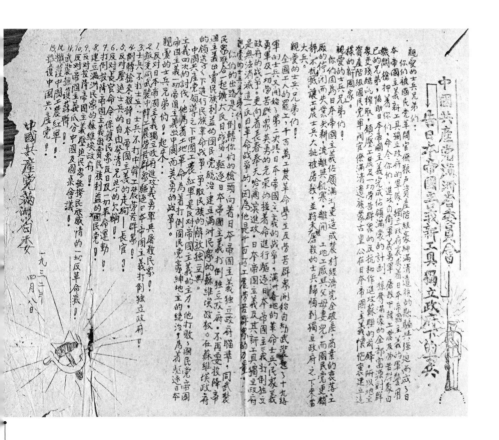

插图0-2　中国共产党满洲省委的中文传单《中国共产党满洲省委员会告日本帝国主义新工具独立政府下的士兵》,公开信形式

主要内容:"亲爱的士兵兄弟们":日本帝国主义建立起"独立政府"[1],"独立政府"逼迫你们攻打义勇军,屠杀工农民众,协助日寇占领"满蒙"。你们因日寇侵略家破人亡,妻离子散。你们的出路是调转枪口对准日寇和"独立政府",与武装民众一起打败日寇,驱逐日本帝国主义滚出东北与全中国!中国共产党领导的工农红军是反对日寇的主力,"建立东北民众的苏维埃政府!拥护中国工农红军!拥护中国共产党!"

制作时间:1932年4月8日

---

[1] 即伪满洲国。

以图文并茂或者以图为主的形式，再现了抗战时期我方利用图画这一特殊手段进行抗日的辉煌历史。不过纵观以上成果，未见以传单为中心进行的专门考察，这不能不说是中国研究抗日宣传战的一个盲点。而与此形成鲜明对照的是，基于传单在战争中的特殊作用，国外学界对此领域的研究十分深入，在美国和日本早已出现了不少关于研究二战期间美日通过传单互相宣传的佳作[1]。

有鉴于此，笔者选择传单作为研究对象，以此考察抗日战争中我方的宣传战。作为研究的基础资料，大量的原始传单自然不可或缺。然而，时间已经过去70多年，战时制作的数量庞大的传单，大多在战争时期就已经消失，能够穿越战火历尽艰辛保留到现在者可谓凤毛麟角。所幸，在中国、日本的相关档案机构等还有所收藏[2]，为研究这一历史创造了条件。

不过，因传单原件的来源极其有限，受此客观条件制约，本研究存在着两个局限性。一是在使用传单原件述及我方宣传内容时，无法进行全面考察，只能"就事论事"，当然，这绝对不代表我方的宣传内容仅限于此。二是在使用传单原件进行说明时并没有选择余地，可能会较多使用某政党、某组织的传单，但绝对不代表故意有所选择、偏重。当然，面对民族生死存亡，面对法西斯的猖獗，抗日战争和反法西斯斗争是全中国人民和世界热爱和平的人们的共同主题，抗战

---

[1] 例如，[日] 土屋礼子：《対日宣伝ビラが語る太平洋戦争》，吉川弘文館，2011年。[日] 一ノ瀬俊也：《戦場に舞ったビラ——伝単で読み直す太平洋戦争》，講談社，2007年。[日] 平和博物館を創る会编：《紙の戦争・伝単—謀略宣伝ビラは語る》，エミール社，1990年。[日] 鈴木明编：《秘録・謀略宣伝ビラ—太平洋戦争の"紙の爆弾"》，講談社，1977年。Paul M. A. Linebarger, *Psychological Warfare*, New York, 1948.

[2] 本书所载传单的原件，未注明出处者基本上都收藏于日本外务省外交史料馆和防卫省防卫研究所史料阅览室，书中不再另行注释。

是不分党派的全民抗战,反法西斯是全人类的共同事业。因此,取得的胜利是属于全民族的,全人类的。

另外,抗日宣传战涉及的宣传对象很广,本研究主要考察对日伪军、沦陷区和游击区民众的宣传活动。

今年为七七事变80周年,历经80年保留至今的"纸弹"——传单是战争的最直接、生动的"证人",它能把我们带回战火纷飞的战场、极其艰苦的抗日根据地,帮我们重温那场伟大的卫国战争。

第一章 宣传主体及其政策

抗战是全民抗战，不分党派阶级，凡是中华儿女皆有守土抗敌之责。反对法西斯侵略，捍卫世界和平则是各国人民共同的任务。因此，在全面抗战中，中国共产党、国民党自不待言，在华日本人反战团体、在华朝鲜人抗日组织等也拿起了宣传的武器，加入我方之列，各种抗日反战力量汇集在一起，形成了强大的宣传洪流，共同抗击日本法西斯的侵略。

一、中国共产党方面

中国共产党及其领导下的武装力量，自开展武装斗争后就极其重视思想政治工作。中国共产党军队政治工作的三大原则中，就有两大原则与此相关，即军民一致，宣传、组织和武装群众的原则，瓦解敌军和宽待俘虏的原则[1]。抗日战争中，中国共产党彻底遵循以上原则，为抗战胜利创造了必要条件。

---

[1]《毛泽东选集》第二卷，人民出版社，1991年，第379页。

在对民众宣传方面，抗战爆发后最大限度地动员民众投入抗日战争，实现全民抗战成为中国共产党的中心任务。抗战伊始中国共产党就提出了一条普遍发动群众、武装群众、依靠群众抗战，实行人民战争的全面抗战路线。

1937年8月，中共中央在洛川会议上明确指出，"今天争取抗战胜利的中心关键，在使已发动的抗战发展为全面的全民族抗战"，"应该用极大力量发展抗日的群众运动，不放松一刻工夫一个机会去宣传群众，组织群众，武装群众，只要真能组织千百万群众进入抗日民族统一战线，抗日战争的胜利是无疑的"。会议通过的《抗日救国十大纲领》，要求将全国人民动员起来，武装起来，共同抗日，实行有力出力，有钱出钱，有枪出枪，有知识出知识[1]。自此，"实施全国人民的总动员"，"动员一切力量争取抗战的胜利"，成为中国共产党的中心任务。

1938年5月毛泽东在《论持久战》中专门就"抗日的政治动员"进行了阐述，强调"如此伟大的民族革命战争，没有普遍和深入的政治动员，是不能胜利的"，"抗日战争是全民族的革命战争，它的胜利，离不开战争的目的——驱逐日本帝国主义、建立自由平等的新中国，离不开坚持抗战和坚持统一战线的总方针，离不开全国人民的动员，离不开官兵一致、军民一致和瓦解敌军等项政治原则，离不开统一战线政策的良好执行，离不开文化的动员，离不开争取国际力量和敌国人民援助的努力"[2]。《论持久战》充分阐明了战争离不开政治，而战争

---

[1] 中央档案馆编：《中共中央文件选集》第十一册，中共中央党校出版社，1991年，第325、326页。

[2] 《毛泽东选集》第二卷，人民出版社，1991年，第479、480页。

的胜利更离不开政治动员、全民的动员、文化的动员。

同年10月毛泽东在中共六届六中全会上再次强调:"必须动员报纸,刊物,学校,宣传团体,文化艺术团体,军队政治机关,民众团体,及其他一切可能力量,向前线官兵,后方守备部队,沦陷区人民,全国民众,作广大之宣传鼓动……用以达到全国一致继续抗战之目的。"[1]

在以上思想方针指导下,中国共产党在迅速开辟抗日根据地的同时,通过宣传教育、实施各种改革、在各抗日根据地实行民主政治等方式,对广大民众进行最广泛的政治动员,动员民众参加抗日斗争和根据地各项建设工作。

在抗日宣传教育方面,为了培养和加深民众爱国爱党爱政府的感情,燃起对侵略者的仇恨,激发保家卫国投身抗战的积极性,中国共产党重点宣传党和政府的抗日方针政策、我军的抗战成果、英勇事迹和根据地建设成就,抨击日伪的暴行和阴谋,揭露统一战线内的妥协、分裂倾向,号召民众积极支持和参与抗日根据地建设和武装斗争。

为此,中国共产党及其领导下的边区政府、军队成立各种宣传组织,例如中央局、分局、省委、区委的宣传部建立宣传科、教育科、国民教育科负责宣传教育工作,各宣传组织或深入广大边区乡镇,或奔赴抗日前线,通过集会演讲、举办文艺活动、散发传单布告、发行报刊书册、开办学校等方式,向广大军民宣传。

八路军、新四军开赴敌后建立抗日根据地后,在进行武装斗争的同时,从团或分区以上政治机关抽调能力较强的宣传、敌工干部和地

---

[1] 中央档案馆编:《中共中央文件选集》第十一册,中共中央党校出版社,1991年,第605、606页。

方党、政干部组成一个个排级武装——武装宣传队深入敌后,派出工作团分散到群众中做宣传工作。武装宣传队犹如挺进敌后的尖刀,一直活跃在敌占区或敌伪据点四周,向敌人和民众宣传我政治主张、政策,而工作团则帮助华北、华中根据地建立起"战地动员委员会"或"民众动员委员会",在各县、区、村掀起全民抗战动员的热潮。

抗日根据地各地方党组织也派出工作团或训练班动员、组织、训练群众抗战。中国共产党还在农村建立了农、青、妇、儿等抗日救国基层团体,如成立农民救国会、青年救国会和民族解放先锋队、妇救会、儿童团,充分发挥这些组织的宣传作用,实现全民动员[1]。

有关具体宣传政策、任务等,中共中央则会根据形势需要,在不同时期加以调整完善,以及时指导全党全军的宣传工作。

例如,抗战进入相持阶段后,在抗日战争主战场,日军与国民军处于胶着状态,在华北,日军更面临八路军日益频繁的游击攻势。为了弥补军事进攻上速战速胜政策的破产,维护沦陷区的统治,日军开始奉行政治进攻为主的方针,加强了思想、文化攻势。

日寇首先是在沦陷区建立"宣抚班"进行奴化教育,鼓吹"日华提携""共同防共",宣传侵华的合理性,为建立日军的统治摇旗呐喊。自伪政权建立后,又建立傀儡组织"新民会",进行奴化宣传等活动。1938年7月,日军华北方面军为巩固和扩大对华北占领区,消灭八路军,破坏我抗日根据地,制定了《军占据地区治安肃正纲要》,于1939年1月至1940年3月进行所谓三期肃正作战,推行屠杀与奴化相结合的政策。在"治安肃正"期间,日军十分注重思想宣传战,明确指出

---

[1] 详见翁有为:《论抗日根据地的政治动员与政治参与》,《山东社会科学》1997年第3期。

"治安肃正""不要满足于一时的宣抚，重点在于永远获得民众"，要"训练青少年，恢复学校教育。同时，密切军队与民众的关系，而把握民心"[1]。

对于日军持续进行的思想战攻势，我军上下都有清醒认识。如朱德强调指出："敌寇在华北的阴谋，也随着对全国政治进攻的加强而更形毒辣了。"[2]1939年4月，八路军总政治部宣传部长陆定一强调："目前必须严重地提出对伪军与沦陷区域民众的宣传工作问题。"[3]要求全军针对日军的宣传进行反击。

中共中央为此不断制定宣传政策指导全党全军的工作。如1940年初中共中央发出指示，要求各地开展文化运动。因为"抗战走向相持阶段，敌人的政治利诱更加紧，在文化思想上，也日益展开猛烈的进攻。而反映在我们国内，正和政治上的危机相伴随，我们看到了文化思想上的危机"，"一方面是敌伪撒上毒药的麻醉宣传品，随着军事'扫荡'行动，向我广大军民大事[肆]散发；另方面则投降派反动份子又将大批从伪报、伪杂志抄录下来的口号、标语，和五花八门的投降妥协、'防共'、'反共'的谬论，到处传播，到处张贴。这种敌伪的欺骗宣传，和投降派反动份子的妥协投降的思想准备活动，如果不予揭发，不予打击，以致最后的扑灭，一定会影响到政治危机的加深。"

中共中央强调指出，"没有抗日文化战线上的斗争，以与总的抗日斗争相配合，抗日战争也是不能胜利"，将文化运动作为全国人民当前的十大任务之一，要求各根据地加以执行。

---

[1] 参见日本防卫厅战史室编：《华北治安战》（中译本），天津人民出版社，1982年，第110页。
[2] 中共中央文献研究室等编：《朱德军事文选》，解放军出版社，1997年，第393页。
[3] 《陆定一文集》，人民出版社，1992年，第205页。

在中央指导下，各根据地掀起文化运动热潮。以模范根据地晋察冀边区为例，1938年初边区政府一成立，各级党、政机关就建立起文化部门，成立文化工作者救亡协会等文化团体，各军分区和一些地方政府、群众团体亦组建各种专业剧社，在建设边区的各项文化的同时，积极进行各种政治宣传工作，军政民三位一体，推动宣传工作的进行。中央发出文化运动指示后，晋察冀边区于1940年4月发出号召，要求军民"广泛发展抗日的文化运动"，强调中央发起的文化运动，"这自然有其和以往不同的特殊中带意义"[1]。

为了进一步具体落实中央指示，晋察冀边区制定了《目前宣传工作具体方针》，方针可总结为16条，其中针对民众的方针为：(1) 宣传相持阶段唤起民众一致抗日的重要性。现在所处的相持阶段困难、危险更多，更艰苦，"尤其是边区，势必遭受到敌寇更残酷的'扫荡'，汉奸顽固派更凶狠的破坏和捣乱。为了保卫边区，保卫民族，必须更进一步地依靠民众，更广泛深入地唤醒民众，把边区的广大人民更深入普遍地动员组织起来"。(2) 动员武装。为了建立强大的八路军争取胜利，必须动员民众热烈参军，"使边区广大人民把参加八路军，看做是最光荣的事情"。(3) 彻底揭穿日寇及国际反动派的诱降阴谋，更广泛地宣传其"和平""调解""提携""共同防共""共存共荣"等欺骗宣传，"都是灭亡全中国的诡计"。(4) 更广泛深入地开展反汪运动，彻底揭露其"中央政府"是汉奸政府、民族败类，是政治诱降工具，粉碎敌人利用"国民党""国民政府""三民主义""青天白日旗""和平运动"等欺骗民众。(5) 反对破坏统一战线，坚持团结。坚决打击一

---

[1]《广泛开展抗日的文化运动》，《抗敌报》1940年4月24日。

切破坏国共合作,破坏统一战线的言行,彻底粉碎日寇汉奸顽固派挑拨离间,造谣中伤,指出只有国共合作,只有坚持统一战线才能取得抗战胜利[1]。

以上方针,(1)(2)的核心是动员、武装边区民众。(3)是针对敌人的宣传进行反宣传。(4)是揭露汪伪和平运动的本质。(5)是强调团结抗战,反对破坏国共合作的阴谋。基本上囊括了这一时期所须宣传的中心内容。这种文化运动在抗战的关键时期,对于动员民众、坚定抗战信心、辨明是非、分清敌我具有重要意义。

同年6月,八路军总政治部又专门就敌占区民众的宣传工作发出了指示[2],要求"积极主动的向敌占区扩展工作,收复人心,击破敌寇隔断及封锁各抗日根据地吸收人力资财及毒化奴化政策等阴谋,并进行伪军工作,以求得抗日根据地之稳固,打下将来收复失地的基础"。

1941年,华北日军又把"治安肃正"扩大为"治安强化运动",并于2月制定了《治安强化运动实施计划》。在日军主导下,伪华北政务委员会从3月底开始实施"第一次治安强化运动",至1942年底共进行了五次。1942年8月日军华北派遣军报道部根据既往经验和研究,编辑《治安强化运动指针》,指导全军工作。该指针为"华北被赋予的最大的命运性任务,毋庸置疑在于剿共灭共。并且,作为完成此剿共灭共的重要部分,是结成'对共思想战线'。近代战争中思想战的地位如后面所述,其地位之重要性在过去的中国事变及这次大东

---

[1] 《目前宣传工作具体方针》,《抗敌报》1940年5月20日。
[2] 《野政关于敌占区政治工作的指示》,中国人民解放军政治学院编:《军队政治工作历史资料》第五册,战士出版社,1982年,第207页。

亚战争中让我们得到深刻认识。在这里对共产党的战争中,此思想战之必要性现已毋庸赘言,现今连续四次进行的治安强化运动,便无比雄辩地证明了此点。中国共产党的抗日战争,毋庸置疑具有非常浓厚的思想战色彩,就像至今屡次所说,可以断言以中共武装农民方策、坚壁清野为主,所有的施策与地下工作都是中国的思想战"。因此"对于中共的对策必须首先进行思想战","实施剿共政策的重点在于思想战",将思想战置于首要地位。在华北"治安强化运动广泛意义上就是思想战本身,华北思想战的敌人就是中国共产党、军队、其游击队"。

《指针》以共产党的游击队为例,强调必须注意这并非一般的游击队,"他们在彼等一流主义主张下与八路军密切联系,显示出与政民方面的深入结合。其干部与士兵均具有正确的政治认识,民众意识相当高昂……他们在八路军深刻影响下,尽管军事上虽未受到充分训练,但在日方的包围扫荡下,依旧持续了四年的抗战,这便是中共重点对他们进行了思想战的证据"。因而对于共产党的游击队,"仅仅靠武力进行的扫荡战,难以挫折他们的抗战意识。为了消灭他们的游击战、思想战之实力,无论如何必须开展与武力并行,或者先行,或者紧密相接的思想战"。

因此,在"治安强化运动"中,日伪使用各种手段进行宣传,极尽造谣惑众、挑拨离间之能事,鼓吹"反共""建立东亚新秩序",要求发扬所谓东亚民族共荣意识,提倡封建、落后的顺民主义,以灌输奴化思想,麻醉、消灭人民的抗日意志和民族意识(见插图1-1、1-2)。

日军认为"治安强化运动""本质上就是有时伴随着武力的思想战",会对中共的思想战产生巨大影响,因此,中共也正在竭力采取对

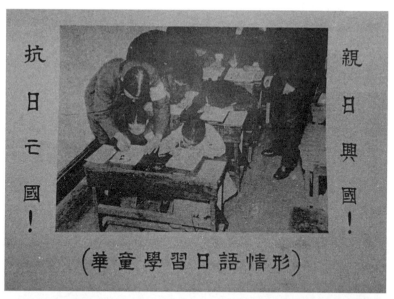

插图1-1、1-2 日军散发的中文传单。鼓吹"亲日兴国,抗日王国"和"建设东亚新秩序"

策[1]。的确,日军从军事、思想等方面进行的残酷大"扫荡"对我华北八路军及其根据地形成极大压力。日军通过大肆宣传而迷惑群众,加上晋察冀边区因敌伪"扫荡"面积大幅缩小,不少人因此思想混乱消沉,甚至对抗战前途产生了动摇,抗战处于最困难之时。

针对日寇发起的猖獗的思想战,1941年2月中共中央宣传部向全党全军发出《关于反敌伪宣传工作的指示》,强调目前敌我双方宣传战正处于十分激烈之时,要求针锋相对进行反击。《指示》分析了当时的形势,提出了针对群众、日军、伪军的宣传方针。

对于形势,《指示》认为日伪军为了分裂中国,消灭我民族意识,已经将宣传战提升至与武力战"同样重要"的地步。为了达到战争目的,日军采取"虚妄夸大""造谣诬蔑""挑拨离间""软硬兼施""利用汉奸""利用中国旧形式和民间形式"以及"诲淫诲盗"等手段,大肆宣传"共同防共""中日亲善""剿共灭党""和平救国""掌握民心""建设东亚新秩序"。因此,要求全党必须充分认识到其宣传所产生的危害性,"必须更广泛更深入地展开我们的反宣传战"[2]。

作为反敌伪宣传的总方针,中宣部认为,必须在群众中阐明抗战到底的重要性,对抗敌人的"和平救国"宣传;必须在群众中阐明全国民族团结的重要性,对抗敌人挑拨离间的宣传;必须在群众中阐明我党的政策和我党我军在坚持抗战与团结中的模范作用,对抗敌人的反共宣传;必须在群众中揭露敌人的残暴行为,对抗敌人的"中日

---

[1] "第13章 敵側の宣伝 1.共産党員の見たる中共の華北に於ける動態",1942年,防衛省防衛研究所/陸軍一般史料/支那大東亜戦争全般/治安強化運動指針(第1—3集),日本亚洲历史资料中心档案编号:C13031983100。
[2] 《中央宣传部关于反敌伪宣传工作的指示》,中国人民解放军政治学院编:《军队政治工作历史资料》第六册,战士出版社,1982年,第73—75页。

亲善"宣传；必须在群众中进行抗战理论、科学的教育，提倡思想的自由，对抗敌人的复古倒退、麻痹思想和奴化文化教育。

在针对沦陷区民众宣传方面，《指示》要求揭破敌伪的一切欺骗与麻醉，提高民族觉悟，坚定抗战的决心与信念，不为敌寇的屠杀政策吓倒，不为敌寇的怀柔政策迷惑，坚持抗战的立场，为抗战胜利努力。

《指示》最后要求充实、健全党、政、军各级机构对敌宣传组织的建设，挑选得力干部担任，并且建立检查制度，检查宣传工作及其实效，以便改进宣传工作，提高宣传效果[1]。

中国共产党制定的一系列宣传政策，对于指导全党全军全面反击敌伪的宣传战、思想战起到了核心指导作用。

1941年太平洋战争爆发后，中央军委总政治部针对国际形势的巨变，于12月17日及时发出《中央军委总政治部关于太平洋战争爆发后对敌伪及对敌占区人民的宣传与工作指示》，在详细分析敌伪因太平洋战争可能发生的各种变化后，要求用有效方法向敌占区人民普遍宣传日本必败，中美英必胜，宣传该战争对敌国军队人民都不利，号召他们为建立反日本法西斯的统一战线而共同奋斗。所谓"有效方法"，就是不使用生硬的说教，"而应有各种具体材料的报导，因此要经常搜集对敌不利的消息，用特刊、用日本与中英美人口资源武器统计表，用小册子等形式，在敌占区广为散布，以打破敌人之欺骗与蒙蔽"。

---

[1]《中央宣传部关于反敌伪宣传工作的指示》，中国人民解放军政治学院编：《军队政治工作历史资料》第六册，战士出版社，1982年，第73—75页。

《指示》还针对敌占区人民制定了具体的宣传口号[1]，以统一宣传口径，达到最佳宣传效果。

这样，中国共产党因时利势提出宣传方针和任务，指导宣传工作，而遍布抗日根据地的各种组织，则形成全面覆盖的宣传、动员网络，使军民能时时、处处接受抗战的宣传教育。一位外国人对当年华北抗日根据地民众动员工作的描述是："当时给我最深刻印象的，是蓬勃的宣传运动及群众组织，到处都在开群众大会，演抗日戏剧，墙上出现着新写的标语口号，新组成的军队在操练着。对于群众团体，村庄动员大会和民众教育的展开，人人都非常感到兴趣。"[2]这一描述是当时中国共产党领导的抗日根据地发动群众抗日的真实写照。

在抗战时期，中国共产党不断加强、完善对民众的宣传政策和组织工作，并且针对不同时期民众心理的变化，调整宣传内容，使之符合民众心理和需求，以争取最佳的宣传效果。

在对敌宣传方面，如前所述，瓦解敌军和宽待俘虏是中国共产党军队政治工作的三大原则之一，因为"我们的胜利不但是依靠我军的作战，而且依靠敌军的瓦解"[3]。要践行以上原则，就必须制定相应的方针政策。1937年8月洛川会议通过的《抗日救国十大纲领》提出了"联合朝鲜和日本国内的工农人民反对日本帝国主义"的主张[4]。这说明抗战伊始，中国共产党就从阶级的理论角度完全将日本人民与统治者区别开来，视其为联合对象，为我党我军进一步制定宣传政策和

---

[1] 《中央军委总政治部关于太平洋战争爆发后对敌伪及对敌占区人民的宣传与工作指示》，中国人民解放军政治学院编：《军队政治工作历史资料》第五册，战士出版社，1982年，第614、615页。
[2] 谢忠厚、肖银成主编：《晋察冀抗日根据地史》，改革出版社，1992年，第75页。
[3] 《毛泽东选集》第二卷，人民出版社，1991年，第379页。
[4] 同上书，第356页。

俘虏政策提供了理论根据。

平型关之战,日军的拼死抵抗使我方更加认识到开展对日宣传战的必要性,故而加紧这方面的研究和工作。1937年9月八路军总政治部颁布了《关于开展日军政治工作的指示》,向全军强调了敌军工作的重要性,明确将瓦解日军工作列为八路军目前政治工作的一个重要任务,要求优待俘虏,利用一切可能的机会向敌军散发宣传品,组织和指导群众进行瓦解敌军的各种宣传[1]。

9月25日八路军总部发表《告日本士兵书》,认为日本士兵和八路军一样都是工农出身的劳苦大众,是被日本军部强迫来侵略中国的,为此而死"一钱不值",而中国军队为反侵略牺牲则是光荣的。号召日军士兵投奔八路军,过来者便"是我们自己的弟兄,中国人民的朋友",愿留下者留下,愿回国者设法送回,"我们决不虐杀一个没有武装或解除武装的日本士兵",号召调转枪口,"向着你们的压迫者剥削者——日本军阀"[2]。很显然,《告日本士兵书》试图以彼此的阶级立场、战争性质和俘虏政策来争取敌军,这一思想成为中国共产党早期对日军宣传的指导思想。

10月25日,八路军总司令朱德、副总司令彭德怀签署《中国国民革命军第八路军总指挥部命令》,就优待俘虏政策通令全军:"(一)对于被我俘虏之日军,不许杀掉,并须优待之。(二)对于自动过来者,务须确保其生命之安全。(三)在火线上负伤者,应依阶级友爱医治之。

---

[1]《八路军总政治部关于开展日军政治工作的指示》,中国人民解放军历史资料丛书编辑组:《八路军 文献》,解放军出版社,1994年,第61页。
[2]《八路军告日本士兵书》,中国人民解放军政治学院编:《军队政治工作历史资料》第四册,战士出版社,1982年,第32页。

(四）愿归故乡者,应给路费。"[1]自此,八路军对日军俘虏的政策以军令形式固定下来,在对待俘虏方面自此有"法"可依。优待俘虏政策的制定和细化,为对敌政治宣传工作提供了根据。

同月八路军总政治部制定《关于确定抗战之政治工作方针及组织案》,要求各部队"为着削弱与瓦解敌人的力量,必须加强日军和伪军中政治工作。在日军士兵中,应站在反对日本帝国主义以侵略政策来牺牲日本贫民大众的立场,去瓦解日本军队,破坏其军事工业、交通工具。对于伪军,估计其士兵与下级军官是被迫而去投日军,应以民族利益的立场,去瓦解和争取,组织暴动以响应我军进击"[2]。该指示提出的对伪军工作方针,为今后进一步制定针对伪军的政策,展开宣传攻势打下了基础。

在树立对敌思想战方针、政策的同时,中共开始完善对敌工作的组织建设。这一工作在七七事变后就着手进行,军队在政治机关设立了专门的对敌工作机构。

八路军开始是在总政治部下设立敌工科,平型关战役后,从敌兵收缴的日记中看出有些敌军士兵是被迫参战,有着厌战情绪,根据过去政治工作的传统,恢复师、旅、团政治委员制和政治部(处)机关,并在这三级政治机关中设立了针对敌军的工作机构。后来,八路军还抽调干部组成武装宣传队,深入敌占区或敌伪据点四周,向敌人和民众进行宣传。

各方面执行以上方针政策的具体状况,通过晋察冀边区可窥其

---

[1]《中国国民革命军第八路军总指挥部命令——对日军俘虏政策问题》,《中共中央文件选集》第10册,中共中央党校出版社,1985年,第367页。
[2]《总政关于确立抗战之政治工作方针及组织案》,中国人民解放军政治学院编:《军队政治工作历史资料》第四册,战士出版社,1982年,第47页。

一斑。边区建立伊始,朱德、彭德怀等给边区下达了基本任务与工作方针,"加紧对敌军宣传,特别是瓦解、争取伪军工作"被规定为"全部武装部队"的八个任务之一[1]。根据总部指示,晋察冀军区除了广泛组织宣传队、流动教育团到乡村宣传外,还在各级军政机构先后建立了敌军工作部门,甚至连各营、连组织敌工小组,负责给敌伪写信、写标语、印发宣传品[2]。1938年初边区政府成立后,军队、政府、民众组织三位一体,共同展开对敌宣传工作。

鉴于华北对敌工作的重要性,1938年3月,中共中央还针对华北下达指示,要求加强瓦解敌军的宣传工作。晋察冀军区政治部以中央指示为准绳制定了具体工作方针,指出"用最大努力来瓦解与争取周围的日军、伪军,在晋察冀军区有非常重要的意义,过去我们做的万分不够,在今日极度紧张的战斗情况下面,要求我们以新的认识来加紧对这一工作的进行"。要求"制发大量的宣传品、画报、传单,最好是简短的东西"对日伪宣传,"在各地尤其边区散发、张贴,利用小贩、居民送进敌区去,利用邮寄、河流、风向散布宣传"。"在作战或与敌军对峙尤其撤退转移时,更要大量散发张贴、画写,并且有计划地组织喊话、唱歌。"有关宣传内容,对于日军,宣传俘虏政策,指出中日战争的性质、前途,揭露日军阀的欺骗,它们才是我们的共同敌人,号召敌军反正(插图1-3为晋察冀军区主办的日文报纸)。对于伪军,则唤醒其民族意识,告知抗战胜利前途,揭露日伪矛盾,激起其反日情绪等。为了有针对性,还要求结合当地敌

---

[1] 《晋察冀抗日根据地》史料丛书编审委员会、中央档案馆:《晋察冀抗日根据地》第一册(文献选编上),中共党史资料出版社,1989年,第63页。
[2] 《杨师三年来敌伪工作的收获》,《抗敌报》1940年8月9日。

插图1-3　晋察冀军区政治部发行的日文报纸《日军之友》第12号（1942年5月21日）

伪军实际情形，编写"具体的宣传材料"。由此达到"挑拨其反战情绪，削弱以至瓦解敌人的战斗力量"的目的[1]。为了更好地贯彻落实既定方针，1938年年底军区还在全军开展了为期两个月的敌军工作竞赛，推动了对敌工作的深入开展。

  1938年年初组建的新四军，也十分重视建立与健全对敌政治工作。根据中央指示，同年7月就制定了《敌军政治工作纲要》并传达全军。作为新四军对敌工作的纲领性文件，《纲要》强调了现代战争对敌工作的重要性，详细分析了对日军政治工作的可能性与困难，在此基础上提出了对日军政治宣传工作的三条方针：(1)正确把握敌国、敌军内部的矛盾与困难，要"抓住一般民众的厌战情绪，抓住政府在长期战争中所增加于人民的痛苦，抓住法西斯军阀的压迫，人民的自由的丧失等等"。(2)正确站在国际主义方面，纠正狭隘民族主义倾向，正确进行宣传。要宣传抗战是与日本人民的基本利益一致，与朝鲜等民族基本利益一致，是人类的正义战争。(3)要站在自卫战争的立场宣传。要说明我方是自卫战，中日两国民族并无仇恨，战争的目的只是将日本帝国主义驱逐出中国，同时表示中国坚决抗战到底，以此使日军士兵知晓中国并不好战，同时动摇其战意。

  根据以上方针，《纲要》提出了10个中心宣传口号。其中有："日本军阀是日中人民的共同敌人。""日中人民联合起来，打倒日本军阀。""要求撤兵回国，不替军阀财阀当炮灰。""军阀升官了，财阀发财了，日本士兵们，你们得到了什么？""优待日本俘虏。""欢迎日本反战反法西斯的革命志士。"

---

[1]《晋察冀抗日根据地》史料丛书编审委员会、中央档案馆：《晋察冀抗日根据地》第一册（文献选编上），中共党史资料出版社，1989年，第155、156页。

宣传方针和口号的制定，为新四军对日军宣传打下了基调，指明了方向。与此相匹配，《纲要》还规定了优待日军俘虏政策，同时要求动员广大群众参加到瓦解敌军工作中来，发动全民参加对敌宣传战。

《纲要》对伪军的政治工作也进行了部署，认为伪军多半是被迫参加的，其中不乏深明大义者，容易争取。对伪军俘虏，不管是否官兵，一律给予优待。有关基本方策是，争取分化与瓦解策略并用。有关宣传方针为，提高其民族意识与中国抗战胜利的信心，以具体事实激发其对敌人的更大仇恨，根据自己的力量与可能的环境，响应抗战工作。对伪军的宣传口号主要为："中国人不打中国人。""反正哗变过来。""反正过来的伪满官兵一律优待。""打倒压迫满蒙同胞的日本军阀。""汉满蒙民族联合起来赶走日本帝国主义。""长期抗战胜利必属于中国。"

《纲要》还就宣传方法、俘虏的处理、阵地宣传等作了部署，对宣传组织体系进行了构建。新四军政治部自上而下建立的组织是，在军政治部设敌军工作部，支队政治部设敌军工作科，各团政治处设敌军工作股，连队设敌工组，宣传教育部、民运部等都须参与进来[1]。

1938年武汉会战结束后，抗日战争进入相持阶段。如前所述，日军为了弥补军事进攻上速战速胜政策的破产，维护沦陷区的统治，开始奉行政治进攻为主的方针，加强了思想、文化攻势。为此，中国共产党及时发出指示，加强对敌军的反宣传，同时进一步采取主动宣传攻势，八路军总政治部还将敌工科升格为敌军工作部，以示对敌工作的重视。八路军总政治部副主任谭政则在1939年和1940年相继发文

---

[1]《敌军政治工作纲要》，中国人民解放军政治学院编：《军队政治工作历史资料》第四册，战士出版社，1982年，第146—153页。

《论敌军工作的目的与方针》《敌军工作当前的任务》,进一步向全军阐明对敌工作的目的、方针、任务,强调宣传的重要性,指出抗战进入相持阶段后,日军的内部也在发生变化,一些军官和部分士兵厌战,战斗力开始削弱。日军对于八路军的政治攻势十分焦躁不安。今后随着战争的继续,敌人内部的困难会加大,敌军官兵之间的矛盾也必然会扩大深化,将更有利于我分化瓦解工作。

1939年10月总政治部发出《关于敌伪军工作的训令》,进一步就宣传方针、策略、内容作了指示:"今天对敌军的工作方针应当是用各种方法削弱和降低日军的战斗力,使日军士兵对中国军民,不作盲目的仇视,从感情上的接近逐渐引导到政治的接近,因此,宣传品的内容不应当是政治的公式教条,而应富于刺激,具有感情的煽动作用,以促进日军厌战怠战、自杀等等情绪,以减低日军战斗力。"[1]显然,我军已经注意到需要改变宣传内容,来强化宣传效果。

抗战进入相持阶段后,日军兵力吃紧,开始大量组织和利用伪军,各地伪军显著增加,尤其是本地伪军增加尤其明显。中央认为打破日军以华制华的阴谋,"成为异常严重的任务"。1941年1月野政专门针对日军的抓壮丁政策发出《关于加强伪军工作的指示》,要求对伪军和民众做好政治工作,对于伪军"要揭破伪军自愿的(将来抗日)(保家乡)等欺骗,暴露当伪军就是当汉奸的真面目,抓着每一个伪军内部矛盾或伪军与日军之间的矛盾,进行深入的宣传鼓动,在敌区民众中造成厌恶伪军的空气迫使伪军觉悟"。对于沦陷区民众则广泛宣传,促使反对当伪军的热潮,动员敌占区青年壮丁到根据地参加抗

---

[1] 《关于敌伪军工作的训令》,中国人民解放军政治学院编:《军队政治工作历史资料》第四册,战士出版社,1982年,第586页。

日,对可能被敌人抽去的壮丁,鼓动其逃避等。为了切实落实以上指示,野政还要求选派得力干部,健全对伪军工作组织,组织党政军民统一的委员会负责执行[1]。

1941年2月华北日军制定《治安强化运动实施计划》,至1942年底共实施了五次。如前所述,在整个运动期间,日军对八路军根据地展开疯狂的思想进攻,将"思想战"上升到了前所未有的高度。

中国共产党针锋相对展开反击。在对日伪宣传方面,1941年2月中共中央宣传部发出《关于反敌伪宣传工作的指示》,要求加强各级机构对敌宣传组织的建设,充实干部力量,对宣传工作的实施状况及效果加以检查。

在宣传方面,《指示》提出了更为务实的方针,要求宣传必须充分估计到日军士兵的觉悟程度,不要提出过高的口号,不要把最高的政治任务与具体宣传任务混为一谈。一方面,要以具体事实说明侵华战争给日本军民造成的痛苦,揭露敌军内部的压迫和黑暗,激起日本士兵的厌战和对军官不满情绪,唤醒其阶级觉悟,由消极反正转为积极反战。另一方面,尊重、优待、释放、教育被俘士兵,以消除其对中国人民的成见,沟通感情,直达政治上的接近。对于伪军、伪政权的宣传,则是孤立日寇,使其不能建立有力的伪军和伪政权,打击伪军、伪政府上层败类,争取下层被压迫、欺骗的职员、军官、士兵,以此削弱伪军战斗力,动摇伪政权统治,并且争取帮助抗日直到反正,甚至通过他们来瓦解日军[2]。

---

[1]《关于加强伪军工作的指示》,中国人民解放军政治学院编:《军队政治工作历史资料》第五册,战士出版社,1982年,第14页。
[2]《中央宣传部关于反敌伪宣传工作的指示》,中国人民解放军政治学院编:《军队政治工作历史资料》第六册,战士出版社,1982年,第73—75页。

1941年5月中共中央下达《中央关于瓦解敌军工作的指示》，重申"加强对敌军工作有重大的意义，这是决定抗日战争胜利和引起日本革命的重要条件之一"。与以往同类指示相比，中央在组织建设方面提出了明确要求："必须健全军队中的敌军工作部和地方党的地委工作委员会，无论如何要抽出得力的同志担负此种工作。望将旅以上敌军工作部及区党委以上的敌伪军工作委员会组织状况工作状况简略电告。"除了要求电告组织、工作情况外，中央还要求各部队、各区党委总结对敌工作经验教训，在来延安的代表中指定专人向中央汇报，将获得的敌人文件全部交代表带至延安，供中央深入研究对敌工作，将各自的宣传品交代表带至延安供研究[1]。

上述训令等的制定，说明中共中央更为重视对敌政治工作，注重加强组织制度建设，并且准备总结以往各方面的经验教训，以研究更有效的方针政策和策略，强化中央对此工作的统一领导。

在以上工作的基础上，同年6月8日、9日总政治部两天内连续下达《总政治部关于对敌伪军工作指示》《总政治部关于对敌伪军宣传工作的指示》《总政治部关于对日军俘虏工作的指示》。以上文件，一是对过去的工作组织领导情况进行了总结，认为党政军各方面对敌伪工作重视不够，专职干部有限，经验不足，缺乏研究。因此要求各部队负责人与地方党负责人一起召集会议，总结经验，制定工作计划，并且向总政治部汇报会议情况；要求各部队真正健全对敌工作机构，下决心抽调得力干部负责。二是指出了以往宣传品存在的问题与解决方法。宣传品的问题是太政治化、空洞化、公式化，并且高于

---

[1]《中央关于瓦解敌军工作的指示》，中国人民解放军政治学院编：《军队政治工作历史资料》第五册，战士出版社，1982年，第146页。

日军的觉悟程度，不易打动日军，甚至会引起反感。宣传品文字不是真正的日文，不能起应有的效果。宣传品的散发欠针对性。为此，总政治部要求改进，在宣传内容上"应抓住目前日本士兵的情绪，以激动敌军士兵反战情绪思家情绪，减弱其战斗意志，增长其悲观懈怠的情绪，以削弱其战斗力，瓦解其部队"。在文字上必须是真正的日文，在宣传品散发上则要改进技术与方法，并且要定期检查结果[1]。三是要各部队严格执行相关俘虏政策。以上指示是在深入研究、总结以往工作经验教训的基础上形成的，十分有针对性，对于强化和完善对敌工作的组织建设、改善宣传的内容意义深远。

1941年8月4日中共中央发布《中共中央关于敌伪军组织的工作决定》，指出："对敌伪的斗争不能仅仅依靠我军的军事活动，更重要的是开展反敌伪的一切政治活动。"将对敌伪工作的重要性提到了新的高度。

对于日军工作，《决定》指出日军是可以瓦解的，因为日军长期作战，战斗情绪已有变化，现在敌军在华泥足越陷越深，而苏德战争、日军南进及攻苏的企图，将使日军更为困难，加上我对敌工作已经取得一定效果。基于以上有利条件，中央制定的"对敌工作方针仍然是加深敌兵厌战、怠战情绪与思家、思乡情绪，促进其觉悟，达到削弱敌军战斗力之目的。因此不应有过高要求与提出过高的口号，必须从一点一滴去做出普通的成绩"。

对于伪军的工作，《决定》认为鉴于日寇正全力扩充强化伪军、伪

---

[1]《总政治部关于对敌伪军工作指示》《总政治部关于对敌伪军宣传工作的指示》《总政治部关于对日军俘虏工作的指示》，中国人民解放军政治学院编：《军队政治工作历史资料》第五册，战士出版社，1982年，第204—207页。

政权,更须重视此工作。在分析了各方面有利性后,提出了对伪军组织工作的总方针:"孤立日寇,使日寇不能扩大伪军与巩固伪军,对已组成的伪军加紧争取工作,以便将来必要时与对我有利时实行反正,现时应争取对我帮助、不坚决反对我们。"《决定》要求对不同的伪军采取不同政策,争取同情派,控制两面派,打击作恶分子。

《决定》还要求加强各地日本人反战同盟、朝鲜和台湾人抗日团体的活动,做好台湾、朝鲜人工作,争取他们参加反日活动,以便通过他们去瓦解日军。

"决定"对于敌伪工作的组织结构进行了调整,针对敌伪工作中多头管理实施、工作不统一的状况,一是要求各根据地由党、政、军成立统一的敌伪军工作委员会,分区亦设同样的委员会,地方党书记与军队政治部主任均须参加。委员会的任务是总结工作经验,确定工作方针,制定工作计划。二是要求加强军队敌伪工作部建设,地方党则在接近的敌区成立对敌伪工作站。三是对敌伪工作站的结构、内部分工、与当地军队的分工作了具体指示[1]。

《中共中央关于敌伪军组织的工作决定》基本上是对以往对敌工作方针的重申,显示了我党的一贯立场。在组织工作方面,则结束了党政军各自为政的局面,为更统一有效地针对敌伪工作开辟了新局面。八路军野战对中央这一指示极为重视,认为"对于全军敌伪军工作的开展上起了极重要的指导作用"。自此每年都会以此为工作指针检查全军对敌伪工作情况,要求各部队"严格检查对中央8月4日

---

[1]《中共中央关于敌伪军组织的工作决定》,中国人民解放军政治学院编:《军队政治工作历史资料》第五册,战士出版社,1982年,第458—460页。

指示之执行程度"[1]。中央的决定为全党全军宣传政策的制定以及实施进一步指明了方向。

为了取得更好宣传的效果,1943年,中共中央对抗战以来的对敌工作进行总结,下发了《中共中央关于敌军工作的经验》,在对华北日军兵源变化状况与宣传的关系加以分析后,对至今的宣传内容、宣传品的写法与散发、墙上标语的书写、敌前喊话、联欢形式、俘虏工作、敌工组织等的经验教训进行了总结,提出了注意事项和今后的对策。

有关宣传内容,中央认为抗战初期因为没有充分理解敌军工作的任务,一些宣传内容,例如"打倒军部和资本家政府""举行兵变""投入八路军来",与敌兵的要求及其觉悟程度不一致,远离实际而过高,只会引起反感。1940年夏以后改变策略,力求将宣传内容降低,使之与敌兵的要求与觉悟相适合,并且把他们最迫切的要求——"早日归国""停止战争"作为中心口号。不过,这些口号虽可影响个人士兵,但不能引起其集团行动。1942年华北的日人反战组织在延安召开日本士兵大会(详见本章第三小节),会议提出了200多项要求,都关系到日军士兵切身利益。此后,这些要求成为对日军宣传的主要内容。中央认为这些内容更能在瓦解敌军中发挥作用。

对于宣传时事、日本国民生活困难、资本家军部横暴、揭露战争本质、德国溃败、美国经济等强大等,中央做了肯定,认为在引发士兵悲观情绪上是有效的。但强调"我们要用具体的事实(连日本政府也承认的事实),来证明我们的宣传"。例如说日本财阀发战争财,应该列举"满洲鲇川"这种具体例子。另外,多利用日本报刊、军队刊物、

---

[1]《检查全军对敌伪军的工作》,中国人民解放军政治学院编:《军队政治工作历史资料》第八册,战士出版社,1982年,第140页。

日记所载的事实。"我们所写的东西,他们虽当作'赤色宣传'而不去注意,但引用的东西,他们都是愿意倾听的。"

有关宣传品的写法,根据既往经验,中央认为传单只印刷一两句口号,字句太短效果不好,但太长则难以阅读,"一般日文以六七百字为理想标准"。在内容上,一张传单不要写很多,"强调一个内容的方法最好"。文章的体裁和字句要生动感人,不要党八股。文章要写得像日文,"中国人写的传单,日本兵看了发笑,所以没有日本干部工作的地方,可把内容指示给俘虏,让俘虏写"。

在散发宣传品方法方面,中央重点介绍了用掷弹筒发射传单这一最新方法,认为效果很好。此外,中央还特别肯定了敌后武装工作队在宣传上的作用,"这种工作队由几十人或百余名武装人员所组成,专门在敌占区活动,一方面与敌人作武装的斗争,一方面对敌伪进行撒传单、喊话、联欢等工作,同时也对当地民众作政治宣传"。表示要加强武工队的对敌宣传作用[1]。

对敌宣传经验的总结,为共产党及其武装根据地党政军各级对敌工作机构进一步完善宣传策略、方法、内容,起到了十分重要的作用。

至此,中国共产党及其武装根据地的对敌工作格局完全固定下来,宣传政策等基本成熟。当然,随着形势对我方有利的变化,中国共产党的对敌工作目标、宣传内容和规模等方面也会相应地变化,并在实践中不断完善。

---

[1] 《中共中央关于敌军工作得经验》,中国人民解放军政治学院编:《军队政治工作历史资料》第八册,战士出版社,1982年,第69—70页。

二、中国国民党方面

七七事变爆发后,民族矛盾已经上升为主要矛盾,需要动员一切力量抵御外来侵略。国民政府十分重视对外、对内宣传,立刻打响了舆论宣传战。

国民党如此重视宣传,主要目的有三:一是揭露日寇侵华暴行,争取国际舆论的同情与外国援助,在国际上孤立日本帝国主义;二是动员、激励中国军民投身到伟大的抗战中来;三是对敌军进行反战宣传,加以动摇瓦解。国民党和国民政府都有专门机构负责宣传,前者是国民党中央宣传部,后者则是国民政府军事委员会政治部第三厅。

国民党中央宣传部诞生于1924年,专门负责宣传国民党方针政策,其下属国际宣传处则负责对外宣传。国际宣传处原为国民政府军事委员会第五部,1938年2月改归国民党中央宣传部,由中宣部副部长董显光领导。1938年11月迁入重庆后,该处由六科四室组成,即英文编撰科、外事科、对敌科、摄影科、广播科和总务科,以及秘书室、新闻检查室、资料室和日本研究室。其中的对敌科负责对日军和日本国内民众等宣传,通过广播、文字、图片等形式进行反战宣传。除了对敌科外,广播科也用包括日语在内的各种外语播送新闻、演讲和时事评论,对外宣传[1]。

与中央宣传部相比,国民政府军事委员会政治部第三厅则是抗战爆发后的产物。1937年七七事变后,为了适应抗战形势,国民政府于8月20日建立了国防最高会议和大本营领导抗战。根据分工,大本

---

[1] 有关国民党中央宣传部国际宣传处的工作情况,可参见刘楠楠:《1939年国民党中央宣传部国际宣传处工作报告》,《民国档案》2016年第4期。

营第五部负责战时宣传,被赋予的任务是永保精神动员之团结巩固,并将国军为自卫而应战之决心与事实,昭告国际朝野,免为敌人反宣传所蒙蔽。宣传在抗战中被置于重要位置。

大本营建立后,蒋介石又觉得中国未正式对日宣战,不必专设此部,完全能以现有的军事委员会主持战事,于是在1938年1月正式撤销大本营。国民政府军事委员会成为抗战最高统帅部,负责领导抗战。

1938年1月,国民政府军事委员会改组,设军令、军政、军训、政治四部。陈诚任政治部部长,周恩来等任副部长。政治部设一、二、三厅及总务厅、秘书处和设计委员会等部门,第一厅负责军队政训,第二厅主管民众组训,第三厅掌管抗日文化宣传,郭沫若任第三厅长。对于具体宣传工作,第三厅最初设五、六两处,以后又增设第七处,分别负责一般动员、艺术宣传、对外对敌宣传、印刷发行工作,旨在"唤醒和激发民众,动员全国民众实行参战,鼓励前方将士和激发全体士气巩固国民党与共产党及其他抗日党派的团结以保证和争取更大的胜利"[1]。除了以上部门外,三厅还有一些附属宣传机构,即抗敌演剧队十个、抗敌宣传队四个、漫画宣传队一个、电影放映队三个。

除了第三厅以外,军事委员会政治部所属的各部门也使用传单、漫画、标语、口号、歌曲等开展对敌宣传工作。特别是政治部所属的宣传团队,例如中华全国文艺界抗敌协会、中华文艺界抗敌协会作家战地访问团、中华全国戏剧界抗敌协会、中华全国电影界抗敌协会、中华全国木刻界抗敌协会、中华全国美术界抗敌协会、中华全国漫画界抗敌协会等,都以自己擅长的专业宣传抗战,动员、鼓励民众投身

---

[1] 《怎样进行第二期抗战宣传周的工作》,《新华日报》1938年4月8日。

于抗战，成为对民众宣传抗战的生力军。

抗日战争时期，国民党中央宣传部、国民政府军事委员会政治部及其下属组织以大后方民众、沦陷区民众、敌伪为主要对象，展开了各种宣传活动。

在对大后方民众方面，抗战初期的宣传主角是军委会政治部第三厅。1938年4月1日第三厅正式成立后立刻投入宣传工作。在4月7日至13日举行"抗战扩大宣传周"，以文字、宣讲、歌咏、美术、戏剧、电影、大游行等形式连续一周展开宣传活动。此后，又以各种主题多次组织宣传周活动，如5月3日开始连续进行一周的"雪耻与兵役扩大宣传"，7月7日、8月13日举行"七七抗战一周年纪念""纪念八一三保卫大武汉运动"活动。每次活动规模都十分盛大，宣传手段也与"抗战扩大宣传周"相同，极其丰富多彩。散发宣传品则是每次运动的重要手段之一，例如，"雪耻与兵役扩大宣传周"共组织800多个宣传队深入武汉乡镇宣传，编印了传单等各种宣传品数十种，约20万份，散发给我方和敌伪方面[1]。

1938年10月武汉等地沦陷，抗战进入相持阶段。军事委员会政治部随即制定《第二期抗战宣传纲要》颁发，指出"当前的宣传方针"有：(1) 宣传重于作战。(2) 宣传即教育。(3) 服务即宣传。(4) 宣传要通俗化，大众化。(5) 切合不同环境。(6) 加强动员工作。(7) 推动被宣传者从事宣传工作，即民众宣传民众，士兵宣传士兵，敌人宣传敌人[2]。该《宣传纲要》十分笼统，但提出了宣传重于作战，将宣传提

---

[1] 中国第二历史档案馆编：《中华民国史档案资料汇编》第5辑第2编文化(1)，档案出版社，1998年，第41—42页。
[2] 军委会政治部第三厅颁发《第二期抗战宣传纲要》，《文献》1939年第7期，中华大学图书有限公司发行。

高到了前所未有的高度,而在对民众宣传方面则明确提出了根据不同环境进行通俗化、大众化的要求。

抗战的长期化使得日军速战取胜无望,加紧对国民政府政治诱降,1938年年底汪精卫集团因此叛国投敌。针对以上形势,国民政府认识到要取得抗战胜利完成建国大业,要防止卖国投降事件再度发生,必须提高国民精神觉悟。于是在1939年3月12日颁布《国民精神总动员纲领》等文件,确立了国民精神总动员的实施原则、指导思想与运动目的。相关文件在排除异己、限共防共等方面存在着消极的一面,但在动员全民抗战方面有着积极意义。

《国民精神总动员纲领》等颁发后,国防最高委员会设立"国民精神总动员会"具体负责指导工作。在总动员会的领导下,依循"由口号到行动,由上层到下层,由城市到乡村,由后方到前方,由我后到敌后"的五大原则,总动员运动在全国各地实施开来[1]。各地成立各种组织,针对不同的对象,采取了不同的方法宣传抗日思想。在各种宣传活动中,传单作为最常用的宣传品得到了广泛利用。

1939年1月,国民党中央又成立"中央文化管理委员会",用以统一对各战区军队、民众的宣传,散发国民党的各类宣传书刊。《国民精神总动员纲领》等制定后,国民党强化该机构的作用,1940年将其改称"中央文化驿站总管理处"[2],国民党中央宣传部、教育部、三青团、社会部、军事委员会、战地党政委员会等共同负责建设和实施。驿站建立后,在战区建立分支机构,1943年3月在贵阳、桂林、兰州、广德等

---

[1] 谷小水:《抗战时期的国民精神总动员运动》,《抗日战争研究》2004年第1期,第50页。
[2] 详见袁风华、林宇梅:《抗战时期国民党政府设立"中央文化驿站"有关史料选》,《民国档案》1987年第1期。

地建有分站、办事处16所,建立支站45处[1],国民政府通过这一遍布各战区的联络网,将中央政府的宣传品散发至社会最末端。

在此期间,第三厅在对民众宣传方面仍十分活跃。1939年7月第三厅上呈《军委会政治部第三厅关于抗战宣传工作概况的报告》,报告1938年4月1日至1939年7月15日的工作情况。据此可知,从1938年4月以来,第三厅重点统一推进全国各种抗战宣传,指导各级政治部及其他宣传机关之宣传工作,设计并推动各项扩大宣传运动。对军民宣传《抗战建国纲领》之精神,收集敌情研究资料,暴露敌人罪行,搜集暴行实证,同时也展开对敌宣传。"本厅成立至今,为应宣传需要,各项宣传品(传单、宣传大纲、小册子、专册、特辑、标语、画幅、画册、歌谱、歌集、壁报、画报、地图、剧本等)……间有交由航空委员会用飞机散发沦陷区敌后及战地者,交各演剧队、宣传队带往前方散发张贴者,交战地文化服务处输送者,由本厅第四科直接邮寄者,由各宣传团体来厅领用者,而由本厅工作人员就街头墙壁涂写绘制者不计在内。"[2] 为了将各种宣传品及时发送到位,第三厅在全国要地建立"文化发行站"数十处,负责接受和分发来自汉口的各种宣传资料。从以上总结看,对民众宣传是第三厅的工作重点之一。

不过,共产党人与左翼人士在第三厅宣传工作中发挥的重要作用引起国民党的不满,1940年在蒋介石授意下,军事委员会政治部为了排挤共产党和左翼人士,改组第三厅,于11月另设文化工作委员会

---

[1] 据详见袁风华、林宇梅:《抗战时期国民党政府设立"中央文化驿站"有关史料选》(载《民国档案》1987年第1期)"中央文化释站总管理处各办事处暨分支版所在地及签运或邮递一览表"统计。
[2] 中国第二历史档案馆编:《中华民国史档案资料汇编》第5辑第2编文化(1),档案出版社,1998年,第68页。

取代其原有的主要宣传职能。郭沫若仍担任该委员会主任，但已经失去当初的活力。

1940年后，在对大后方宣传方面，国民党中央宣传部继续发挥组织指挥的作用，例如每逢抗战周年等重大时间节点，通过发布宣传大纲等组织宣传工作，使得抗日救亡、抗战必胜理念深入人心。

在对沦陷区民众宣传方面，国民党在经历了战争初期混乱后，也开始着手研究和推动这方面工作。

1938年6月国民党五届中常会第82次会议通过《沦陷区域宣传工作之实施》方案，要求从三个方面加以实施：一是在沦陷区有计划地建立宣传网，并且使其深入乡村；二是拨出专款用于宣传；三是开展宣传工作。对于第三点，会议决定发动沦陷区当地士绅、社会贤达，派遣党员、知识分子潜回，通过编印和散发时事简报、有关国民党主义及抗战方面的小册子秘密宣传。宣传内容有对抗战有利的一切言论、对敌方荒谬言论的批驳、忠义故事等，由此揭露敌方政策、罪恶和阴谋，激发民众爱国主义精神[1]。自此，国民政府对沦陷区的宣传工作走上了正轨，逐步进入有组织、有计划的工作阶段。

1938年8月13日，蒋介石在八一三事变一周年发表的《告沦陷区民众书》中，抨击日军侵华给中国所造成的空前灾难，在沦陷区实施毒化政策、奴化政策后，指出抗战一年以来，"我国军民虽然遭受极大的痛苦牺牲，但是胜利却始终属于我方"。因为我方粉碎了敌人速战速决、亡我中华的阴谋，其野蛮入侵反而激起我中华民族空前团结和坚定的抗战决心。我方已经取得了战略上、政略上、精神上、外交

---

[1] 中国第二历史档案馆编：《中国国民党中央执行委员会常务委员会会议录》(23)，广西师范大学出版社，2000年，第77—79页。

上的胜利,而日方经过一年之战,政治、经济、外交已经陷入困境,这说明"我愈打愈强,敌愈打愈弱"。最后号召大家起来,以各种形式与敌人作斗争[1]。《告沦陷区民众书》被印成传单等宣传品,向沦陷区民众大量散发。

1938年10月,武汉、广州相继失陷,抗战进入相持阶段。国民政府总结前期抗战得失,决心对抗战建国大业作新的努力,收拾沦陷区人心成为主要工作之一。

1939年1月国民党五届五中全会进一步讨论了沦陷区的宣传工作,通过了《切实推进沦陷区域宣传工作》等决议案,准备酌情将沦陷区划分为几个地区,每月按区划拨固定经费,各地区设特派委员一人领导宣传。选定天津、上海、香港、汉口为该区之中心,策划该区工作。训练大量青年或参加部队,或进入游击队,或潜入敌后,利用一切条件进行文字或口头宣传。

该决议案还提到了战区宣传工作,指出各战区所属的区域即所负责的宣传区域,要求各区充实原有机构,尽量动员该区知识分子参与。有关宣传方针,则根据实情,与中央共同策定[2]。同年5月,国民党中央再次开会决定《战地宣传工作计划》。计划决定自5月起在上海、天津等三地建立宣传中心据点,由中央派专员策动敌人后方宣传工作。计划准备分三阶段半年内完成部署。计划的最后两个月,即7月、8月是推进时期,需要根据中央宣传部要求,向相关人员传递中央精神,进行各自宣传,揭露敌人阴谋,维系人心,发动积极抵抗和消极

---

[1] 蒋中正:《抗战方针》,黄埔出版社,1938年,第57—62页。
[2] 中国第二历史档案馆编:《中华民国史档案资料汇编》第5辑第2编文化(1),档案出版社,1998年,第4、5页。

不合作两种运动[1]。会议还决定，在中央宣传部领导下组建战地宣传设计委员会，由战地党政委员会派党务组正、副组长参加，负责领导战地宣传。据此，各战地党政委员会分会均建立战地宣传设计委员会，在战区内设立宣传网络，指导战区宣传工作。

在沦陷区，国民党根据以上计划构建起基干宣传网络，即在上海等三地建中心据点，将沦陷区划分为若干个宣传区，中央派专员负责领导宣传工作，专员直接受中央指挥。各宣传区派宣传指导员潜入各地建立宣传支点，宣传指导员下设宣传员具体实施宣传工作。分属于各宣传区的省市则以党部宣传科为基础建立宣传委员会，指导全省的宣传工作，各县亦划成若干宣传区，成立宣传队，在县党部成立的宣传委员会或秘密宣传站领导下秘密工作。

至此，国民党基本摆脱七七事变以来的混乱状态，初步建立起对沦陷区宣传的组织体系。国民党在沦陷区的宣传网络由此基本形成。

在进行组织建设的同时，1939年年初军事委员会针对日军在沦陷区实施的政治、经济、文化、征兵的政策，制定《对沦陷区域民众宣传纲要》[2]，全面指导宣传工作。

《纲要》指出宣传目的在于针对日军恶毒政策，强化宣传工作，由此唤起民众，集聚其力量，进行全面抗战，建立和巩固我方政权，与此同时，争取、组织敌后民众，清除汉奸，摧毁伪组织，瓦解伪军，动摇敌

---

[1] 中国第二历史档案馆编：《中国国民党中央执行委员会常务委员会会议录》(25)，广西师范大学出版社，2000年，第391页。
[2] 「蒋介石の日本軍攪乱宣伝工作」矢田機関，防衛省防衛研究所/陸軍一般史料/蒋介石の日本軍攪乱宣伝工作，日本亚洲历史资料中心档案编号：C11110640900。该文件由负责侵略山西的日军北支那方面军乙集团参谋部下属的矢田机关获得。文件中提到"我方两年多来的抗战""经过两年多战争"，并且要求执行1939年3月12日颁布的《国民精神总动员纲领》，因此形成时间应该是1939年3—4月间。

军,以此破坏敌人的政治、经济、文化等一切设施,达到抗战最终胜利的目的。

《纲要》要求各战区以《国民精神总动员纲领》《国民公约方案》的内容为中心对沦陷区民众展开宣传。对于宣传要点,"纲要"归纳成甲、乙、丙、丁四个方面。

甲、敌人的政治阴谋。(1)怀柔政策。我方两年多来的抗战让敌人深知残酷的屠杀、破坏会愈发激起中华民族的敌忾心,故改变策略,施以小恩小惠,欺骗沦陷区人民。要使得民众识破其真面目,认识到敌人的政治进攻、精神侵略比武力进攻更毒辣,贪其小恩小惠将国破、家破、人亡。(2)以华制华政策。敌人在沦陷区收买汉奸,利用一些当地有影响的人,组织傀儡政权,供其统治奴役,分裂国家。对此政策,须明确说明人民与国家的关系,国法对汉奸加以制裁,唤起人民"宁为玉碎,不为瓦全"的精神,不当汉奸及敌国的顺民。

乙、敌人的经济阴谋。(1)以战养战政策。敌国资源缺乏,经过两年多战争,经济疲敝,故近来实行"以战养战"政策,打着"长期建设"的幌子大肆开采、掠夺各种物产资源,建立伪银行,滥发伪币,破坏法币。需要向民众说明敌人的以上阴谋活动,使民众断绝与敌人的经济关系。(2)敌货充斥摧残我幼弱的工业发展。敌占区国货难入,敌货趁机大量进入。因此,需要动员民众购买国货,不买敌货。

丙、敌人的文化阴谋。(1)奴化政策。敌人为了彻底亡我国家民众,对青少年实施"奴化政策",在沦陷区学校废除历史等教育,修改教材,增加日文,灌输"日满支亲善"谬论,阴谋消灭我青少年的国家观念、三民主义、国民党的信仰,培养亲日、服从日本统治的意识。对于这种阴谋的方针是,宣传"国家至上,民族至上"的原则,使其拥护三民主义及国民党,不读日文,不上敌人管理的学校。(2)同化政策。为了灭我中华,敌人在沦陷区强制推行日语教育,向我国大量移民,使我人逐渐同化。对此种阴谋,需要向沦陷区民众宣传不要受威胁利诱,避免被同化。(3)逮捕、屠杀我知识分子。敌人对我知识分子恨之入骨,在沦陷区大肆捕杀。因此需要宣传,与其当敌国的顺民,或者死在敌人手中,不如参加游击队,死在战场。

丁、敌人征兵上的阴谋。(1)征壮丁编成伪军、伪警。需要向民众广泛宣传,民众对国家有服兵役的义务,但绝不当伪军。必要时指示村长弄乱户籍,隐匿壮丁,或者全部离开土地,避免敌人强行征集。同时向民众详述组织三民主义青年团的意义,劝导青年参加,或者指导沦陷区组织自卫队,充实民众自卫力,扰乱、打击敌人,增强抗战力量。(2)募工。敌人在沦陷区强行征发我同胞修筑工事等,不仅报酬极低,待遇苛酷,而且工事竣工后还会杀掉保密。对此需要广泛向民众宣传,同时指示逃避、抵抗的方法,使敌人无法利用占领区的人力、物力。

以上《宣传纲要》将政治、经济、文化等四个方面所需要宣传的核心内容,进行了十分系统而扼要的梳理,具有极强的针对性,对于统一沦陷区的宣传口径,提高宣传效果,意义重大。

《对沦陷区域民众宣传纲要》制定后,各战区将《国民精神总动员纲领》以及上述《纲要》的主要内容印制成小型标语、传单、宣传画等,选拔下属各级政治部、各级政工人员、特工人员,装扮成农民、工人、商贩等,进入沦陷区,在乡村、集镇大量散发、张贴,或口头秘密宣传。

在对敌伪宣传方面,国民政府军事委员会先后制定的俘虏政策为对日军宣传提供了基础材料。1937年10月15日,国民政府发布

《俘虏处理规则》。该规则根据日内瓦公约制定，在明确俘虏范围后，规定尊重俘虏的人格和名誉，对伤病者给予治疗，通过外交渠道与家属联系，有与家属通信的自由，禁止凌辱、恐吓俘虏，禁止没收俘虏私人物品等[1]。1938年11月，蒋介石在南岳召开的军事参谋长会议上又发表讲话说，优待俘虏是战时军人应该遵守的道德，是瓦解敌军最好的方法；要求命令部下不杀俘虏，必须按照命令移送后方[2]。再次重申了俘虏政策。

对于日军俘虏，国民政府认为："不但是在人道上国际法上应该优待他们，而且在作战和政治宣传的便利上，也应该优待他们，争取他们来帮助我们扩大对敌宣传的效果，瓦解敌军，因为这样处置足以表示（一）我仁敌暴，在政治方面打击敌人，（二）揭破敌所发的中国杀戮俘虏的欺骗宣传，消除敌士兵的怕惧心理，可以减轻其必死的顽抗，减免我们不必要的牺牲。"[3] 显然，采取优待政策既是出于人道主义和国际法，也是为了我方政治宣传，削弱日军的抵抗。

如前所述，武汉沦陷后军事委员会政治部随即制定《第二期抗战宣传纲要》，将宣传的重要性置于作战之上，并且指出在各种宣传工作中，"尤其是敌人宣传敌人，争取敌伪，优待俘虏，教育俘虏，当为第二期抗战中重要工作"。该《宣传纲要》十分笼统，但提出了宣传重于作战，将宣传提到了前所未有的高度，对敌宣传的重要性得到进一步明确。

与《第二期抗战宣传纲要》相配套，军事委员会政治部还制定

---

[1] "遊擊法令集編に関する件（5）"，1940年，防衛省防衛研究所/陸軍省大日記/陸支機密・密・普大日記，日本亚洲历史资料中心档案编号：C04122459100。
[2] 武执戈：《优待俘虏政策》，重庆国民图书出版社，1941年，第1页。
[3] 《战地（即游击区）宣传纲要（二十八年四月本部制发）》，《政工通讯》1939年第5—6期。

了《第二期抗战对敌宣传述要》,就对敌宣传的主要内容作了统一部署。《述要》要求就日寇的五大危机进行宣传,一是因军方开支庞大、公债消化不良、贸易衰退、现金涸竭引起的财政经济危机,二是因军事工业畸形发展、农村凋敝引起的产业危机,三是因"速战速决"阴谋失败、内阁更迭、财阀与军方矛盾加深、国际地位孤立引起的政治危机,四是因镇压不同思想、反战运动引起的社会危机,五是因战局进退失据、南下政策与英美可能的冲突引起的军事危机。《述要》强调需要通过具体事实宣传我方必胜、敌方必败的理由,由此揭露日本军方的虚假宣传,使得士兵了解真相,促使敌人从内部分化。《述要》还要求继续加强宣传优待俘虏政策,以此粉碎敌人的宣传,动摇乃至瓦解敌军。

《述要》对至今的经验教训也进行了总结,就宣传方法作了具体提示,要求宣传品的文字应简洁、具体,消除冗长空洞的内容,用词不可伤害敌人感情,尽量多用图画、照片、通行证[1]。

在对敌宣传方面,前线部队首当其冲。1939年4月军事委员会下达《战地(即游击区)宣传纲要》,专门对战地宣传进行全面部署。有关对敌伪宣传,强调各战区前线部队必须高度重视,因为其效果,"有时大于武力作战的效果"。《纲要》在重申优待俘虏政策基础上,对日军的宣传内容进行了具体提示,要求告知日本士兵,军阀发动的侵略战争只会给他们的国家和民众带来灾难,日本士兵的敌人不是中国,是通过战争获益的日本军阀、财阀,中国是同情日本士兵的,是其绝对的友人;号召士兵们起来反战[2]。

---

[1] 《第二期抗战对敌宣传述要》,《动员通讯》第11—13期,1939年、1940年。
[2] 《战地(即游击区)宣传纲要(二十八年四月本部制发)》,《政工通讯》1939年第5—6期。

国民政府内对日军宣传的大本营，1940年前为第三厅第七处。该处聚集了许多"日本通"，日本反战人士鹿地亘夫妇则担任该处顾问。在鹿地亘夫妇大力协助下，第七处深入研究敌情，开展对日广播、前线喊话、编写日文宣传品等活动。靠他们帮助编印的传单等日文宣传品就近6 200万份。这些宣传品被运往前线散发，在对敌宣传方面发挥了很大作用。

第三厅不仅自身投入各种宣传活动，还根据对敌宣传中获得的经验教训，编写成《对敌宣传须知》散发，指导军政民机构的对敌宣传工作。1940年第三厅改组，同年11月由文化工作委员会取而代之，委员会下设三个组，其中第三组负责研究敌方综合状况，帮助"在华日本人反战同盟"进行反战工作，例如编印对敌宣传品散发。不过，由于反战同盟的活动受到国民政府的种种制约，在通过宣传品对敌宣传方面远远不如以前活跃。

在对伪军、伪组织工作方面，国民党方面也很重视，先后制定了很多方针政策与措施，以促使伪军等倒戈反正，孤立打击日军。

例如，1939年前后军政部先后制定了《伪军归顺工作方法》《归顺部队奖金经费限制办法》《归顺部队给养奖金支付方法》《归顺官兵奖励办法》等一系列文件，指导对伪军等的宣传、诱降工作[1]。

《伪军归顺工作方法》是其中的核心文件，它明确了促使伪军归降的目的、组织、方法。《方法》指出促使伪军归降的目的在于削弱敌人力量，增强我方力量，粉碎敌人"以华制华"政策。要求以下四个机关负责具体实施：（1）军事委员会及所属各部会。（2）各战区司令

---

[1] "遊擊法令集編に関する件（5）"，1940年，防衛省防衛研究所/陸軍省大日記/陸支機密・密・普大日記，日本亚洲历史资料中心档案编号：C04122459100。

长官部及各战地党政分会。(3)战地各级部队。(4)战区各省县市政府。为了有效达到既定目的，"方法"要求上述各机构选拔优秀工作人员从事对伪军的工作，并且详细制定了对伪军工作人员的具体待遇和奖励方法。例如，促使伪军百人以上的连、携带七成以上枪械投降者奖励五百元。

有关促使伪军归降的方法，《方法》提出了"宣传""离间""威胁""利诱"四种。在"宣传"方面，要求派员潜伏于沦陷区，向伪军宣传民族意识和我方抗战必胜，促使其投降。向伪军家属、亲戚、同乡宣传利害关系、民族存亡的道理，争取多管齐下；宣传中国人不打中国人、民族至上的真谛；宣传敌人经济政治危机，缺乏壮丁，只要不被敌人利用，敌人就一定失败。

《归顺部队奖金经费限制办法》《归顺部队给养奖金支付方法》由军政部1939年7月制定，是对《伪军归顺工作方法》相关规定的进一步细化补充。《方法》规定各战区长官及战地党政分会主任委员负责策动伪军使其投降，并且需要根据规定向投降部队提供奖金。对于投降伪军一般不加以改编，如果人数过少或不守纪律时则由战区长官改编或解散。对于以伪军名义投降而进行投机谋取利益者则加以严惩。对于投降官兵则规定了具体待遇、奖金的标准、方法。与以上两文件相配套，军政部还制定了《归顺官兵奖励办法》，一共13条，十分详细地规定了对于来降官兵、人数、武器装备的奖励金额。

1939年4月军事委员会还下达了《战地(即游击区)宣传纲要》，对伪军的宣传内容进行了细化，要求各战区部队重视对伪军进行宣传攻势，告知伪军不应受日寇和汉奸的威胁欺骗打自己的兄弟，要他们认识到自己的国家正受侵略，家人正在替敌人做牛马，应该调转枪口，共同抗日。

军事委员会政治部制定的《第二期抗战对敌宣传述要》也要求继续对伪军进行宣传工作，因为"这些伪军，是受着敌人与汉奸的威胁利诱，蒙蔽欺骗，不得已与不自觉而来到前线杀戮自己同胞的"，完全可能争取其倒戈反正，事实也证明了这一点。因此，在抗战的第二期仍要对伪军等展开宣传，争取他们投入反日阵营。

以上各种政策等成为国民政府对伪军工作的基础文件，规范了对伪军的政治工作，使得对伪军工作进一步制度化，为顺利劝降伪军提供了必要条件。此后，国民政府对伪军的工作基本按照以上政策进行，争取到了大量伪军归降。

三、日本人反战组织

在抗日战争中，还有一股特殊的力量在发挥着作用，那就是在我方直接帮助、指导下由日本人组成的反战组织。这种反战组织不仅参与人数多，分布范围广，活动十分活跃，而且取得的效果也尤为醒目。它们有"觉醒联盟""在华日本人民反战同盟""在华日人反战同盟华北联合会""在华日本共产主义者同盟""日本人民解放联盟"。这些组织的反战活动为中国抗日战争的胜利做出了特殊贡献。

1. 觉醒联盟

八路军挺进敌后抗战后，陆续俘虏了一些日军。在我军俘虏政策感化下，有些人开始觉醒，反省自己的侵略罪行，批评日本政府的侵华政策，并且主动要求加入八路军。随着志同道合者的增加，他们有意建立一个自己的组织，参加抗战活动，其中八路军晋东南军区的杉本一夫（即前田光繁）等尤为积极。当听说鹿地亘在重庆组建反战同盟时，他们去信希望加入，在太行区建立一个支部，但未得到回音。在八路军敌工部的帮助下，他们决定成立自己的组织，于1939年11月7日即苏联十月革命纪念日，在山西省辽县（今左权县）麻田镇八路军野战总部建立"觉悟联盟"，在华日本人建立的第一个反战组织由此诞生。

联盟的宗旨是鼓励广大日本士兵早日觉醒，反对日本军阀、财阀反动的侵略战争，反对做日本军阀、财阀的炮灰，反对日本侵略中国，揭露日本法西斯破坏和平的本质和罪恶等，号召日中两国人民团结起来打败日本帝国主义发动的战争，共同打倒日本帝国主义。

联盟设总部于八路军总政治部，创办有机关刊物《觉醒》《前进》（插图1-4）作为核心宣传刊物。为了扩大队伍，壮大反战力量，联盟成员在八路军帮助下赴太行、太岳等抗日根据地建立支部，帮助日军战俘改变思想，加入联盟。在他们努力下，太行支部（1940年6月23日）、山东支部（1940年6月28日）、冀南支部（1941年8月7日）、冀鲁豫支部（1941年8月15日）、太岳支部（1942年）五个支部先后成立[1]，会员约有60人。在山东胶东地区，1941年9月18日胶东支部建立，小林宽澄等三名成员在成立当天就开始用日语书写传单，投入反战行列。

在八路军的全力支持下，联盟以八路军根据地为中心对日军展开政治宣传攻势，利用各种手段宣传反战思想，揭露日本政府的侵华

---

[1] 小林清：《在华日人反战组织史话》，社会科学文献出版社，1987年，第11—19页。

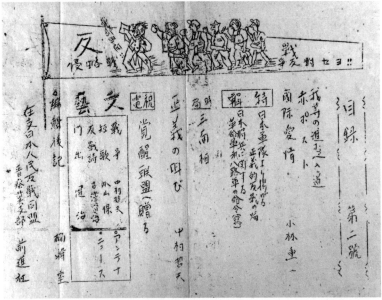

插图1-4 《前进》第二期封面、目录

政策以及战争给日本人民带来的危害,瓦解敌军。

2. 在华日人反战同盟

最初由鹿地亘等于1939年12月创建。

鹿地亘早年参加日本共产党,在东京帝国大学学习期间就参加社会文艺研究会(后称马克思主义艺术研究会)的工作,加入无产阶级文学运动,参与创办日本无产阶级作家联盟。1934年鹿地亘因从事革命活动被捕入狱,1935年年底获释后继续受到迫害,于次年1月与妻子池田幸子一起逃亡到上海,结识鲁迅等中国左翼进步文化人士,八一三事变后流亡到香港。1938年年初国民政府组建军事委员会政治部,郭沫若任该部第三厅厅长。郭沫若认为在对日宣传方面一定要日本人的帮助,便向政治部部长陈诚极力推荐鹿地亘。鹿地亘夫妇因此被聘为政治部"设计委员"(即顾问)。同年3月鹿地亘夫妇应邀秘密来武汉工作,投身于反战活动。他们或参加各种集会,或利用电台、报刊,高举反战大旗,揭露日本的侵略政策与罪行,同时,还积极教育开导日军俘虏,引导他们参加反战工作。第三厅对敌宣传需要编写大量日文宣传品,鹿地亘夫妇为此也倾注了大量心血,1938年5月中国空军远赴日本投下的日文传单等宣传品就是出于鹿地亘夫妇之手。

1939年10月,鹿地亘在中方支持下,与广西桂林临时俘虏收容所释放的11名日军俘虏一起建立"在华日本人反战同盟西南支部准备会",发行机关报《人民之友》宣传反战。同年12月,依靠第三厅支持在桂林正式成立"在华日本人民反战同盟"西南支部,坂本秀夫担任支部代表,主要任务有二:一是抗击日本侵略的军队;二是对日士兵进行宣传,争取他们参加反战阵营[1]。宣传的手段就包括撒传单在内。

1940年7月20日,反战同盟在重庆召开大会,正式成立了以鹿地亘为会长的在华日人反战同盟总会。当时总部成员共33人,大部分曾经是日本士兵,部分为日侨。大会通过了反战同盟的四项基本方针:(一)协力于中华民族之自卫解放之抗战,灭绝日本帝国主义及其在大陆上一切之代理人。(二)拯救被压迫而牺牲于战事之人民,根据人民之素志以建设民主之日本。(三)努力中日两民族之亲善提携,根据自由平等友爱之原则,以奠定东亚和平。(四)反对帝国主义战争,联合世界爱好真正和平之各民族,以绝灭人类之任何不幸[2]。

作为"协力中华民族之自卫解放之抗战"的举措,同盟的主要工作就是进行反战宣传。同盟与第三厅国际宣传处紧密合作,通过报刊等资料研究日本的政治、军事、经济、社会等现状,或撰文刊登于机关刊物《为真理斗争》,或编写成反战文章通过广播对日宣传,或编写成宣传品对日军散发。另外同盟还设计了多种"通行证"用于引导日军投降。这些宣传品有的交由国民党军队散发,有的由同盟自己散发。

同盟总部建立后,相继在国统区的鄂北、洛阳成立了第五战区支部和洛阳支部。此外,同盟还组织前线工作队赴湖北、广西、广东前线对日军进行各种形式的反战宣传,散发反战传单等宣传品便是其工作之一。同盟的各种反战工作成绩卓著,鼓舞了我军士气,瓦解了日方军心,引起了日本政府的极度恐慌。

同盟建立后,影响越来越大。1940年7月7日,日本反战人士森

---

[1] 王庭岳:《在华日人反战运动史略》,河南人民出版社,1989年,第65页。
[2] 《在华日人反战革命同盟会发表宣言纲领》,《新华日报》1940年7月24日。

健等在日本共产党领袖野坂参三的领导和八路军总政治部的直接指导帮助下,在延安成立"在华日人反战同盟延安支部"。

野坂参三在延安时期先后化名林哲、冈野进。1931年2月,野坂受日共派遣至莫斯科共产国际东方支部工作,1940年3月来延安,担任中共中央军委总政治部顾问,在中国共产党建议下,主要从事日本现状的调查研究、改造日军俘虏和对日军的反战宣传指导工作。在争取俘虏转化方面,很快就取得了成果,森健(化名近藤勇三)、高山进(化名春田好雄)、市川春夫经过其教育和八路军总政治部的工作,完全转变思想,站到了抗日阵线之列。

在积极从事改造战俘的同时,野坂开始筹建反战组织。杉本一夫等人在八路军内建立觉醒联盟后,野坂去函重庆的在华日人反战同盟会总部负责人鹿地亘,商讨组织关系问题,希望在华日本反战人士联合起来共同斗争,因无回音,决意自行开展工作。经过多方准备,在八路军总政治部全力支持下,于5月1日正式成立"在华日人反战同盟延安支部"。成立大会发表宣言,宣告支部的任务和义务是"援助而且直接参加中国民众的解放斗争","打倒共同的敌人日本帝国主义","得到我们的自由,真正的东洋永远的和平","誓为中日两国人民解放事业奋斗到底"[1]。

支部成立后发行机关刊物《士兵之友》等进行反战宣传活动,1940年10月,在野坂建议下,八路军总政治部在延安建立了"日本工农学校"(日语为"日本労農学校"),负责教育日军战俘,野坂担任校长。

---

[1] 《在华日本人民反战同盟延安支部成立宣言》,《抗敌报》1940年6月27日。

和觉醒联盟一样,延安支部完全是靠自身的努力所创建,与重庆反战同盟总部没有直接关系,事实上各方面处于独立状态。因为身处抗日的红都延安,在中共的直接支持指导下,支部成立后在指导敌后日人反战活动方面,事实上发挥了"总部"的作用。

在中国共产党及其武装力量的支持帮助下,主要来自日军俘虏的反战日人在敌后抗日根据地不断建立"在华日人反战同盟会"的支部机构。华北21个支部中最早成立的是1941年2月23日建立的冀中支部。支部成立之初有十五六人,支部长田中实是受伤被俘后受到我方感化而参加反战运动的。支部成立时冀中军区政治部敌工部送贺旗"日本人民的前卫"[1],寄予很大期望。支部成立宣言称日本军阀财阀是战争的根源,"已经迫使日本人民走上有史以来最恐怖、最苦难、最窘迫的绝望时代",其颂扬的"圣战""建立东亚新秩序""大东亚共荣圈"只会给人民带来死亡、苦难,号召日本人民和士兵反战,中国共产党和八路军"是日本人民反对军阀、财阀的忠诚战友"[2]。支部成立后积极从事对日军反战宣传工作,出版有反战定期刊物《日本人民之友》和《光明》月刊[3]。

以宫川哲治为支部长的"在华日人反战同盟晋察冀支部"则成立于1941年5月4日(插图1-5),开始由18人组成,发行机关报纸《光明》《中日人民之友》(后来改名《日本人民之友》)。反战宣传是支部的中心工作,"我们无情地揭露日本法西斯的欺骗宣传,使日本人民与士兵认识了侵略战争的本质,介绍八路军的真实情况与反战

---

[1]《日本人民的反战旗帜——记在华日本人民反战同盟冀中支部的成立》,《晋察冀日报》1941年3月19日。
[2]《在华日本人民反战同盟冀中支部》,《晋察冀日报》1941年5月11日。
[3]《冀中日人反战同盟支部长田中实先生访问记》,《晋察冀日报》1942年3月27日。

插图1-5　1941年5月4日在华日人反战同盟晋察冀支部召开成立大会。到会者有全体盟员、八路军代表、群众共两千人

来源：河北省政协文史资料委员会编:《河北抗日战争图鉴》,河北人民出版社,2005年,第255页。

支部的各种生活,使日本人民、士兵逐渐消除了对八路军与反战支部的误解"[1]。

1941年5月12日,"在华日人反战同盟山东支部"在八路军山东军区建立,有成员五人,日俘大西正、上中庄太郎分别任正副支部长。支部成立发表《山东支部宣言》《工作纲领》《告日本士兵书》,号召在华日侨和日本士兵掀起反侵略、反迫害运动。

此后,新四军内的反战同盟支部也陆续建立,1941年11月首先有鄂豫支部建立,接着出现苏中支部、苏北支部、淮北支部、淮南支部等。其中苏中支部发起人之一的富山安寿郎(即香河正男)1938年8月就被我军俘获,在八路军教育下觉悟过来,同年11月就与其他两名俘虏编写日文传单《告知我们的兄弟 第一号》向日军散发。这份"华中第一份反战传单",在说明新四军平等对待俘虏,给予自由的同时,号召日军反战,不要替日本军阀卖命[2]。因此,新四军根据地日本俘虏自主进行的反战宣传活动,实际上在1938年11月就已经从散发传单开始。

八路军、新四军根据地中不断出现的日人反战同盟支部,在反战宣传方面做了大量有效工作,它们与活跃在国统区各地的同盟支部,共同成为中国对日作战宣传战线上的一支特别生力军。

3. 在华日本人反战同盟华北联合会

正当各地反战同盟如火如荼展开反战活动时,1941年8月国民

---

[1] 《反战斗争的一年》,八路军三纵队政治部出版《前线报》第168期,1942年3月7日。
[2] [日]藤原彰、姬田光義編:《日中戦争下中国における日本人の反戦活動》,青木书店,1999年,第64、168页。

政府下令解散反战同盟,国统区反战同盟被迫停止活动。共产党敌后根据地的日人反战组织成为反战的主力军。当时共产党敌后根据地的日人反战组织分为在华日人反战同盟和觉醒联盟两个系统。虽然两者性质相同,均在中国共产党帮助下由被俘和主动反战的日军组成,但彼此各自为政,影响了反战效果。

此时抗战正处于相持阶段,我敌后根据地进入最困难的时期,难免出现思想动摇的现象,而日军速战速决计划破灭后,普通官兵因归国无期、胜利渺茫而情绪低落。为了消灭我敌后根据地,日军在加强军事、经济进攻的同时,更为重视思想战、宣传战,思想阵地成为中日双方鏖战的主战场之一。在此背景下,两个组织决心组成统一的反战机构,最大限度地发挥反战作用。

1942年8月,"华北日本士兵代表大会"与华北日本人反战团体代表大会在延安召开。"华北日本士兵代表大会"由原日军士兵代表举行,会议讨论制定了《日本士兵要求书》,提出了230项要求。这些要求囊括了给养、军纪、教育、私刑、个人生活空间、军事行动、伤病员的处理、等级制度等14个方面,都与改善或提高日军士兵的切身利益密切相关,比如"取消强迫储蓄""津贴增加两倍""让士兵吃饱饭""禁止侮辱和打骂士兵"等,因此是日军士兵最为关心的要求。

反战团体则有反战同盟延安支部、山东支部,觉醒联盟总部、太行支部、冀南支部、冀鲁豫支部、山东支部、太岳支部八个组织派代表参加了会议。大会决定合并觉醒联盟和反战同盟,成立统一的反战组织"在华日本人反战同盟华北联合会"。大会讨论通过了联合会的纲领和章程,选举杉本一夫任会长,森健、松井敏夫任副会长,制定了联合会纲领、简章、工作方针。"为积极援助在华北的中国军之抗日战争,唤醒日本士兵之政治觉悟而斗争",即为纲领之一。有关"唤醒"的方法在简章中得到体现。简章规定联合会从事三大工作:(1)对各参加团体给予指示及援助。(2)与各参加团体保持联系。(3)宣传教育[1]。其中的"宣传教育"就是"唤醒"的具体手段。

华北的日人反战组织自此完全统一在一起,反战斗争进入了一个新阶段,"两个大会的提案与决议,确定了今后敌军工作的中心,应该把日本士兵在部队内从早到晚深切的感受到的物质上和精神上的痛苦,不满与要求,作为我们对敌军进行宣传的主要内容,并为贯彻这些要求而发动日本士兵起来斗争"[2]。大会确定的不断向日军宣传的基本工作,也有了明确的宣传内容。《解放日报》8月23日发表的社论称,两个大会所做的决定,"对展开敌军工作将具有划时代的意义"[3],给予了极高评价。

大会之后,觉醒联盟的太行支部、冀南支部、冀鲁豫支部、太岳支部分别改称反战同盟太行支部、冀南支部、冀鲁豫支部、太岳支部[4],觉醒联盟山东支部与反战同盟山东支部则合并改称反战同盟山东支部。觉醒联盟本部部分负责人到延安反战同盟华北联合会工作,其余部分成员合并到反战同盟太行支部。

联合会成立后,因反战形势的好转,参加者的显增,在八路军支

---

[1] 《在华日本人反战同盟华北联合会纲领(草案)》《在华日本人反战同盟华北联合会简章(草案)》,中国人民解放军政治学院编:《军队政治工作历史资料》第六册,战士出版社,1982年,第521、522页。
[2] 《日本士兵大会与反战大会的收获》,中国人民解放军政治学院编:《军队政治工作历史资料》第七册,战士出版社,1982年,第385页。
[3] 同上。
[4] 1943年3月,一二九师管辖下的太行、冀南、冀鲁豫、太岳四支部设立晋冀鲁豫协议会,设负责人一人统一协调指挥四支部活动。参见[日]藤原彰、姬田光义编:《日中戦争下中国における日本人の反戦活動》,青木书店,1999年,第275页。

持下,各支部发展很快。以山东支部为例,一年多的时间里由一个支部十余个成员发展到五个分支部100多名成员,即胶东分支部(1942年9月成立,成员8人)、清河分支部(1942年9月成立,次年改为渤海分支部)、滨海分支部(1942年11月成立)、鲁中分支部(1943年成立)、鲁南分支部(1943年5月成立)。五个分支部中,胶东的发展速度、规模都是领先的,到1945年已发展到100余人。日人反战活动由此遍及山东抗日根据地。

为了适应组织的发展,1943年7月山东抗日根据地日本反战士兵大会和山东日人反战同盟代表大会在山东军区鲁中驻地召开。8月2日,大会宣布成立"在华日人反战同盟华北联合会山东分会",并将各分支部改支部,本桥、大西正分别担任正副分会长[1]。会议通过了《日本士兵要求书》《控诉日军暴行》和《致中国伪军书》,呼吁日伪军倒戈反战。

山东的发展情况只是一例。在八路军和新四军根据地,支部和分支部都有显著发展,使得对日伪思想战、宣传战队伍进一步壮大,为抗战走向胜利提供了有利条件。

4. 在华日本共产主义者同盟

鉴于中国共产党抗日根据地日人反战组织的不断壮大,以及延安日本工农学校的成功开办,在延安的日共领导人野坂参三有心将这些日本人中的先进分子组织起来,组建一个无产阶级政党的预备组织,为日后恢复日本共产党做准备,于是准备在延安建立"在华日

---

[1] 牛淑萍:《山东抗日根据地日人反战活动述论》,《烟台师范学院学报(哲社版)》1999年第2期,第43、44页。

本共产主义者同盟",中国共产党对此表示全力支持。

1942年6月23日,"在华日本共产主义者同盟"在延安的日本工农学校内隆重成立。森健当选为同盟总书记,高山进当选为副书记。

八路军、新四军根据地日人反战组织中的一些先进分子在延安的带动下,也纷纷组织起来要求建立支部。如1943年8月14日,本桥等人在鲁中军区建立山东支部,并且在鲁中、鲁南、胶东、渤海、滨海建立了分支部。

至1945年8月,"在华日本共产主义者同盟"发展到17个支部,其中,延安1个、晋西北1个、晋察冀1个、晋中1个、太行1个、太岳1个、冀南1个、冀鲁豫1个、山东5个、新四军4个,成员数百人。他们积极宣传反战,要求和平,为对敌伪政治工作做出了显著贡献。

5. 日本人民解放联盟

1944年,世界反法西斯斗争走向节节胜利,中国抗日战争战场也迎来了转机,日军战败已经是必然大势。

在此形势下,反战同盟不断扩大,盟员大增,例如延安支部的盟员一年中增加了两倍。不仅如此,日本干部在质上也有了很大进步,不少干部无论在前线还是后方,都能很好地独立进行宣传、教育及其他工作[1]。日共代表野坂参三认为有必要为战后日本革命做准备,1945年1月15日在延安举行"在华日本人反战同盟华北联合会"扩大执委会。野坂在会上作报告指出,在华日本人反战同盟进行更广泛政治斗争的主客观条件已经成熟,建议成立"日本人民解放联盟",担

---

[1] 冈野进:《日人反战同盟扩大执行委员会和日本人民解放联盟的成立》,《解放日报》1944年2月20日。

负起反战反法西斯、成立广泛的日本人民战线的重大任务。与会代表一致赞同，选举出解放联盟创立准备委员会华北委员，起草了《日本人民解放联盟章程草案》《日本人民解放联盟纲领草案》。华北、华中反战同盟各支部开会讨论后也同意反战同盟改组为解放联盟。

4月9日，反战同盟华北联合会宣布正式解散，"日本人民解放联盟"正式诞生。各地反战同盟组织也纷纷易名。此时，联盟华北协议会成员总数达223人，在延安、晋西北、晋察冀（插图1-6）、冀中、冀南、冀鲁豫、太行、太岳、滨海、鲁中、鲁南、清河、胶东建立有支部。在华中地区，联盟华中协议会成员数也在30人左右，有苏中、苏北、淮北、淮南支部[1]。

为了统一日人反战组织在华宣传活动，解放联盟成立后制定了宣传方针和方法下达各支部，反战宣传的目标不再仅仅是反战，而是以此基础，谋求结束战争，打倒日本军部，成立人民政府，建立和平与自由的新日本。而八路军、新四军则完全信任这一对敌政治斗争的"友军"，将对日军以及日侨的政治工作基本交给联盟来执行。

尽管名称不同，最终目标有异，但自觉醒联盟成立起，上述日人反战组织都以反战宣传为中心展开工作。在对日军反战宣传方面，日人反战组织具有诸多"天然"优势，这主要体现在以下方面。

一是能十分准确地传递宣传内容。信息的准确传递是有效宣传的第一步。如果是通过语言来宣传，无论是书写还是口头宣传，起码要让对方看懂或听懂才能达到宣传效果，并且语言表达得越准确得体，效果越好，否则就可能"对牛弹琴"，甚至适得其反。抗战的对象

---

[1] 小林清：《在华日人反战组织史话》，社会科学文献出版社，1987年，第126、127页。

插图1-6 1944年4月日本人民解放联盟晋察冀协会成立大会

来源:河北省政协文史资料委员会编:《河北抗日战争图鉴》,河北人民出版社,2005年,第257页。

插图1-7　日本人民解放联盟晋察冀协会成员在整理印好的宣传品,准备发放

来源:河北省政协文史资料委员会编:《河北抗日战争图鉴》,河北人民出版社,2005年,第256页。

是日本人，我方宣传必须准确使用日文宣传才行。抗战初期，我方在宣传方面最缺少的就是能准确使用日文者。1943年八路军根据地已经出现很多日人反战组织，但中共中央在这一年总结对敌工作经验时仍说："我们最大的困难，是懂日语的中国干部太少。"[1] 说明仍缺少精通日语的政治工作干部。

对于日文宣传品的效果，抗战以来我方一直并不满意，其原因之一就是使用的日文不正宗，使得宣传效果大打折扣。例如，八路军总政治部1940年6月发出《总政治部关于对敌伪军宣传工作的指示》，总结至今对敌宣传的经验教训时指出，至今的宣传品有三个缺点，其中之一就是"宣传品文字不是真正的日本文，而是中国化的日本文，且时有文法错误，因此不能起应有效果"。总政治部要求"宣传品应是真正的日本文"，今后"应当请俘虏作文字上的修改，并尽量利用日本俘虏起草宣传品，但政治机关必须加以审查"[2]。

中共中央宣传部也很注意日文的"正宗"问题，例如1941年2月向全党全军发出的《关于反敌伪宣传工作的指示》，对日军宣传提出了四个注意事项，其一就是"对敌军的宣传品，其文字必须是真正的日文，其形式要短小精致，印刷精美。适合于日本人的脾胃"[3]。

新四军方面也碰到同样问题，1942年政治部总结对敌伪宣传工作时说："对敌宣传品的文字，除了个别部队是由日台兄弟起草没有毛病外，大多数的日文都是中国式的，不能运用日本的风格和体裁，

---

[1] 《中共中央关于敌军工作的经验》，中国人民解放军政治学院编：《军队政治工作历史资料》第八册，战士出版社，1982年，第72页。
[2] 《总政治部关于对敌宣传伪军宣传工作的指示》，中国人民解放军政治学院编：《军队政治工作历史资料》第五册，战士出版社，1982年，第205页。
[3] 《中央宣传部关于反敌伪宣传工作的指示》，中国人民解放军政治学院编：《军队政治工作历史资料》第六册，战士出版社，1982年，第74页。

以迎合敌兵的心理,间或有一些写得好的传单,便大受欢迎。"[1]

在此种状况下,日人反战组织的建立和不断扩大,无疑大大缓解了这一难题,由他们进行宣传,至少在语言本身方面可以获得最佳效果。

二是日人反战组织成员绝大部分都是战俘,还有一些自动投诚者。他们来自日军,由他们来宣传我方的俘虏政策,宣传我方对投诚者的政策,本身就是最有说服力、最有可信度的榜样,胜过任何宣传品。而且,由他们现身说法,容易减少不信任,拉近距离,缓解敌对情绪。例如,晋察冀支部仅仅通过一年宣传,当地日军士兵就知道了"八路军内有我们大大的好朋友"[2]。时至1944年,"现在绝大多数的日本士兵不仅已完全相信八路军不杀俘虏是真实的,而且更进一步地知道八路军内有反战同盟的组织。同时很多士兵对于该同盟的宣传是很欢迎的"[3]。可以说,能够取得如此效果与反战组织的现身说法是密切相关的。

三是反战组织成员绝大部来自日军,因而对敌军的内部状况了如指掌,深知其要害痛处所在,在宣传上能对症下药。典型之例就是,1942年"华北日本士兵代表大会"与华北日本人反战团体代表大会提出的《日本士兵要求书》。230项要求可谓条条切中日军各种制度的"要害"。当然,这些要求只有来自日军的反战组织成员才提得出来。对此《解放日报》在会议闭幕后第二天发表社论,高度

---

[1] 《对敌伪顽的宣传工作》,中国人民解放军政治学院编:《军队政治工作历史资料》第七册,战士出版社,1982年,第96页。
[2] 《在华日人反战同盟晋察冀支部一年来的发展和壮大》,《晋察冀日报》1942年5月3日。
[3] 《日人反战同盟扩大执委会通过日本人民解放联盟纲领及章程》,《解放日报》1944年2月17日。

评价了这些反战战士在宣传上的作用:"要想胜利的开展敌军工作,就绝对需要熟悉日军的情形和善于根据日本士兵的情绪、意识与要求进行宣传的人才。不用说,具有这样资格的最好人才,是我军内部的日本弟兄。"

四是反战组织成员都是日本人,洞悉敌军的风俗习惯和心理状况,这十分有利于准确抓住敌军心理,有针对性地进行攻心战,有利于因时利势做工作。例如反战成员利用逢年过节或节令进行宣传,并且特别制作一些"道具"作为宣传的媒介,极易令日本士兵"触景生情","睹物思人"。由此自然能加深日军厌战思乡的情绪,涣散其军心。

各反战组织充分发挥了以上优势,并且在宣传上采取了丰富多样的方法。如用日文写标语、传单、书信、布告、诗歌、歌曲,发行报刊,绘制宣传画,进行日语广播,在碉堡周围、前线喊话,给日军打电话谈心,送慰问袋,演出话剧等。在各种宣传方法中,反战组织最花费心血制作的往往就是传单。据八路军野战政治部敌工干部回忆,"在觉醒联盟和反战同盟的日常活动中,除了政治学习以外,最受重视、花费相当多的时间所做的是制作撒发给日军的宣传传单"。每当制作新传单时,大家总是花时间一起斟词酌句,反复琢磨写作反战宣传文章和反战诗歌等。例如,太行支部制作传单时,先是大家一起议定题目,然后由提出好思路者捉笔起草,草稿出来后大家再讨论,修改后才交给支部长或敌工部最后定稿[1]。可以说每张传单都凝聚了各方面的心血。

因为具有以上种种"天然"优势,并且配合了丰富多样的方法,

---

[1] [日]藤原彰、姬田光義编:《日中戦争下中国における日本人の反戦活動》,青木书店,1999年,第275、276页。

日人反战组织的宣传活动得到了我方的高度评价。以晋察冀边区为例，1942年《晋察冀日报》在评价反战同盟晋察冀支部成立一年来的作用时，充分指出了我方宣传工作在日人反战同盟参加后所发生的变化及其原因：我方"特别是对外宣传工作的空前提高，反战同盟支部是起着极大作用的"。"如果说从前宣传品是充满政治化、原则化、中国的风味，那么，现在则是真正能适合日本的国情了，体贴日本士兵的心理。从前，我们对宣传品的形式是不太注意的，现在呢？则完全运用了适合日本的国情和日本的民族形式。很明显的可以看到，譬如写诗，不管我们写的怎样熟练，而不懂日军心理的人，要把他写出来的诗译成日文的话，那他就不如一个没有修养的日本同志用自己的心理和感情写出来的诗更真实些，更能抓住日本士兵心情。其他，譬如要写一个充满着丰富的感情、带有炽烈的煽动性的宣传品时，如果用中文写好，再译成日文，也同样要走了样子或变了味道。这在过去的经验中，是已充分证明了。""一年来对日军宣传工作的进步，他不仅单纯的表现着宣传品的形式和内容有了很大的改进，即在宣传工作的指导和技术水平提高上，他们也贡献了极可实现的意见。"[1]

晋察冀边区只是日人反战活动的一个缩影，如前所述，在八路军、新四军抗日根据地先后成立有很多日人反战组织，这些反战组织的宣传活动十分活跃，各方面也绝不亚于晋察冀边区。各地反战组织的力量在中国共产党的领导下，汇集在一起，掀起巨大反战浪潮，有力地支援了中国人民的正义战争。

---

[1]《在华日人反战同盟晋察冀支部一年来的发展和壮大》，《晋察冀日报》1942年5月3日。

四、朝鲜抗战团体

抗日战争时期，在华朝鲜侨民也纷纷成立各种组织，积极加入中国的抗日战线，以各种形式参加抗日斗争。在对日、对本国侨民反战宣传方面，朝鲜义勇队、华北朝鲜青年联合会、华北朝鲜独立同盟、韩国光复军等活跃于中国各地，为抗击日本侵略做出了很大贡献。

1. 朝鲜义勇队

抗日战争爆发前，国民政府一直暗中支持朝鲜爱国力量的抗日活动。七七事变后，这种支持全面公开化，直接帮助朝鲜在华革命党建立军队对日作战，流亡我国的朝鲜爱国人士纷纷组织各种团体参加抗战，在此背景下需要一个统一组织来领导在华朝鲜人的抗战活动，1937年11月"朝鲜民族战线联盟"应运而生，标志着韩国在华抗日统一战线的形成。

"朝鲜民族战线联盟"建立后，在积极开展反日独立运动的同时，开始着手建立自己的武装，此举得到了中国政府的大力支持。1938年10月10日，在中国共产党人的帮助下，"朝鲜义勇队"经中国国民政府军事委员会批准在汉口创建，国民政府提供一切活动经费、武器等。义勇队初期设指导委员会，由8人组成，其中4人为中方人员，并且中方人员担任主任。委员会下设本部，共13人。本部领导两个区队，第一区队43人，第二区队33人。队员素质都比较高，几乎都是军校或大学毕业，其中大部分在黄埔军官学校、洛阳军官学校、朝鲜革命干部学校等受过军事训练，有些人还参加过革命活动，具有实际斗争经验，并且他们还会朝、日、汉三种语言，具有语言优势。

朝鲜义勇队有两大任务,一是参加中国抗战,二是促进朝鲜革命成功,而日本军国主义则是中朝的共同敌人,推翻日本帝国主义是中朝革命的共同目标。这成为中朝建立统一战线的坚实基础。义勇队的具体工作,是参加中国抗战以加强中国抗日力量,组织和训练中国沦陷区的朝鲜群众以建立和扩大武装力量,争取朝鲜的自由与解放[1]。作为参加中国抗战、组织朝鲜民众的主要手段,义勇队成立最初两年的中心工作是对敌宣传和对中国民众以及在华朝鲜侨民宣传,因此,1938—1939年间各区队下属的分队都按序号直接称第几宣传队。

朝鲜义勇队成立后,适逢武汉保卫战,本部在武汉积极参加第三厅组织的抗战宣传活动,各区队则进入有关战区司令部,协助战区司令部的政治宣传工作,区队下面设分队,分队下面再设小队,小队又分为小组,各小组直接开赴长沙、湘北、桂南、鄂北、鄂西前线等地针对战地民众、中国军队、日军进行宣传,除了发行报纸外,还在前线喊话;"利用风筝、木筏,在天空,在水上散发标语、传单,或在各地召开群众大会,教育日本俘虏,那更是日常的工作了"[2]。

1940年10月,总队长金若山曾经如此总结义勇队的工作:"这两年来我们工作最主要的是对敌宣传工作,我们配合各级政治工作的活动,展开我们的对敌宣传,争取敌军,瓦解敌人,把千百万张传单,散播在敌人阵地上。在火线上向敌人喊话,打动敌人的心坎,播布革命的种子,配合中国军队作战,深入敌后,进行武装宣传。帮助

---

[1] 杨昭全、李辅温:《朝鲜义勇军抗日战史》,黑龙江人民出版社,1995年,第36—38页。
[2] 《朝鲜义勇军华北支队第二队——李益星队长访问记》,《晋察冀日报》1942年9月30日。

各部队建立敌军工作，教育俘虏，训练对敌宣传干部，在全国六个战区十三个省份中，都有我们同志的足迹。"报告中提到"千百万张传单"，并非夸张，"朝鲜义勇军各支队在两年中，共印发中、朝、日文小册子5 000册，传单500 000张、标语400 000张、敌伪军投诚通行证10 000份"[1]。

在此期间，义勇队不断扩大，1940年2月增加到了300多名。同年10月在重庆举行了成立两周年纪念大会。与成立之初相比，此时的国内外形势都发生了重大变化，朝鲜义勇队面临北上的抉择。原因之一是华北成为争取在华朝鲜人的主要战场。在华北，日军面对着八路军的顽强抵抗，难以招架，不仅积极推进"以华制华"政策，而且企图"以韩制华"。当时的华北朝鲜人已经达到20万左右[2]，仅仅在平津便有10万，石家庄也有3万，另有两万多人分散在青岛、济南、新乡、太原等地。日军还计划将70万朝鲜人迁移华北，利用他们做炮灰和爪牙，加强统治[3]。因此，华北成为战争双方争取朝鲜民众的主要战场，对于我方而言，迫切需要向敌占区的朝鲜人指出日本帝国主义的欺骗阴谋，发动组织广大朝鲜移民进行敌后反日斗争，争取敌占区朝鲜移民投向革命。原因之二是抗战内部政治的变化。1939年1月国民党五届五中全会后，强化反共政策，开始明显打压共产党，对于朝鲜独立运动则偏袒右翼团体，引起朝鲜义勇队的反感。而与国民党不同的是，中国共产党对义勇队一直积极支持，鼓

---

[1] 杨昭全、李辅温：《朝鲜义勇军抗日战史》，黑龙江人民出版社，1995年，第141页。
[2] 《晋察冀日报》1942年9月30日报道说，义勇军"至一九四一年五六月间，为着开展华北敌后的抗日斗争，为了团结二十万华北朝鲜同胞共同要求朝鲜民族独立而奋斗，他们到了晋冀鲁豫武亭同志领导下的'华北朝鲜青年联合会'来了"（《朝鲜义勇军华北支队第二队——李益星队长访问记》）。
[3] 杨昭全、李辅温：《朝鲜义勇军抗日战史》，黑龙江人民出版社，1995年，第151页。

励其北上共同抗日,很早即在八路军工作的武亭等朝鲜革命青年也号召义勇队北上。原因之三是朝鲜民族战线同盟的分裂和义勇队的内部矛盾[1]。

为了争取、团结在华广大朝鲜同胞,瓦解敌军在华北的力量,扩大抗日队伍,朝鲜义勇队毅然决定北上。1941年1月,朝鲜义勇队召开会议,决定挺进朝鲜侨民聚居的华北地区,建立自己的抗日武装和根据地,对国民政府军的支援以训练对日宣传干部为主。会后,义勇队主力分四批开始转战华北。1941年5—6月间,大部分队员进入太行山一带的八路军抗日根据地,以宣传为主进行抗日活动。

1941年7月,在"华北朝鲜青年联合会"的领导下,朝鲜义勇队主力改称为"朝鲜义勇队华北支队",虽然仍称"朝鲜义勇队",但仅仅名义上辖属位于重庆的"朝鲜义勇队"总部,实际上完全由"华北青年联合会"领导。"朝鲜义勇队华北支队"建立后,以山西省辽县桐峪镇上武村为总部,指挥着三个队,其工作"依然以对敌宣传和对中国民众、朝鲜民众的宣传工作为主,对敌宣传包括散发标语、传单和阵地喊话以及教育日俘"。三个队分成若干个武装宣传队,"活跃于华北太行山、晋察冀边区、山西中部、山东、安徽等地的沦陷区、游击区和抗日根据地,和八路军、新四军并肩战斗,边战斗边宣传"。在宣传工作方面,仅仅从1941年7月至1942年8月,在八路军帮助下就散发中、日、朝文传单30 000多张[2]。

八路军总部和根据地政府在各方面都积极支持"朝鲜义勇队华

---

[1] 参见杨昭全、李辅温:《朝鲜义勇军抗日战史》,黑龙江人民出版社,1995年,第164—167页。
[2] 同上书,第173、141、174页。

北支队"。为了促进朝鲜侨民反日运动在华北进一步展开，我方还特地制定了相关政策加以鼓励。1941年11月《解放日报》《晋察冀日报》等相继登载了晋冀鲁豫边区通过的《优待朝鲜人民规程》加以宣传。其内容主要有，晋冀鲁豫边区各级政府保护、优待、帮助愿与中华民族携手反抗法西斯而来本区者。对于受日寇欺骗觉悟反正而来本区者，政府亦收容优待。政府负责安置一般朝鲜人民来本区者，并适当解决工作、生活、子女入学问题。经边区政府批准，朝鲜人民可以创立自己的学校，政府尊重其文化等。朝鲜人民向边区政府立案获批后，可发行报刊，政府帮助出版与发行。在接近敌区处，政府设立朝鲜人民招待所，负责接待来区者[1]。规程的制定与公布，无疑推动了朝鲜侨民反日运动在华北的发展壮大。由于"边区政府更颁布了优待朝鲜人民的条例，在接敌区的各县也都设立了朝鲜青年招待所，已经有许多敌占区的朝鲜同胞过来了"。"他们自己也组织武装宣传队，深入到敌占区、平汉正太沿线活动，而且已经打下了相当广泛的工作基础。"[2]

1942年5月，国民党将朝鲜义勇队改编为"韩国光复军"第一支队。鉴于义勇队总部编入光复军，同年7月，华北朝鲜青年联合会举行代表大会，决定将"华北朝鲜青年联合会"改称"华北朝鲜独立同盟"，将"朝鲜义勇队华北支队"改组为"朝鲜义勇军"（见插图1-8）。

---

[1]《东方民族联合抗日　边府优待朝鲜人民》,《解放日报》1941年11月4日。《晋察鲁豫边区颁布优待朝鲜人民办法》,《晋察冀日报》1941年11月13日。
[2]《朝鲜义勇军华北支队第二队——李益星队长访问记》,《晋察冀日报》1942年9月30日。

插图1-8 朝鲜义勇军在华北敌后书写标语

来源:河北省政协文史资料委员会编:《河北抗日战争图鉴》,河北人民出版社,2005年,第252页。

2. 华北朝鲜青年联合会

1941年1月10日,以武亭为中心的朝鲜革命分子在八路军根据地山西省晋东南建立"华北朝鲜青年联合会"。

该会纲领主要内容有,团结全华北朝鲜流亡青年,参加光复祖国的大业,拥护朝鲜全民族的反日战线,发动全朝鲜民族的解放战争,努力保护华北各地朝鲜人,特别应该给予青年政治、经济、文化等利益。保护中国沦陷区深受苦难的朝鲜人民特别是朝鲜青年,使其工作与生活安定[1]。反对日本帝国主义侵略中国,积极参加中国的抗战等吸引华北的各种朝鲜人,组成统一战线,光复朝鲜是纲领的核心内容。

联合会成立后,积极在华北各地发展势力,扩大影响,先后建立了陕甘宁、晋察冀、山东、晋鲁豫、晋西北等支会,在各地展开各种武装宣传活动,朝鲜义勇队(后改称"朝鲜义勇队华北支队")在华北的活动也归入其领导之下(见插图1-9、1-10)。

3. 华北朝鲜独立同盟

1942年7月,华北朝鲜青年联合会举行第二次代表大会,将名称改为"华北朝鲜独立同盟"。

同盟本部设于晋冀鲁豫边区,在陕甘宁、晋察冀边区设分会,分会以下设支会。同盟总部要求各分支机构在华北进一步展开宣传活动。宣传内容主要有,说明朝鲜抗日民族统一战线与国际反法西斯统

---

[1] 杨昭全、李辅温:《朝鲜义勇军抗日战史》,黑龙江人民出版社,1995年,第167、168页。

插图1-9 朝鲜青年联合会晋察冀支会发行的朝鲜文半月刊《活路》（1942年3月15日）

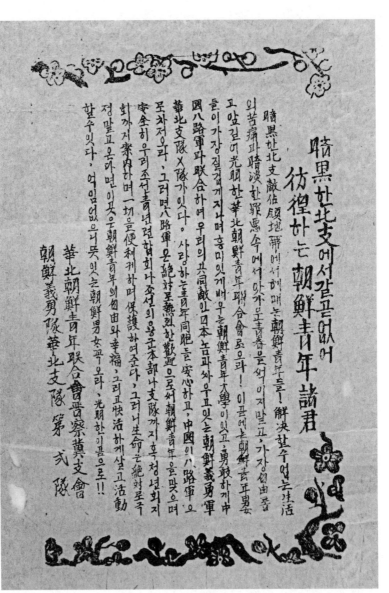

插图1-10　华北朝鲜青年联合会晋察冀支会、朝鲜义勇队华北支队第二队的朝鲜文传单《黑暗的华北彷徨的朝鲜青年诸君》(制作时间不明)

一战线的作用与成果，揭露敌人"日鲜一致""东亚民族解放战争"等欺骗宣传和奴化政策，宣传朝鲜亡国史和受奴役的悲惨状况，批驳日寇挑拨中韩民族的阴谋，强调两国团结的重要性，争取日军士兵同情朝鲜革命，号召朝鲜人民拒当伪军，呼吁日军中的朝鲜人反正，争取沦陷区朝鲜人来根据地参加革命[1]。以上宣传旨在争取华北朝鲜侨民及敌军中的朝鲜人，孤立、瓦解日军，壮大自身的力量。

鉴于朝鲜侨民反战运动的日益活跃，各边区政府继续制定政策给予支持。例如，1943年初晋西北行政公署制定了《协助朝鲜侨民抗日十项办法》，指示各地帮助朝鲜侨民抗日。办法首先明确承认华北朝鲜独立同盟晋西北分盟与华北朝鲜义勇军的合法地位，欢迎朝鲜侨民投奔我根据地，奖励根据地民众为投奔者带路。对于投奔者，我方承诺给予与中国民众同等权利和待遇，帮助其解决生活、工作。对朝鲜革命同志的活动提供经费和各种帮助[2]。再如1943年4月晋察冀边区政府也公布了《晋察冀边区优待朝鲜人民办法》[3]。各地区此类办法的制定和公布，是对朝鲜侨民的反日活动的巨大支持和鼓励。

至抗日战争结束，同盟先后在延安、晋西北、晋察冀、太行、山东、新四军等部队中设立了11个分支机构。除了位于太行的两个分支机构由总部直接领导外，其他分支机构则与所在地八路军或新四军的敌工部发生联系并接受领导。同盟还在沦陷区的天津、北平、哈尔滨等地建立了分支机关，进行秘密活动。

---

[1] 《华北朝鲜独立同盟发布指示》，《解放日报》1942年9月3日。
[2] 《晋西北行署公布办法　协助朝鲜侨民抗日》，《解放日报》1943年3月29日。
[3] 《边委会公布优待日本军民、朝鲜人民逃战避难办法》，《晋察冀日报》1943年4月30日。

4. 韩国光复军

1940年4月,韩国独立党、韩国国民党、朝鲜革命党合并成立"韩国独立党",作为韩国临时政府(1919年建立于上海)的执政党。该党党纲将建立"韩国光复军"——韩国国防军作为重要任务。国民党高当局对此表示支持,积极援助。

1940年9月"韩国光复军"在重庆成立。临时政府为此发表《告国内外同胞书》,号召积极扩大强化光复军,将各地革命的武装及半武装队伍,都在光复军的名义下重新编成,呼吁积极动员朝鲜全国青年及壮年参加光复军。

韩国光复军的使命是"将我们分散之力量集合独立军,全面开展光复祖国的战争;参加中国的抗战,与中国抗日部队联合消灭倭敌;积极指导国内民众的武装反日斗争;成为建设政治、经济、教育等的新的国家的基本武力"等。

光复军成立后主要进行反日复国宣传和招募成员工作。前者其实就是为后者服务的,因此,担任宣传工作的主体为招募成员的"招募分处"。为了招募在华韩国青年入伍,光复军先后在华北敌后成立了5个招募分处。招募分处的活动地域极广,涉及大同、临汾、太原、石家庄、绥远、包头、上饶、南京、上海、南昌、西安、新乡、焦作、开封、阜阳、徐州、济南、青岛等地。招募的成员以公开、秘密的宣传手法号召朝鲜伪军、侨民参加反日复国活动,鼓动侨民中的青年参加光复军。例如1941年4月第三招募分处进入江西上饶,在第三战区政治部工作,"招募韩侨和反正日军中的韩籍士兵是光复军征募三分处的一个重要工作,也是他们到第三战区的使命"[1]。他们到上饶后,发表《告日本军将兵》书,印刷散发日语、韩语反战传单、归顺优待证等宣传品。1942年日军由金华进攻上饶期间,征募分处在我军帮助下,从金华敌占区上空投下了大量反战、厌战传单与归顺通行证等,声势很大。可以说,"光复军的抗日复国宣传对于推动在华韩国侨民踊跃参加中国抗日战争和世界反法西斯战争起了积极的作用"[2]。

朝鲜在华抗战组织,虽然肩负各种任务,但均以宣传为中心工作,活跃于敌前敌后以及大后方,以各种形式进行宣传活动。因为是朝鲜人,各反战组织在对日宣传方面有诸多优越条件。第一,熟练掌握日语,便于对日军和日军中的朝鲜人进行宣传。第二,知晓日本士兵,尤其是日军中朝鲜人的内心世界和生活习惯。第三,有与日军长期斗争的经验。第四,由于朝鲜为日本的殖民地,朝鲜抗日组织的武装宣传活动,对日军震动和打击更为沉重。

五、其他抗日、反战组织

在抗日战争时期,各地出现了很多积极从事宣传的抗日、反战组织。台湾抗日组织是各种组织中十分引人注目的。甲午战争后台湾被日本占领,台湾民众一直采取各种手段进行抵抗,一些不甘受日本殖民统治的爱国人士先后来到大陆,组织抗日团体,积极从事各种政治活动。七七事变爆发后,在大陆的台湾同胞在投身抗日斗争的同

---

[1] 王世新:《韩国光复军征募三分处抗日活动史略》,《当代韩国》2008年夏季号,第73、74页。
[2] 石源华:《韩国光复军战史述论》,《军事历史研究》1998年第3期,第70、71、75页。

时,深感团结的重要,纷纷建立抗日团体,以抗日复台为己任。

随着形势发展,各团体开始酝酿联合起来,发挥更大的力量。1940年3月29日,即黄花岗"革命先烈纪念日",在重庆的一些台湾革命团体正式组建"台湾革命团体联合会"。由于联合会只是个比较松散的组织,为了统一纲领、纪律、行动、领导,1941年2月10日,台湾革命民族总同盟、台湾独立革命党、台湾国民革命党、台湾青年革命党和台湾革命党五团体发起组建台湾革命同盟会,取代台湾革命团体联合会。

大会通过的行动纲领将台湾与祖国的解放事业紧密联系在一起,认为"中国抗战胜利之日,即台湾人民获得自由解放之时",台湾要光复,就必须打倒日本帝国主义,号召加强团结台湾各界反对日本帝国主义的力量,积极参加祖国抗战[1]。

宣传是台盟会的主要工作之一。在国民政府大力支持下,台盟会以重庆为根据地,通过创办出版刊物,开设广播电台,印发传单,进行阵前喊话等,号召台湾同胞起来反抗,揭露日本帝国主义侵略压榨台湾的罪恶,成为抗日宣传又一股力量。

除了台盟会以外,抗战期间还出现了"台湾解放同志会"。该团体也积极从事抗日反战宣传活动。如1945年3月该会在广东东江成立"台湾解放同志会东江分会",在这一地区积极从事散发日文传单等抗日宣传活动,引起日方高度关注,插图1-11便是1945年5月"大东亚省"有关该分会散发的日文传单《告我台湾兄弟姐妹书》的报告。

---

[1] 重庆《时事新报》1941年2月11日,转引自杨光彦等:《台湾革命同盟会述论》,《抗日战争研究》1995年第3期,第79页。

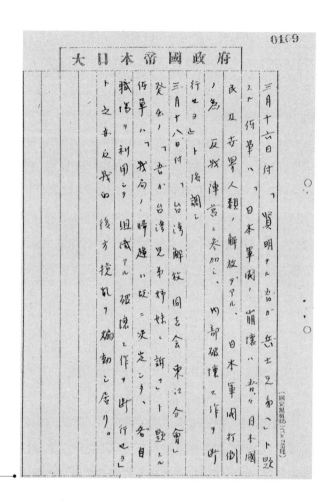

插图1-11 "大东亚省"报告中《告我台湾兄弟姐妹书》的部分抄件[1]

主要内容:战局大势已定,日军必败,号召利用台湾人在各自岗位有组织地进行破坏,扰乱日军后方。

---

[1] "在中邦人・中共関係綴",1945年,国立公文書館/返還文書,日本亚洲历史资料中心档案编号:A06030040400。

此外，通过现存的传单可以看到，还有很多抗日、反战组织积极投身到抗战宣传活动中。据日方至1937年10月调查，七七事变后使用传单等对日军进行反战宣传的有远东反帝同盟会华北支部、中日亲善大同盟、青年中国国民睦邻会、世界和平协会中华支部、中华民国兵士或现役军官会、日本和平同盟、民政青年部、乡军有志团等。标有以上名称的传单等被散发于撤退后的战场，有些则是由飞机撒下。它们中编印最早的是中日亲善大同盟8月编写的《日本兵隊さんに告ぐ》(《告日本士兵》)《親愛ナル日本戦友諸君ヨ！》(《亲爱的日本战友诸君》)等（插图1–12）[1]。在现存的传单中，也能看到以各种组织名义编印的传单。例如，中国人民反侵略同盟（插图1–13）、中日人民反侵略大联盟（插图1–14）、中华全国抗日民众团体联合会（插图1–15）、远东反帝同盟会华北支部（插图1–16）、大日本反战运动会青岛支部（插图1–17）等。这些组织有些可能是名义上的，有些则可能确实存在过。实际存在者的活动时间有长有短，规模不等，但都致力于宣传抗战、反战，与其他抗日反战组织一起，共同汇聚成了反法西斯的舆论洪流。

值得一提的是，太平洋战争爆发后，美国于1942年6月成立战时情报局（OWI），在全球范围内开展反法西斯宣传、对敌心理战和情报搜集工作，在中国战场，美军根据需要也散发过大量传单。例如，战时情报局心理战班（OWIPWT）以雷多公路（Ledo Road）的起点雷多、昆明为基地进行宣传活动，编印大量日文传单向中印战场的日军散发，取得了较好的效果[2]。1942年4月美国开始对日本本土轰炸后，一

---

[1]　[日]内务省警保局《特高外事月报》，1937年11月，第10、11页。
[2]　[日]铃木明、山本明编著：《秘録・謀略宣伝ビラ—太平洋戦争の"紙の爆弾"》，講談社，1977年，第205页。

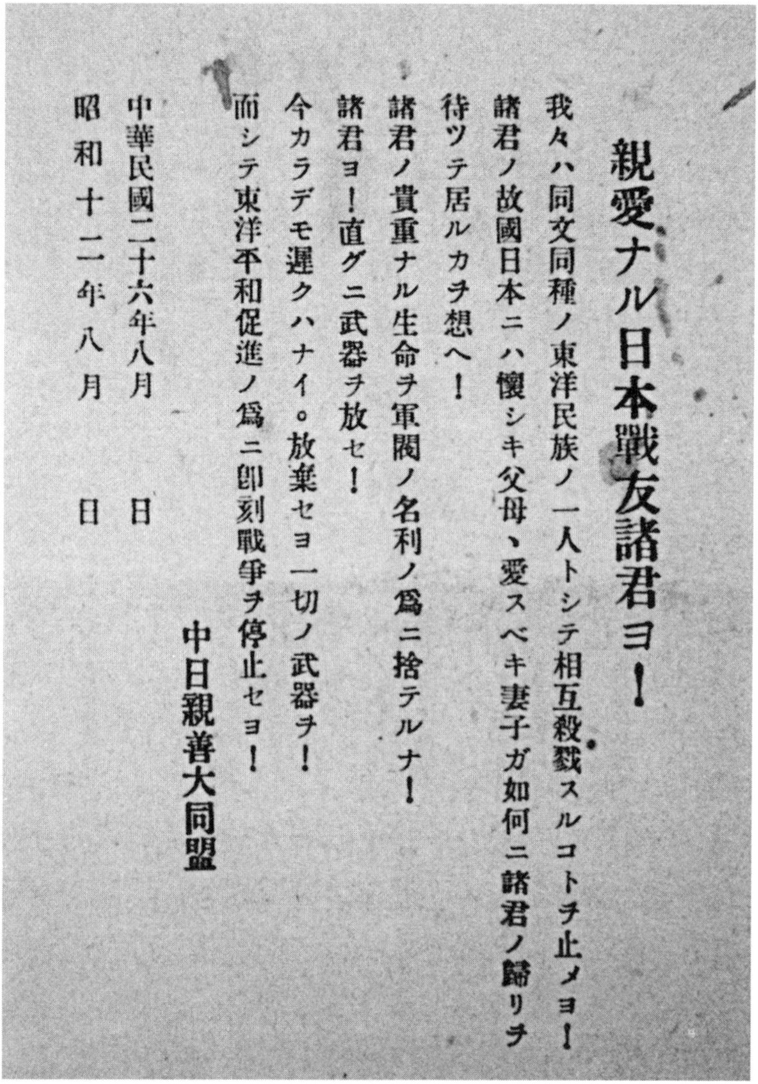

親愛ナル日本戰友諸君ヨ！

我々ハ同文同種ノ東洋民族ノ一人トシテ相互ニ殺戮スルコトヲ止メヨ！

諸君ノ故國日本ニハ懷シキ父母、愛スベキ妻子ガ如何ニ諸君ノ歸リヲ待ツテ居ルカヲ想ヘ！

諸君ノ貴重ナル生命ヲ軍閥ノ名利ノ爲ニ捨テルナ！

諸君ヨ！直グニ武器ヲ放セ！

今カラデモ遲クハナイ。放棄セヨ一切ノ武器ヲ！

而シテ東洋平和促進ノ爲ニ即刻戰爭ヲ停止セヨ！

中日親善大同盟

中華民國二十六年八月　　日

昭和十二年八月　　日

插图 1-12　中日亲善大同盟的日文传单《亲爱的日本战友诸君！》

内容:"我们作为同文同种的东方民族之一员停止互相杀戮！在各位故乡日本,思念的父母、心爱的妻儿多么盼望你们回去。不要为了军阀的名利抛弃你们尊贵的生命。诸君！立刻放下武器！现在不迟！丢下所有武器！为促进东亚和平立刻停止战争！"

制作时间：1937年8月

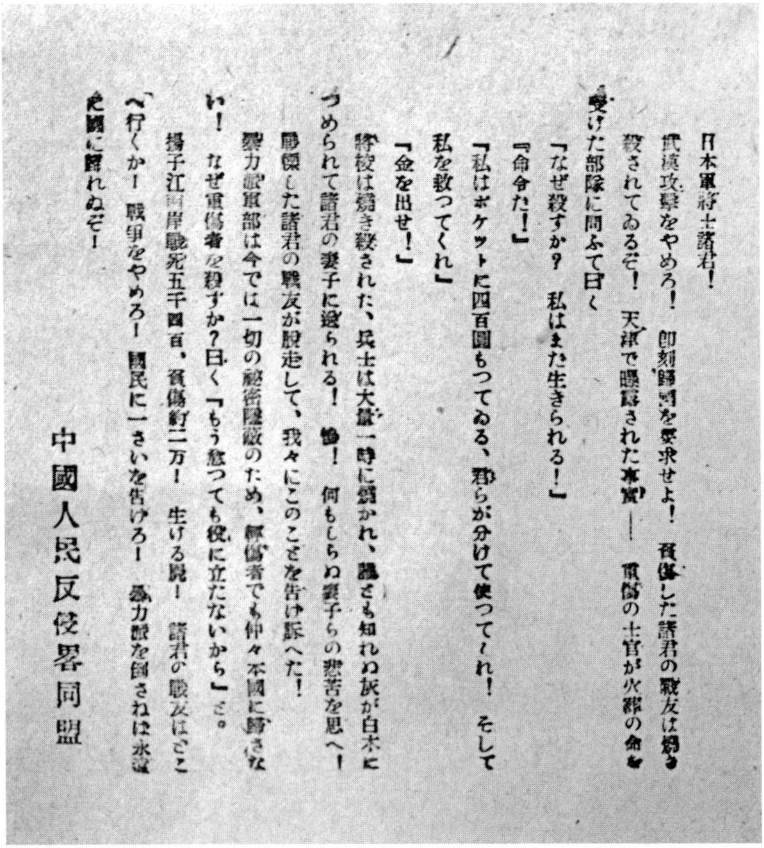

日本軍将士諸君！
武漢攻撃をやめろ！即刻帰国を要求せよ！負傷した諸君の戦友は殺されてゐるぞ！天津で曝露された事実——負傷の士官が次郎の命を受けた部隊に問ふて曰く
「なぜ殺すか？ 私はまた生きられる！」
「命令だ！」
「私はポケットに四百圓もってゐる、君らが分けて使ってくれ！ そして私を救ってくれ」
「金を出せ！」
将校は鶏き殺された、兵士は大量一時に襲かれ、誰も知れぬ涙が自木につめられて諸君の妻子に送られる！
慘！ 何もしらぬ妻子らの悲苦を思へ！
勝傑した諸君の戦友が脱走して、我々にこのことを告け來た！
翠傷敗軍部は今では一切の秘密隠蔽のため、翠傷者でも仲々本國に歸さない、なぜ翠傷者を殺すか？ 曰く「もう愈っても役に立たないから」さ。
揚子江両岸戦死五千四百、負傷約二万！ 生ける脱！ 諸君の戦友はどこへ行くか！ 戦争をやめろ！ 國民に一さいを告けろ！ 暴力盟を倒さねば永遠に国に歸れぬぞ！

中國人民反侵畧同盟

插图1-13　中国人民反侵略同盟给日军的日文传单

主要内容："日军将士诸君！停止进攻武汉！要求立刻归国！"逃到我方的日军士兵告诉我们，日军受重伤的士兵得不到治疗被军方烧死。"停止战争！把一切真相告知国民！"

制作时间：1938年10月前（据文中内容推断）

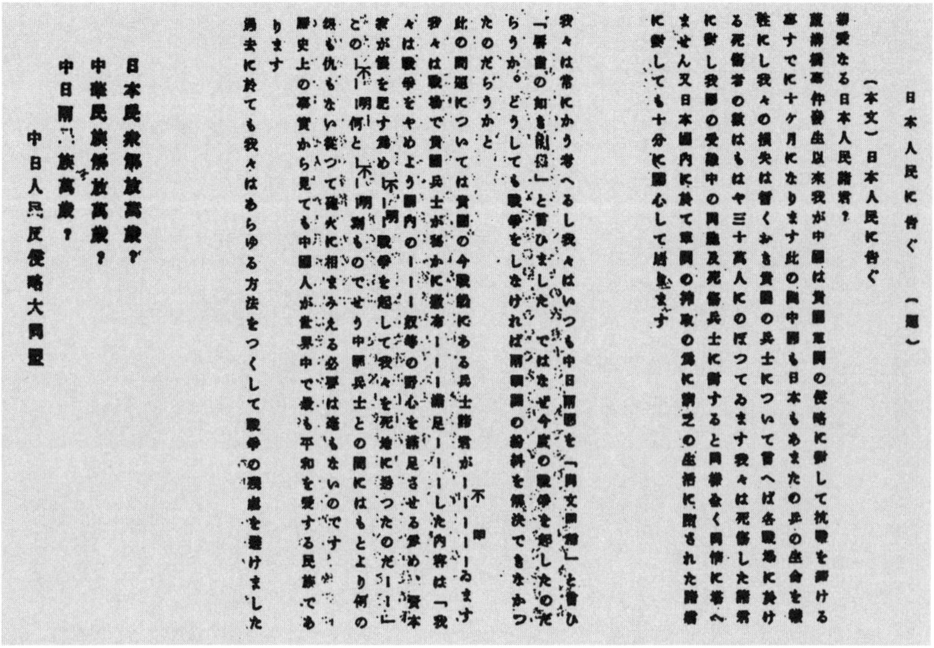

日本人民に告ぐ　（[illegible]）

（本文）日本人民に告ぐ

親愛なる日本人民諸君？

蘆溝橋事件發生以來我が中國は貴國軍閥の侵略に對して抗戰を續ける事すでに十ヶ月になります此の間中國も日本もあまたの兵の生命を犧牲にし我々の損失は暫くおき貴國の兵士について言へば各戰場に於ける死傷者の數はもはや三十萬人にのぼつてゐます我々は死傷した諸君に對し我國の受難中の同胞及死傷兵士に對すると同樣全く同情に堪へません又日本國内に於て軍閥の搾取の爲に窮乏の生活に陥された諸君に對しても十分に關心して居ります

我々は常にかう考へるし我々はいつも中日兩國を「同文同種」と言ひ「唇齒の如き關係」と言ひました、ではなぜ今度の戰爭を起したのだらうか。どうしても戰爭をしなければ兩國間の紛糾を解決できなかつたのだらうかと

此の問題については貴國の今戰線にある兵士諸君が―不明―ゐます我々は戰場で貴國兵士が私かに徹―――滿足―――し次内容は「我々は戰爭をやめよう國内の―――奴等の野心を滿足させる爲め資本家が儲を肥す爲め[不明]戰爭を起して我々を死地に追つたのだ―――」どの[不明]何と[不明]期ものでせう中國兵士との間にはもとより何の怨も仇もない從つて砲火に相まみえる必要は毫もないのです歴史上の事實から見ても中國人が世界中で最も平和を愛する民族であります

過去に於ても我々はあらゆる方法をつくして戰爭の禍患を避けました

日本民衆解放萬歳？

中華民族解放萬歳？

中日兩[illegible]族萬歳？

中日人民反侵略大同盟

插图1–14　中日人民反侵略大联盟的日文传单《告日本人民》抄件局部[1]

主要内容:“亲爱的日本人民诸君！卢沟桥事件发生以来我中国针对贵国军阀的抗战持续到现在已经十个月。”战争夺去了很多人,我方的损失暂且不论,日本士兵也有很多战死。“与对我国死难同胞及死伤士兵一样,我们很同情死伤的诸君,也十分关心在日本国内受军阀压迫而生活贫困的诸君。”中日两国所谓同文同种,两国士兵本来毫无仇恨,为何会发生战争?九一八事变后我国政府一直忍辱负重,但日本军阀变本加厉,发动事变侵占了我国华北,为了救国图存,我国只能奋起抵抗侵略。日本民众与士兵不是我们的敌人,而是朋友。欺骗压迫士兵的日本军阀是我们的共同敌人,一起打倒日本法西斯与军阀!

制作时间:约1938年5月(据文中内容推断)

[1]　“昭和13年宣伝ニ関スル綴(イ号)”,1938年,国立公文書館/返還文書/返還文書(旧陸海軍関係),日本亚洲历史资料中心档案编号:A03032317200。

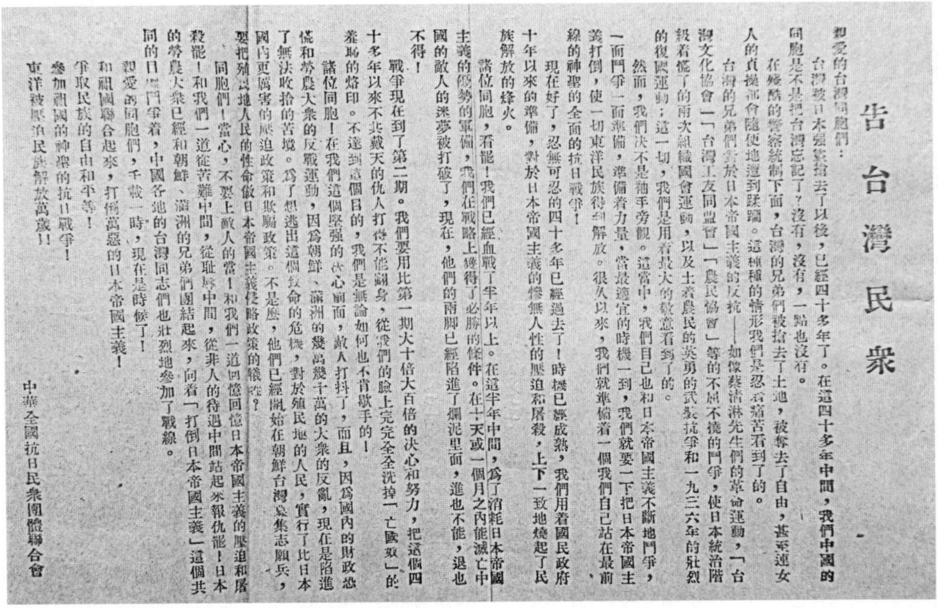

告台灣民眾

親愛的台灣同胞們：

台灣被日本侵佔去了以後，已經四十多年了。在這四十多年中間，我們中國的同胞是不是把台灣忘記了？沒有，台灣被奪去了土地，被奪去了自由，甚至連女人的貞操也不能保護，便地遭到到了蹂躪。這種種的慘狀我們是忍苦看着到了的。台灣的兄弟們不屈不撓的爭鬥，使日本統治階級看着怕，而屢次組織農民協會聯盟，以及土着農民的英勇的武裝抗爭和一九三六年的壯烈的很慘痛的爆發蔡淋淋先生等的革命運動。「台灣文化協會」「台灣工友聯盟」「農民協會」等的不屈不撓的爭鬥，使日本統治階級看着怕，而屢次組織農民協會聯盟，以及土着農民的英勇的武裝抗爭和一九三六年的壯烈的很慘痛的爆發蔡淋淋先生等的革命運動。

諸位同胞，看哩！我們已經血戰了半年以上。在這半年中間，為了消耗日本帝國主義的侵勢的軍閥，我們在戰場上取得了必要的條件。一天或一個月之內能滅亡中國是無論如何也不肯插手的。而且，因為國內的財政恐慌和勞農大衆的反戰運動，因為朝鮮、滿洲的發動幾千萬的大衆的反抗，現在是陷進無決坎拾的苦悶。為了逃出這個危機，他們到處用盡政策來欺騙人，對於殖民地的人民，實行了比往時更厲害的壓迫政策和屠殺政策。可是，他們已經風始在朝鮮台灣施以集兵應兵，

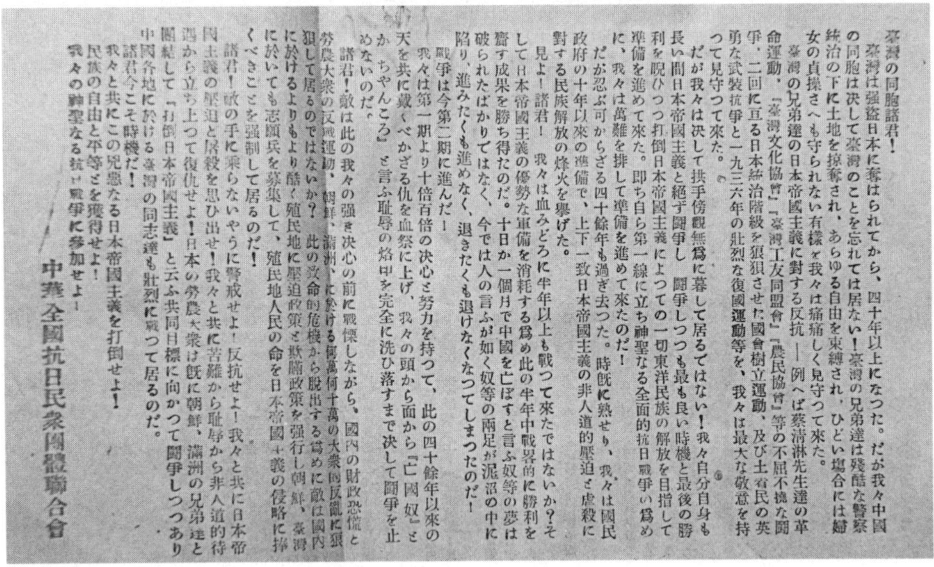

要把殖民地人民的佐命做日本帝國主義侵略政策的犧牲。

同胞們當心。不要上敵人的當。和我們一道從苦難中間，從恥辱中間起來，向着「打倒日本帝國主義」這個共同的目標奮鬥吧。中國各地的台灣同胞們，不管一時，現在是時候了。爭取我們的自由和平等！打倒萬惡的日本帝國主義！參加祖國的神聖的抗日戰爭！

東洋被壓迫民族解放萬歲！！

中華全國抗日民衆團體聯合會

插圖 1-15　中華全國抗日民衆團體聯合會的雙面傳單《告台灣民衆》，一面為中文，一面為日文

主要內容：大陸一直牢記着台灣同胞，等待時機解放台灣，深知台灣在日寇占領下的苦難、台灣人的反抗歷史，現在雪恥的時候到了，大陸開始與日寇血戰，日寇已經陷入泥潭，開始在朝鮮與台灣地區徵兵，號召台灣同胞不要上日軍的當，記住台灣的歷史與苦難，大家團結起來打倒共同的敵人日本帝國主義。號召在大陸各地的台灣同胞參加抗戰。

製作時間：約1938年初（據文中內容推斷）

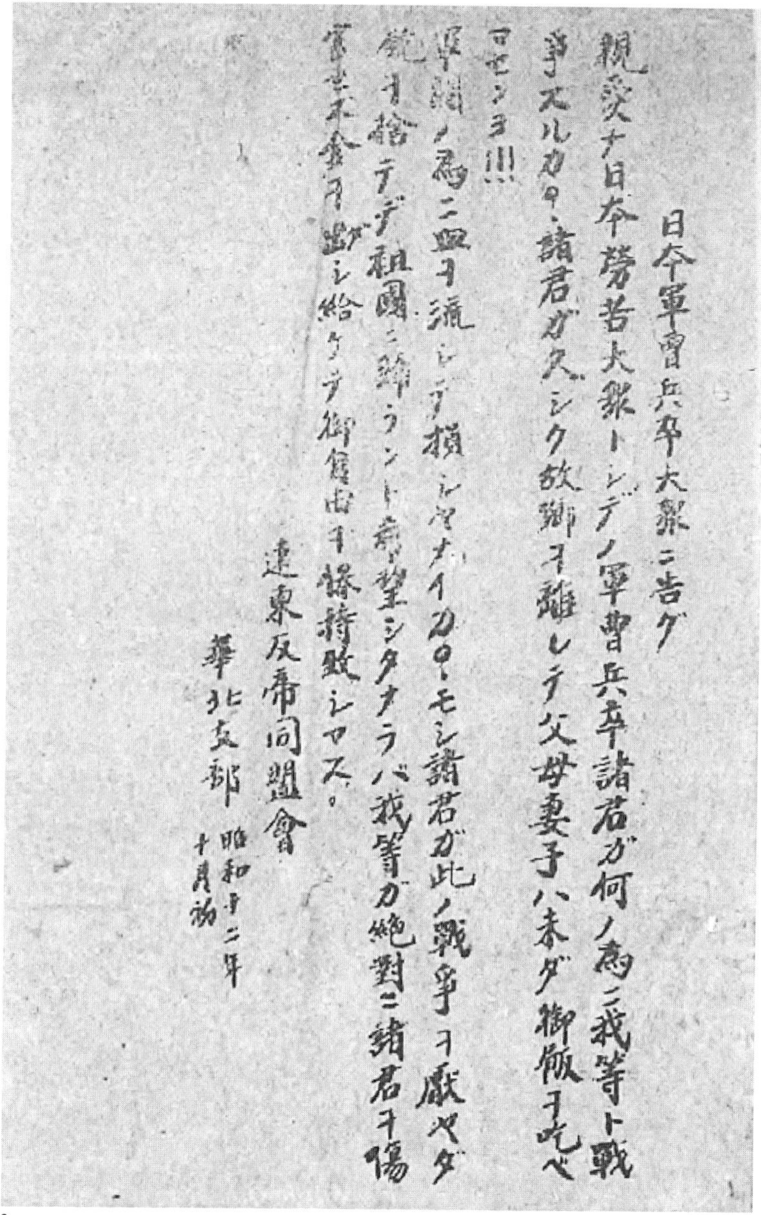

日本軍曹兵卒大衆ニ告グ

親愛ナ日本勞苦大衆トシテノ軍曹兵卒諸君ガ何ノ為ニ我等ト戰爭スルカ。諸君ガ久シク故鄉ヲ離レテ父母妻子ハ未ダ御飯ヲ吃ベロセンヨ!!軍閥ノ為ニ血ヲ流シテ損シテナイカ。モシ諸君ガ此ノ戰爭ヲ厭ヤダ銃ヲ捨テテ祖國ニ歸ランコト希望シタナラバ我等ガ絶對ニ諸君ヲ傷害セズ金ヲ與ヘ給ケテ御自由ヲ保持致シマス。

遠東反帝同盟會

華北支部

昭和十二年十月初

插图1–16　远东反帝同盟会华北支部的日文传单《告日军曹兵卒大众》

主要内容："作为亲爱的劳苦大众的军曹兵卒诸君"为何来战，你们久离家乡，父母妻子连饭也吃不上，不是白白为军阀流血吗？如果诸位厌战扔掉武器而想归国，我方绝对不加伤害，提供经费，保证自由。

制作时间：1937年10月初

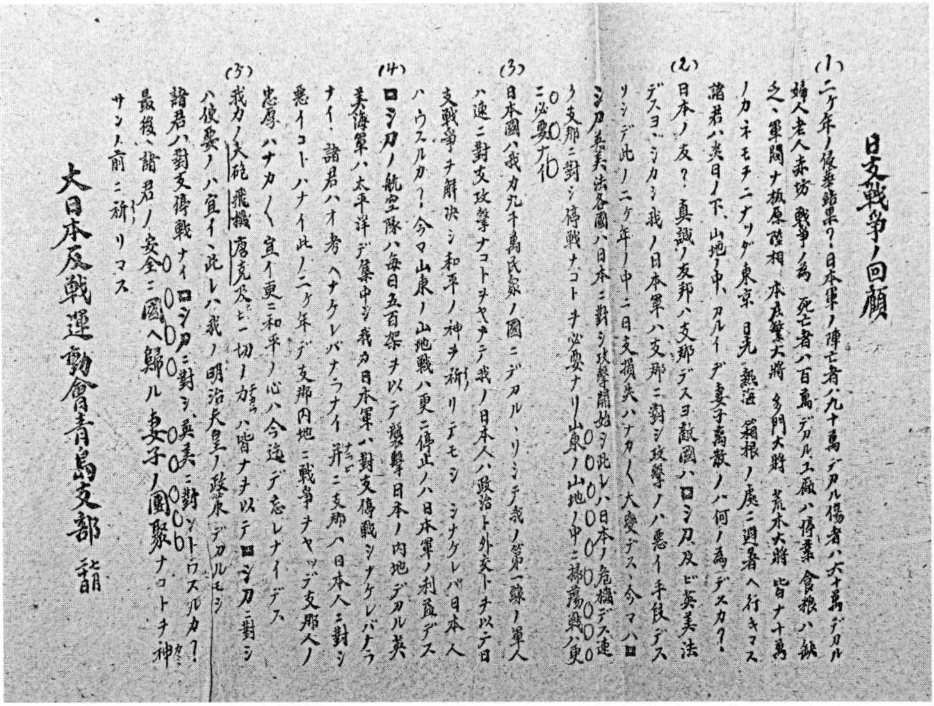

日支戰爭ノ回顧

(1) 二ケ年ノ侵華結果?日本軍ノ陣亡者ハ九十萬デアル傷者ハ六十萬デアル婦人老人赤坊戰爭ノ為死亡者ハ百萬デアル工廠ハ停業食粮ハ缺乏、軍閥ナ板原陸相 本庄繁大將 多門大將 荒木大將 皆ナ十萬ノカネモチニナッタ東京 日光 熱海 箱根ノ處ニ避暑ヘ行キマス諸君ハ炎日ノ下、山地ノ中、アルイデ妻子離散ノハ何ノ為デスカ?

(2) 日本ノ友?真識ノ友邦ハ支那デスヨ敵國ハロシア及ビ英美法デスヨ シカシ我ノ日本軍ハ支那ニ對シ攻擊ノハ悪イ手段デスリシテ此ノ二ケ年ノ中ニ日支損失ハナカナカ大變デス、今マハロシア英美法各國ハ日本ニ對シ攻擊開始ヲ此レハ日本ノ危機デス速ク支那ニ對シ停戰ナコトヲ必要ナリ山東ノ山地ノ中ニ掃蕩戰ハ更ニ必要ナイ

(3) 日本國ハ我カ九千萬民衆ノ國ニデアル、リシテ我ノ第一線ノ軍人ハ速ニ對支攻擊ナコトヲヤメテ我ノ日本人ハ政治ト外交トヲ以テ日支戰爭ヲ解決シ和平ノ神ヲ祈リテモシ シナケレバ日本人ハウスルカ?今マ山東ノ山地戰ハ更ニ停止ノハ日本軍ノ利益デス

(4) ロシアノ航空隊ハ毎日五百架ヲ以テ襲擊日本ノ内地デアル英美海軍ハ太平洋デ集中シ我カ日本軍ハ對支停戰シナケレバナラナイ、諸君ハオ考ヘナケレバナラナイ 并ニ支那ハ日本人ニ對シ悪イコトハナイ此ノ二ケ年デ支那内地ニ戰爭ヲヤッテ支那人ノ忠厚ハナカナカ宜イ更ニ和平ノ心ハ今迄デ忘レナイデス

(5) 我カノ大砲飛機磨克及ビ一切ノ力ハ皆ナヲ以テロシアニ對シハ使要ノハ宜イ、此レハ我ノ明治天皇ノ政策デアルモシ諸君ハ對支停戰ナイロシアニ對シ、英美ニ對シトウスルカ?

最後ハ諸君ノ安全ニ國ヘ歸ル妻子ノ團聚ナコトヲ神サンノ前ニ祈リマス

大日本反戰運動會青島支部 謹

插图1–17 大日本反战运动会青岛支部的日文传单《日中战争的回顾》

主要内容:(1) 两年侵华结果,日本死伤百万人以上,国民生活贫困,妻离子散,而政府高官生活奢华。(2) 日本的朋友实际是中国,英美苏就要对日开战,而日本却用尽恶毒手段打中国,应该停战,没有必要在山东山沟扫荡。(3) 第一线军人迅速停战,谋求政治、外交解决。停止山东山地战对日军有益。(4) 日本已经面临英美苏攻击的危险,日本必须停止对华侵略。(5) 明治天皇的政策是集中一切力量对付俄国。“最后向神灵祈求诸位安全归国,与妻儿团聚。”

制作时间: 1939年7月20日(“1939年”是据文中内容推断)

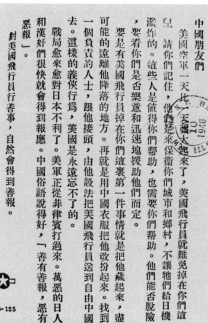

插图1-18 美军在中国战区散发的双面中文传单

一面画有一农民正与一美国飞行员握手,飞行员敞开飞行服露出美国国旗图案给农民看。图画下面最中间是美军标识,箭头左边文字是"从这种标识认出你们的盟友",右边是"善有善报 恶有恶报"。另一面是文字,主要内容:"中国朋友们,美国空军一天比一天强大起来了,美国飞行员就难免掉在你们这儿,请你们记住,他们是来保卫你们的城市和乡村,不让它们给日机滥炸的。这些人是值得你们帮助,也需要你们帮助。他们能否脱险,要看你们是否乐意和迅速地援助他们而定。要是有美国飞行员掉在你们这里第一件事情就是把他藏起来,尽可能的远离他降落的地方。再就是用中国衣服把他改扮起来。找到一个负责的人士,跟他接触,由他设法把美国飞行员送到自由中国去。这样的义侠行为,美国是永远忘不了的。"战局对日本越来越不利,美军正打过来。"对美国飞行员行善事,自然会得到善报。"

些轰炸机在中国降落，为了动员中国民众帮助营救、保护迫降或跳伞的机组人员，美军还编印了大量中文传单向中国相关地区散发，以便当地民众能及时辨认美军人员并给予帮助（插图1-18）。

第二章　宣传对象及其内容

在抗日战争中，中国共产党与国民党根据各自制定的宣传方针、政策，在日人反战团体、朝鲜抗日组织等的紧密配合下，依靠各种力量，利用各种宣传手段和途径，针对日伪军、伪组织、我方民众等展开了持久全面的宣传活动。

　　根据宣传对象、宣传时间的不同，我方采取了不同的宣传策略，使用了不同的宣传内容，以求宣传效果的最大化。

一、针对日军的宣传

　　在所有宣传对象中，日军是最主要的，也是靠宣传最难"攻克"的对象。说最难"攻克"，与日军长期以来所受的教育影响密切相关。明治维新后，日本政府以《教育敕语》为教育大纲，极力向民众宣扬"忠君爱国"思想，并且将传统的"武士道"精神和"忠君爱国"思想结合起来，成为社会道德标准，使得日军从小就被彻底灌输该思想。

　　对于军人，日本政府和军部大肆鼓吹"八纮一宇"的侵略扩张主义，通过《军人训诫》《军人敕语》向士兵反复灌输"效忠天皇"意识、武士道精神与军国主义思想，树立绝对顺从天皇意志与上司命令的意识，在士兵中培养以为天皇"尽忠"为殊荣的思想。同时更以日军的战史，鼓吹"皇军不可战胜"的神话，培养极其骄横的自尊自负心，使士兵视被俘为奇耻大辱，宁可为国"玉碎"而不投降。

对于侵华战争，日本政府长期在国民中进行狭隘的民族主义教育，大肆宣扬日本是要和平的，是中国挑起战争，侵华战争是"圣战"，是为了"膺惩暴戾支那"，是为了帮助中国赶走西方殖民者，是为了建立"王道乐土""建设东亚和平""保卫日本的生命线""防止中国赤化"。在极力美化侵略战争的同时，对中华民族及军队进行歪曲宣传，使日军认为中华民族野蛮劣等，中国军队残暴万恶，日本民族和军队文明，并且由此形成完全错误的战争观和极端狭隘的民族主义。

正是基于以上思想意识，日军士兵有着双重人格，在对天皇和上司表现出绝对顺从的同时，又对战争的对手显示出极端的残忍野蛮。

抗战初期，国共双方都发现了日军士兵宁死不降的问题，着手研究对策。如八路军总部野战政治部敌工部在平型关之战后，分析了敌人拼死抵抗的原因，认为有三个：(1) 军国主义法西斯教育灌输的"武士道精神"。(2) 语言不通，敌军很难接受我方的宣传，加上军部的欺骗宣传，更增加对我敌忾心。(3) 我方个别部队未执行好俘虏政策，被日方放大宣传，使得敌军对我军恐惧心增加[1]。

不过，我军在搜获的日军大批日记、信件中，发现许多思亲念妻的、怕死而非自愿作战的内容，这说明针对日军有做政治工作的可能性。对于这种可能性，八路军总部野战政治部敌工部更深入地进行

---

[1] 蔡前：《怎样做瓦解敌军的工作》，生活书店，1938年，第14、15页。

了调查研究，认为敌军存在着以下弱点：(1) 敌军士兵来源及其成分——敌军官兵的对立。(2) 日本人民的生活及其思想。(3) 军国主义的欺骗教育容易被事实揭穿。(4) 敌国内人民及殖民地的反战斗争给予敌军士兵的影响。(5) 敌军深入我国内地作战的困难。因此，只要根据敌人的弱点持之以恒进行宣传工作，就能取得实效。于是政治部下令部队学习"缴枪不杀，优待俘虏"等日语，用于战场喊话。结果果然有日军投降，取得了很好的效果。这让我方看到了日军是可以通过政治宣传瓦解的，许多日军士兵来华作战是被迫的，并且深受军方蒙蔽，完全不了解我方俘虏政策。以上经验使八路军进一步认识到通过宣传战瓦解敌军的必要性与可能性。

新四军在抗战初期制定的《敌军政治工作纲要》，也就对敌工作的可能性进行了分析，认为存在着四个有利条件：一是日本国内显露的政治、经济等矛盾将反映到军内，影响士气。二是战争的扩大与延长，日籍、朝鲜籍、台湾籍新兵和伪军大增，使军队质量发生变化，而战争的持久进行也影响到其士气。三是日军士兵早晚会认识到战争的性质是侵略战争，是日本军阀财阀才需要的战争。四是中国的持久抗战粉碎了日军速战速决的企图，动摇了其胜利信心，打击了其士气[1]。

八路军与新四军的分析大同小异，都客观准确地分析了对敌政治工作的可能性。正是基于这种认识，中国共产党制定了对敌政治工作的方针政策、俘虏政策，并且不断修正完善，为对敌宣传工作指明了方向。

---

[1]《敌军政治工作纲要》，中国人民解放军政治学院编：《军队政治工作历史资料》第四册，战士出版社，1982年，第147、148页。

日、韩各种反战、抗战团体成立并且积极加入对敌宣传活动后，扩大了我方宣传战阵线，大大增强了宣传力量，在改善方针政策、制定策略、丰富手段、提高效果等方面发挥了重要作用。

有关我方针对日军宣传的内容，前面第一章已有涉及。就笔者所见的现存传单来看，主要集中在以下方面：（1）以两分法分化日军，将普通士兵与统治者等分开，视前者为战争受害者，号召士兵反战。（2）宣传俘虏政策，号召日军投诚。（3）揭露日本侵略战争的性质，以及战争给日本人民带来的苦难，鼓动反对战争政策，号召避战乃至倒戈。（4）宣传对日军不利的形势，打击日军士气。（5）揭露日军内部之黑暗，激发日本士兵为争取自身权利而斗争，使日军内部产生矛盾，发生动摇混乱。（6）刺激思乡情结，培养厌战、反战意识。以下结合具体传单，围绕这五方面展开具体考察。

1. 以两分法分化日军

中国共产党抗战初期对日军宣传的重点对象是士兵阶层，试图从压迫阶级与被压迫阶级的角度，以阶级感情为纽带感召普通士兵，争取其反战甚至革命。

如前所述，早在九一八事变之后，中共奉天委员会的传单就出现了此类内容（插图0-1），七七事变后的宣传也是聚焦于此。这集中体现在1937年9月中国共产党及八路军发布的《告日本海陆空军士兵宣言》和《八路军告日本士兵书》中。作为七七事变后中共最早的一批对日军宣传品，文告号召说："日本士兵们，你们的出路或者是要求回日本去，与你们国内的工农一道起来革命，或者是与中国的弟兄联合起来共同反对日本军阀，这样才能解脱你们的压迫。""日本士兵们！起来吧！倒转你们的枪口，向着你们的压迫者剥削者——日本军阀。我们共同携手的奋斗，为日本工农的解放，为中国人民的解放奋斗。"[1]

1940年7月7日，八路军正副总司令朱德、彭德怀签发的《中国国民革命军第八路军总司令部命令》也明确指出："日本士兵系劳苦人民子弟，在日本军阀财阀欺骗与强迫之下而与我军接触。"（见插图2-1）并且在此基础上宣布了优待俘虏政策。

而国民党中受到共产党影响的军队也有这种宣传。插图2-2是山东第六区游击司令部政治部的传单《告日本士兵兄弟》。1936年国民党爱国将领范筑先就任山东省第六专区督察专员、保安司令。1937年七七事变后，他积极组织抗日，11月向全国发出"裂眦北视，决不南渡"的通电，并在共产党的影响和帮助下，将第六区保安司令部改组为战时体制的山东第六区游击司令部，成立了政训处（后改为政治部），任命共产党员张维翰为主任，姚第鸿为副主任。政训处实际上成了中共鲁西北特委的公开办事机构。共产党员在该部队中积极组织抗日活动，散发的传单因此也就带上了"红色"。

显然，中国共产党在宣传上采取了分化日军策略，将阶级关系作为对日军士兵思想工作的主要突破口，将日军士兵定性为受军阀压迫剥削者、战争的受害者，是日本工农的解放者，是我们的兄弟。在抗战初期，中国共产党对日军宣传基本上都是以此为基调的。当然，对于深受"忠君爱国"、军国主义思想荼毒的日本士兵来说，抗战初期的这种宣传超出了绝大部人的觉悟程度，效果极为有限。

---

[1]《中国共产党告日本海陆空军士兵宣言》《八路军告日本士兵书》，中国人民解放军政治学院编：《军队政治工作历史资料》第四册，战士出版社，1982年，第30—32页。

 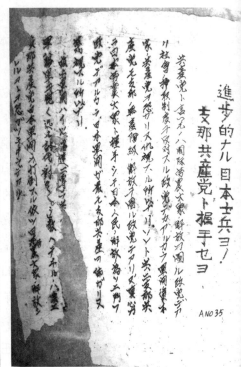

插图2-1　八路军的日文传单《进步的日本士兵啊！与中国共产党握手吧》

主要内容："所谓共产党是谋求解放国际劳动大众的政党，反对社会剥削的政党，所以军阀资本家仇恨共产党。""中国共产党……是真心与日本劳动大众握手，为日本人民的解放而斗争的政党。""我们都是穷人，都是无产阶级"，"现在等于是兄弟互相残杀"。"持通行证来我无产阶级阵营吧。我们衷心欢迎！"

制作时间不明[1]

---

[1] 此传单现收藏于日本防卫省防卫研究所。同一批档案中，标明时间的均为1939年，因此该传单很有可能是这一年制作的。

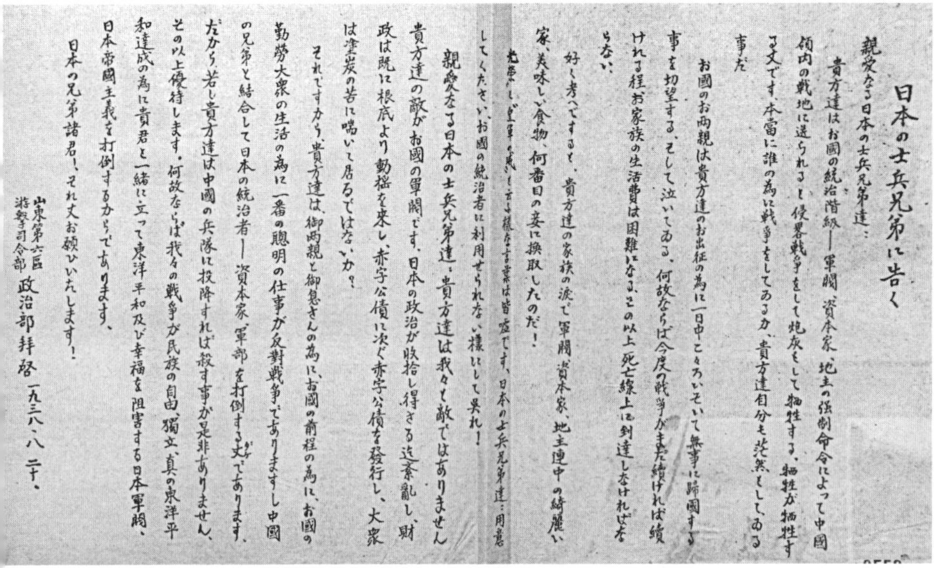

日本の士兵兄弟に告く

親愛なる日本の士兵兄弟達：

貴方達はお國の統治階級——軍閥、資本家、地主の强制命令によって中國領内の戰地に送られると侵略戰爭をして炮灰として犠牲する、犠牲が犠牲する丈です、本當に誰の為に戰爭をしてゐるか、貴方達自分も茫然としてゐる事だ

お國のお兩親は貴方達のお出征の為に一日中こゝろいそいて無事に歸國する事を切望する、そして泣いてゐる、何故ならば今度の戰爭がまだ續ければ續ける程お家族の生活費は困難になる、その以上死亡線上に到達しなければならない、

好く考へてすると、貴方達の家族の涙で軍閥、資本家、地主連中の綺麗い家、美味しい食物、何番目の妾に換取したのだ！

光栄らしい皇軍の威しと云ふ様な言葉は皆嘘です、日本の士兵兄弟達：用意してくたさい、お國の統治者に利用せられない様にして呉れ！

親愛なる日本の士兵兄弟達：貴方達は我々と敵ではありません貴方達の敵がお國の軍閥です、日本の政治が收拾し得ざる迄紊亂し、財政は既に根底より動搖を來し、赤字公債に次ぐ赤字公債を發行し、大衆は塗炭の苦に喘いて居るではないか？

それですから、貴方達は、御兩親と御息さんの為に、お國の前程の為に、お國の勤勞大衆の生活の為に一番の聰明の仕事が反對戰爭でありますし中國の兄弟と結合して日本の統治者——資本家、軍部を打倒する丈がであります、

だから、若し貴方達は中國の兵隊に投降すれば殺す事が是非ありません、その以上優待します。何故ならば我々の戰爭が民族の自由、獨立、真の東洋平和達成の為に貴君と一緒に立って東洋平和及び幸福を阻害する日本軍閥、日本帝國主義を打倒するからであります、

日本の兄弟諸君！、それ丈お頼ひいたします！

山東第六區游擊司令部 政治部拜啓 一九三八、八 二十、

插图2–2 山东第六区游击司令部政治部的日文传单《告日本士兵兄弟》,公开信形式

主要内容:你们被统治阶级——军阀、资本家送到中国来当炮灰,你们的父母在担心哭泣,战争越延长,你们家人的生活越困难。军阀、资本家靠着你们家人的泪水过着奢侈的生活。你们不是我们的敌人,你们的敌人是军阀。军阀使得日本政治混乱,财政动摇,百姓生活贫困。与中国兄弟联合起来为家人、为国家劳动者的生活、为国家的前程而反战,打倒资本家、军阀、日本帝国主义。

制作时间:1938年8月20日

抗战进入相持阶段后，中国共产党对这种宣传政策进行了反省。例如1939年10月2日，中央军委总政治部发出的《关于敌伪军工作的训令》指出："今天对敌军的工作方针应当是用各种方法削弱和降低日军的战斗力，使日军士兵对中国军民，不作盲目的仇视，从感情上的接近逐渐引导到政治的接近，因此，宣传品的内容不应当是政治的公式教条，而应富于刺激具有感情的煽动作用，以促进日军厌战怠战、自杀等等情绪，以减低日军战斗力。"[1] 这说明我军已经充分认识到宣传上"政治的公式教条"这一问题，有助于日后制定灵活有效的宣传政策。

在对日军宣传方面，国民党也采用了两分法，即将日本民众与日本法西斯政府分开，如蒋介石在《告日本国民书》中强烈谴责日本侵华战争，揭露战争给中国人民带来的灾难，同时也将日本民众视为战争的受害者，认为战争是军部和财阀发动的，他们才是中日人民的共同敌人[2]。

2. 宣传俘虏政策

俘虏政策是制定对敌政治工作方针政策的必要基础，是对敌宣传的核心内容，是攻心战的利器，而俘虏政策是否能使敌军遍知则关系到宣传战的成败。

林彪在总结平型关战斗经验时说，敌人打了败仗也不缴械投降，"并非勇敢坚决，乃畏我军将其活捉后杀头活埋火烧"。显然，抗战初

---

[1] 《关于敌伪军工作的训令》，中国人民解放军政治学院编：《军队政治工作历史资料》第四册，战士出版社，1982年，第586页。
[2] 蒋中正：《抗战方针》，黄埔出版社，1938年，第42—45页。

期,日军士兵被军部的教育所蒙蔽,对我方俘虏政策一无所知。八路军野战政治部敌工部据此研究认为,瓦解敌军工作应该采取的方针和方法有三个,其中就有对日军宣传"不杀俘虏,优待俘虏,医治伤病员"。

如前所述,1938年10月,八路军总司令朱德、副总司令彭德怀签署《中国国民革命军第八路军总指挥部命令》,通令全军不许杀日军俘虏,并须优待之;对于自动过来者,务须确保其生命之安全,医治受伤的俘虏,对愿归国者提供路费。此后,我方根据需要不断完善俘虏政策,在艰苦的战争条件下,尽其所能在物质和精神上加以优待,尽最大可能争取俘虏。国民政府针对日军俘虏也制定有《战时俘虏处置办法》,对俘虏采取不杀而公正对待的政策。

在抗战初期,国共双方都要求对敌军全面宣传我方优待俘虏的政策,但通过宣传而使日军遍知并非易事。当时共产党领导的华北抗日根据地无日本反战团体,日军俘虏十分有限,难为所用,而我军日语教员又很缺乏,战士也不能马上普遍流利地使用日语做宣传,"因此我们制出一种小小的'巴斯'(即通行证)分配给上火线的战士带到阵地散发,或遇有敌军俘虏时拿给他看。这种'通行证'两面印字,一面印朱彭司令的关于优待俘虏的命令,一面印激动的文句,欢迎敌军士兵放心过来"。据说,这一举措一出台就已见效[1]。插图2-3就是八路军总司令部印发的这种通行证。

国民政府方面也采取了同样的方法,印制了大量日文通行证向日军散发。通行证成为整个抗战时期散发得最普遍的宣传品之一。

---

[1] 蔡前:《怎样做瓦解敌军的工作》,生活书店,1938年,第31页。

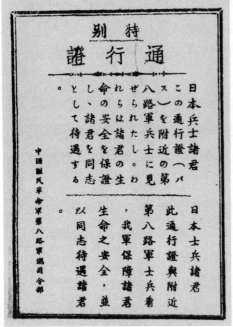

插图 2-3　中国国民革命军第八路军总司令部散发的中日文对照双面传单，印有《特别通行证》字样

一面是通行证，内容："日本士兵诸君　此通行证与附近第八路军士兵看，我军保障诸君生命之安全，并以同志待遇诸君。"一面是总司令朱德、副总司令彭德怀发布的《中国国民革命军第八路军总司令部命令》。内容："日本士兵系劳苦人民子弟，在日本军阀财阀欺骗与强迫之下而与我军接触。因此：一、日本士兵俘虏者，不准伤害，侮辱，其所携物品，一律不得没收或毁坏。并须以兄弟待遇彼等。我军指战员如有违犯此项命令者处罚之。二、对负伤或患病之日本士兵，须特别注意给以治疗。三、愿回国或原队之日本士兵，尽可能予以方便使其安全到达目的地。四、愿在中国或中国军队工作之日本士兵，应与适当工作，愿学习者，应使其进适当学校。五、愿与家族或友人通信之日本士兵应予以方便。六、对战死之日本士兵，应埋葬，建立墓标。"

制作时间：1940年7月7日

值得一提的是，日军在侵华期间也大量印发了通行证、投降票、优待证，开列许多诱人条件用来诱降我抗日军队（见插图2-4），可见当时敌我双方都以通行证为武器展开过激烈较量。

此外，我方还将俘虏政策用中、日文印在传单上散发。插图2-5是国民革命军政治部的传单，插图2-6、2-7是山东第六区游击司令部政治部的传单。

当然，让俘虏现身说法是俘虏政策的最好宣传。1938年5月，国民党中央宣传部国际宣传处对敌科让中村正吉等5名俘虏分别写"感想文"与家书，述说被俘后的感想以及国民政府对他们的照顾和优待情况。对敌科将这些"感想文"与家书以及翻译成日文的《战时俘虏处置办法》印在一起，制成15万份传单送交航空委员会散发于日军阵地，鼓励日军投诚，保证给予公正待遇[1]。这是现在能看到的日军俘虏最早的"现身说法"，此后在我方报纸、日人反战组织的传单、报刊、宣传册上都经常能看到这类的文章。例如，1941年底日军士兵齐藤义雄向八路军投诚后，晋察冀军区政治部的《日军之友》先是以日记形式报道了齐藤从投诚到参加反战同盟的经过，接着池田静子以《走向光明之路》为题（详见本节后文）在《日军之友》《晋察冀日报》上对齐藤等从投诚到反战的心路历程进行了介绍[2]。插图2-8也是以一反战同盟成员家信形式编写的传单。而介绍延安日本工农学校实情的传单也是对俘虏政策最好的说明（如插图2-9）。这样的宣传比仅仅宣传俘虏政策更有效。

---

[1] 易振龙：《被湮没的抗争：抗战时期国民政府的对敌宣传》，《湖北广播电视大学学报》2008年第8期，第90页。
[2] 《走向光明之路》，《晋察冀日报》1942年1月31日、《日军之友》1942年第3期。

插图2-4 日军的中文通行证、投降票

通行证主要内容：持此证者在日军管理地区可安全通行，保证生命安全，给饭吃，给钱花，受伤给治疗。投降票（上图）主要内容：持此票来者不但不视为敌兵，而且受到优待。与日本"太阳旗"交叉的"五色旗"为华北伪政权的旗帜。投降票（下图）主要内容：凡携带此票归降者，日军不杀，且代谋职务，对欲归乡者提供路费和通行证。

制作时间不明

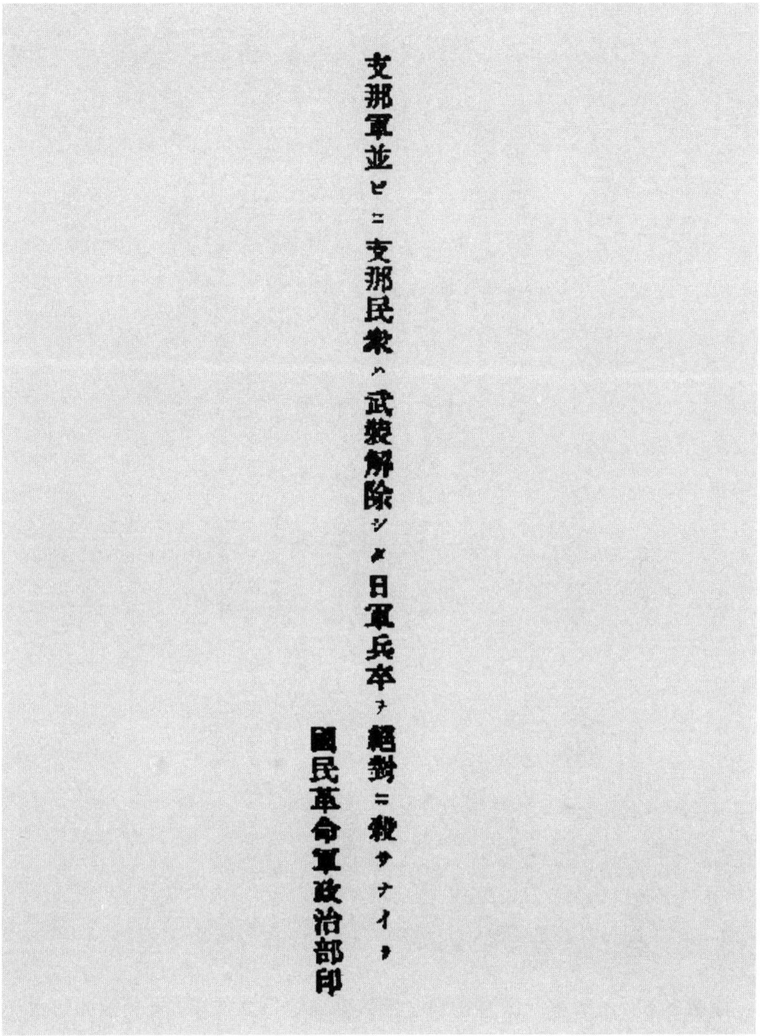

支那軍並ビニ支那民衆ハ武装解除シタ日軍兵卒ヲ絶對ニ殺サナイ、

国民革命軍政治部印

插图2-5　国民革命军政治部的日文传单

内容："中国军队与中国民众绝对不杀害解除武装的日本士兵。"

制作时间不明

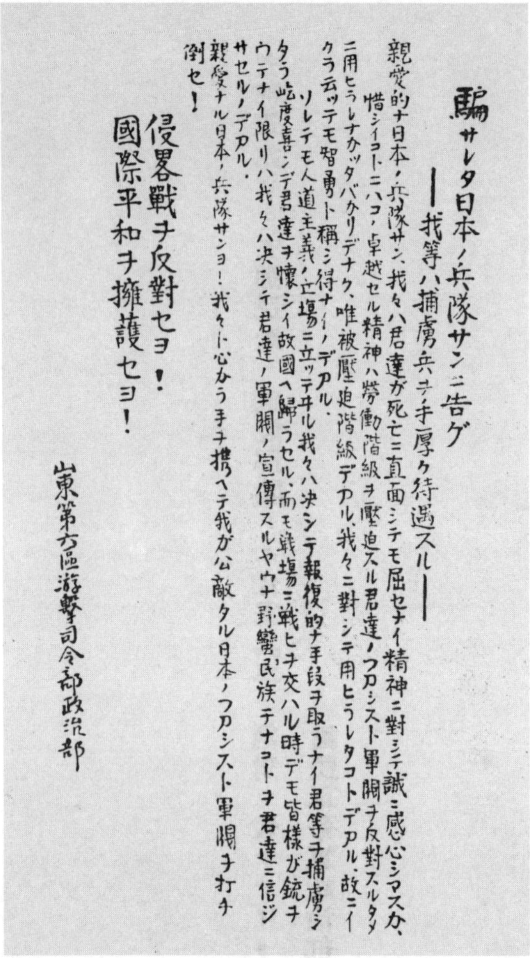

> 騙サレタ日本ノ兵隊サンニ告グ
> ――我等ハ捕虜兵ヲ手厚ク待遇スル――
>
> 親愛的ナ日本ノ兵隊サン、我々ハ君達ガ死ニ直面シテモ屈セナイ精神ニ對シテ誠心シマスか、惜シイコトニハ、卓越セル精神ハ勞働階級ヲ壓迫スル君達ノファシスト軍閥ノ爲メニ利用ヒラレタコトデアル。故ニ二用ヒラレナカッタバカリデナク、唯々被壓迫階級デアル、我々ニ對シテ用ヒラレタコトデアル。故ニニ用云ッテモ智々ノタバカリデナク（不明瞭）
> ソレデモ我々ハ人道主義ニ立場ニ立ツテアル。我々ハ決シテ報復的ナ手段ヲ取ラナイ。君等ヲ捕虜トシテ々崖度喜ンデ君達ヲ懷シイ故國ヘ歸ラセル。而モ戰場ニ交ハル時デモ皆樣ガ銃ヲ下ロシテ宣傳スルヤ否ヤ蠻民族テナコトヲ君達ニ信ジサセルガ限リハ我々ハ決シテ君達ノ軍閥ノ宣傳スルヤウナ野蠻民族デナイコトヲ君達ニ信ジサセル。
> 親愛ナル日本ノ兵隊サンヨ！我々ト心ヲ手ヲ携ヘテ我ガ公敵タル日本ノファシスト軍閥ヲ打チ倒セ！
> 侵略戰ヲ反對セヨ！
> 國際平和ヲ擁護セヨ！
>
> 山東第六區游擊司令部政治部

插图2-6　山东第六区游击司令部政治部的日文传单《告受骗的日本士兵——我们优待俘虏》

主要内容：日军士兵宁死不降的精神值得钦佩，但用错了地方，大家都是被压迫的劳动者，称不上智勇，日军士兵应该用此精神反对压迫自己的军阀。另外从人道主义立场，我方也不会报复俘虏，可以让俘虏回国，中国的军队不是日军宣传的野蛮军队。"与我们同心协力打倒我们的公敌日本法西斯军阀！反对侵略战争！拥护国际和平！"

制作时间不明[1]

---

[1] 此传单与插图2-2现收藏于日本防卫省防卫研究所的同一卷宗档案中。这批档案中有时间标注的均为1938年，因此该传单很有可能是这一年制作的。

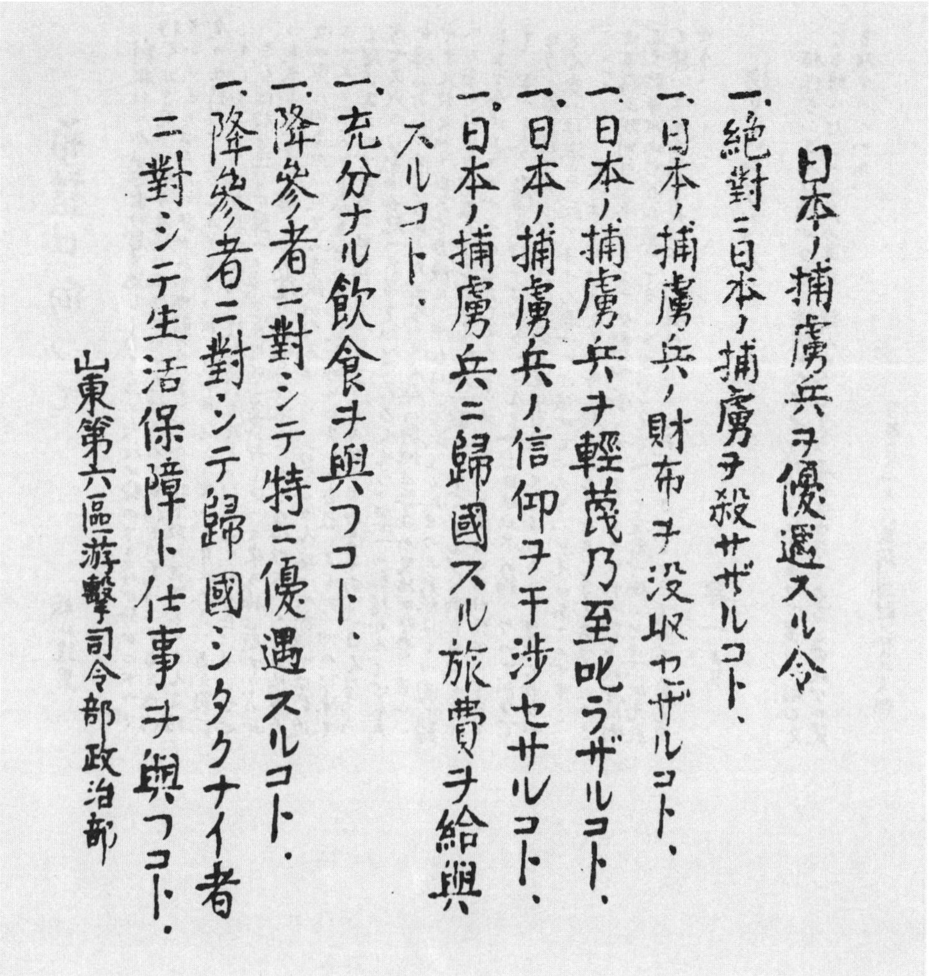

日本ノ捕虜兵ヲ優遇スル令

一、絶對ニ日本ノ捕虜ヲ殺サザルコト、
一、日本ノ捕虜兵ノ財布ヲ没収セザルコト、
一、日本ノ捕虜兵ヲ軽蔑乃至叱ラザルコト、
一、日本ノ捕虜兵ノ信仰ヲ干渉セサルコト、
一、日本ノ捕虜兵ニ歸國スル旅費ヲ給與スルコト・
一、充分ナル飲食ヲ與フコト、
一、降参者ニ對シテ特ニ優遇スルコト・
一、降参者ニ對シテ歸國シタクナイ者ニ對シテ生活保障ト仕事ヲ與フコト・

山東第六區游擊司令部政治部

插图2-7　山东第六区游击司令部政治部的日文传单《优待日军俘虏命令》

主要内容：对于俘虏，不杀，不没收钱财，不蔑视斥责，不干涉信仰，提供饮食，对投降者特别优待，对不想归国投降者提供生活保障和工作。

制作时间不明

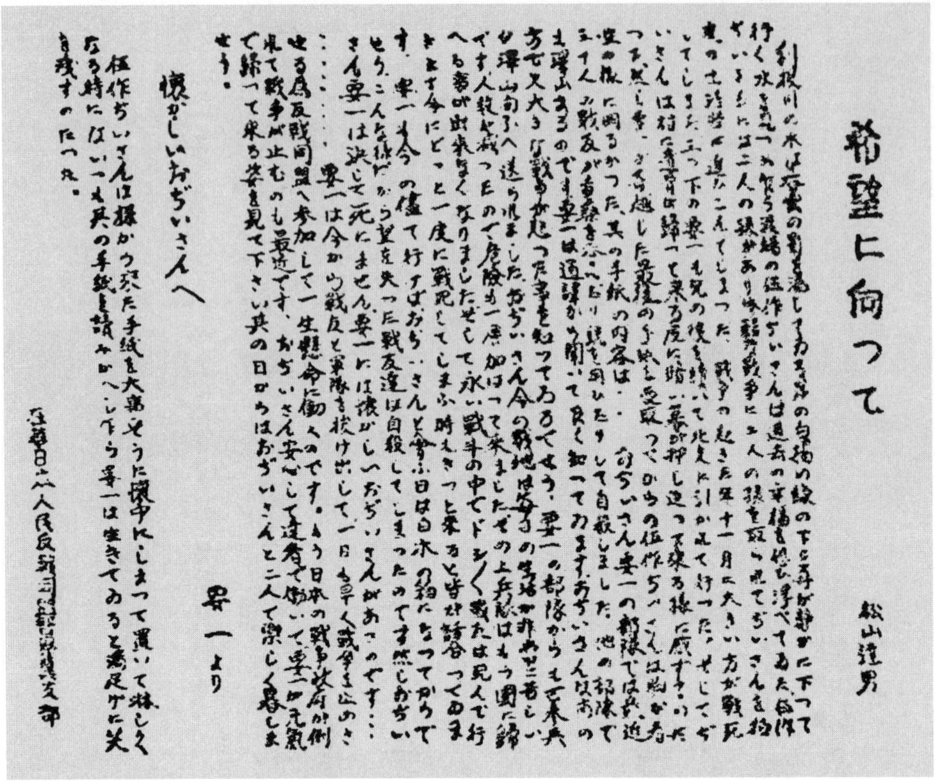

插图2-8　在华日本人民反战同盟晋察冀支部的日文传单《迈向希望》

主要内容：日本士兵"要一"给思念的爷爷的信。爷爷有两个孙子，大孙子在战争爆发那一年的11月战死在战场，小孙子要一接着被送到华北。战地生活很苦，大家都觉得战争会长期拖下去，归国无期，会一个个战死，要一的部队有不少战友自杀。但要一绝不自杀，还有思念着的爷爷在等着自己。要一为了早日结束战争，脱离了战友和部队，参加了反战同盟，日本的战争政府就要倒台了，要一一定好好地活着回去，"与爷爷两人过快乐的生活"。

制作时间不明

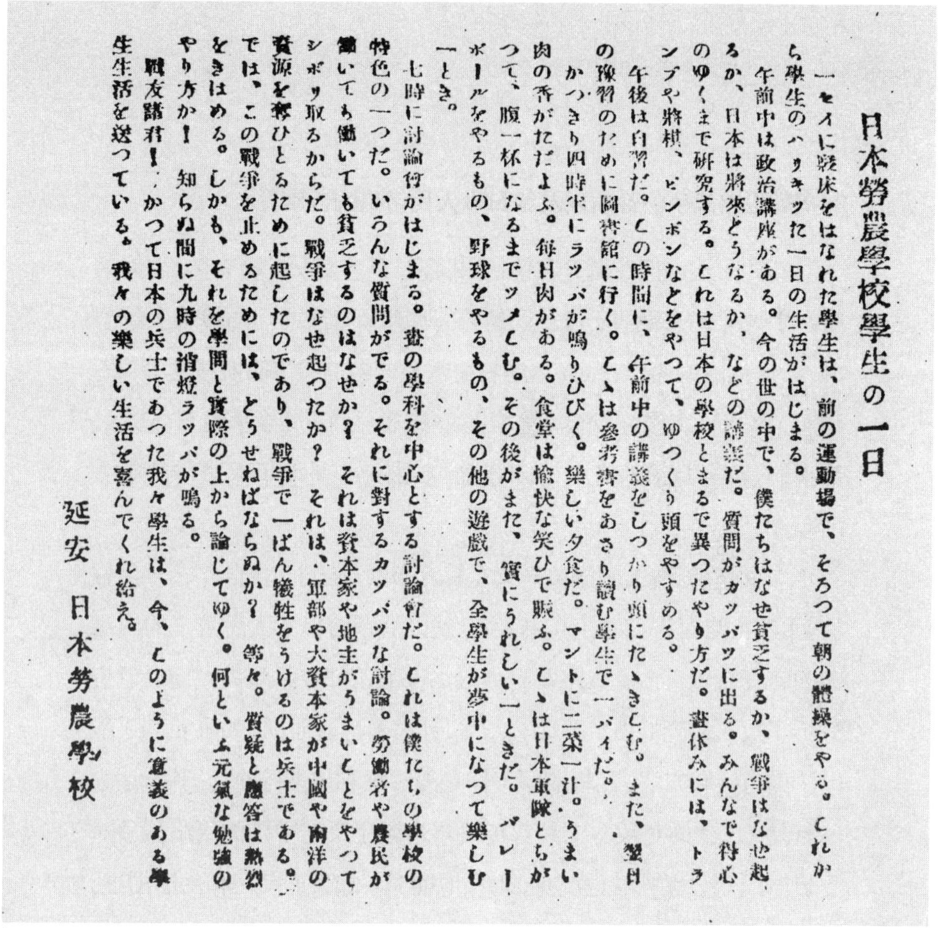

日本勞農學校學生の一日

一セイに寢床をはなれた學生は、前の運動場で、そろつて朝の體操をやる。これから學生のハリキツた一日の生活がはじまる。午前中は政治講座がある。今の世の中で、僕たちはなぜ貧乏するか、戰爭はなぜ起るか、日本は將來どうなるか、などの講義だ。質問がカツカツに出る。みんなで熱心のゆく主で研究する。これは日本の學校とまるで異つたやり方だ。晝休みには、トランプや將棋、ピンポンなどをやつて、ゆつくり頭をやすめる。午後は自習だ。この時間に、午前中の講義をしつかり頭にたゝきこむ。また、翌日の豫習のために圖書館に行く。こゝは參考書をあさり讀む學生で一パイだ。かつきり四時牛にラッパが鳴りひびく。樂しい夕食だ。マントに二菜一汁。うまい肉の香がたゞよふ。毎日肉がある。食堂は愉快な笑ひで賑ふ。こゝは日本軍隊とちがつて、腹一杯になる主でツメこむ。その後がまた、實にうれしい一ときだ。バレーボールをやるもの、野球をやるもの、その他の遊戲で、全學生が夢中になつて樂しむ一とき。

七時に討論會がはじまる。塾の學科を中心とする討論會だ。これは僕たちの學校の特色の一つだ。いろんな質問がでる。それに對するカツパツな討論。勞働者や農民が働いても働いても貧乏するのはなぜか？それは資本家や地主がうまいことをやつてシボり取るからだ。戰爭はなぜ起つたか？それは、軍部や大資本家が中國や南洋の資源を奪ひとるために起したのであり、戰爭で一ばん犠牲をうけるのは兵士である。では、この戰爭を止めるためには、どうせねばならぬか？等々。質疑と應答は熱烈をきはめる。しかも、それを學問と實際の上から論じてゆく。何といふ元氣な勉强のやり方か！知らぬ間に九時の消燈ラッパが鳴る。

戰友諸君！かつて日本の兵士であつた我々學生は、今、このように意義のある學生生活を送つている。我々の樂しい生活を喜んでくれ給え。

延安　日本勞農學校

插图2-9　延安日本工农学校的日文传单《日本工农学校学生的一天》

主要内容：学生的生活从早上一起在操场做早操开始，上午是政治课，讲课内容有我们为什么穷困，为什么有战争，日本的将来等。午休时打牌下棋，打乒乓球等。下午自习。四点半吃晚饭，两个馒头加两菜一汤，管你吃饱，肉香四溢，每天有肉，食堂充满欢声笑语。这是日本军队做不到的。晚饭后打排球、棒球。七点开始讨论会，围绕白天学习的内容自由发言。九点熄灯休息。"各位战友！我们学生曾经是日本士兵，现在过着这么有意义的学生生活，为我们的快乐生活而叫好吧！"

制作时间不明

3. 揭露侵略战争的性质以及给日本人民带来的苦难

新四军政治部在调查宣传效果时说,从各部队的检查情况看,最易产生效果的有两种,其一就是"描写实际生活的。如战场上的恐惧,新兵生活的痛苦,家庭生活的穷困及国内的经济恐慌情形等"[1]。确实,揭露日本侵略内幕、侵华战争的罪恶,以及战争给日本人民带来的苦难,是最为有效的内容之一,因此也是对日军宣传的中心内容。

全面抗战之初,中国共产党在其发布的《告日本海陆空军士兵宣言》和《八路军告日本士兵书》中,就以战争给日本人民带来的灾难为内容进行过宣传。八路军野战政治部敌工部在平型关大捷后调查分析了敌人拼死抵抗的原因,认为"针对着这些原因,如果我们采取以下的方针和方法,瓦解敌军工作是能够顺利地进行的"。其方法之一就是"广泛的对敌军士兵宣传日本帝国主义对中国的侵略战争对于日本民众一点利益也没有,相反地增加了战费的负担和生活困难。揭穿日本军部的欺骗宣传,指出日本对中国的侵略战争只是使军阀财阀升官发财,士兵却只是白白送死"。宣传要点在于:"特别是针对着敌人士兵的困难,例如出国后家庭生活的困难,行军的困难,粮食的困难,官长的压迫等特殊情形,给予特殊的宣传内容。"例如九一八后,日本死了很多人,花了大量战费,得到利益的只是军阀财阀,人民不仅未得到好处,反而因失业破产,加上战费增加更加贫困[2]。

---

[1] 《对敌伪顽的宣传工作》,中国人民解放军政治学院编:《军队政治工作历史资料》第七册,战士出版社,1982年,第97、98页。
[2] 蔡前:《怎样做瓦解敌军的工作》,生活书店,1938年,第19页。

此后，中共在对日宣传的一系列重要文件例如《敌军政治工作纲要》《关于反敌伪宣传工作的指示》等中都将此列为宣传的中心内容。

国民党方面也十分重视这一宣传内容，例如军事委员会政治部制定的《第二期抗战对敌宣传述要》《战地（即游击区）宣传纲要》等将战争所引起的日本财政经济危机、产业危机、人民的苦难列为主要宣传内容之一。

日本在华反战组织的加入，使得这种宣传更加深入，效果也倍增。因为作为当事人之一，他们最有切身体会，由他们来揭露侵略内幕、侵华战争的罪恶，以及战争给日本人民带来的苦难，更有说服力。在重庆，率先开展向日本人民进行反战宣传的鹿地亘夫妇，通过广播电台、前线喊话、散发传单进行宣传的内容之一，正是日本的侵略内幕和侵华战争的罪恶。华北日人反战组织也以此为重要宣传内容。插图2-10至2-15均为这一类传单。

到了后期，局势渐渐明朗，此类传单更多，散发范围更广。例如，在中国共产党一直坚持抗战的广东东江地区，以东江纵队为中心，也出现了由日本人进行的反战运动。1945年1月，反战人士坂口在纵队领导帮助下，以"在东江全体反战日本人"为名义散发出第一份中、日文传单《给亲爱的中国兄弟》，此后一直用此名义散发传单，如2月散发的日文传单《给华南日本士兵及在留我国人的信》，说明日军已经离灭亡不远，为军部和财阀而进行的战争正给国民带来苦难，号召大家起来打倒军阀政府，停止战争，建设民主主义日本。为了实现这一目标，在华日本共产党与中国共产党组成共同战线，正在进行人民解放战争，欢迎在华南的日本士兵同胞加入人民解放的反军阵营（插图2-16）[1]。

---

[1] "在中邦人·中共関係綴"，1945年，国立公文書館/返還文書（旧内務省等関係），日本亚洲历史资料中心档案编号：A06030040400。

插图2-10　在华日本人民反战同盟晋察冀支部的日文传单《反对北进》

主要内容：阻止军部的侵略战争，南进北进何时休？连德军都失败，日军会如何？士兵的白骨山是军部的勋功，军部的侵苏准备将日军士兵置于危险境地，大家起来反对北进。

制作时间不明

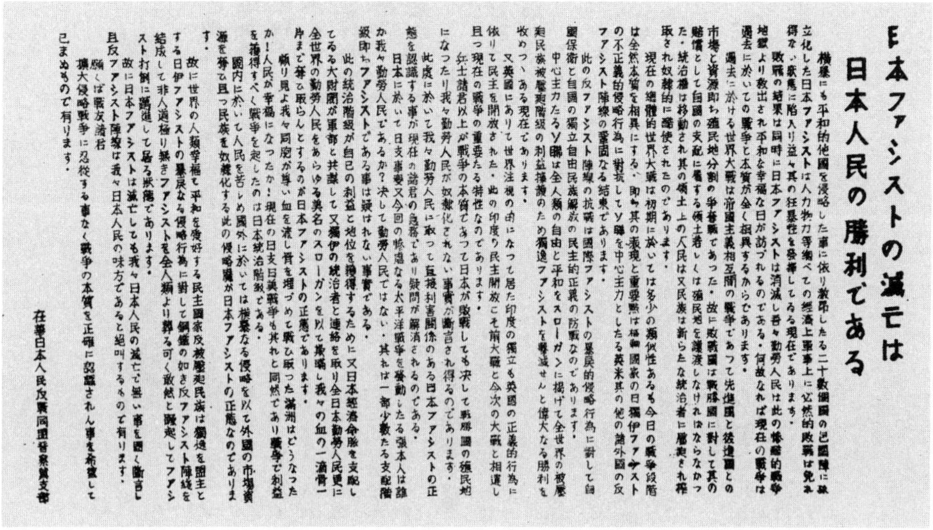

日本ファシストの滅亡は日本人民の勝利である

横暴にも平和的他國を侵略した事に依り激昂したる二十數個國の包圍陣に孤立化した日本ファシストは人力物力等總べての經濟上軍事上に必然的敗戰は免れ得ない狀態に陷入り益々其の狂暴性を發揮してゐる現在であります。敗戰の結果は同時に日本ファシストは消滅し吾々勤勞人民は此の悽慘的戰爭地獄より救出され平和な幸福な日が訪づれるのである。何故なれば現在の戰爭は過去に於いての戰爭と本質が全く相異するからであります。

過去に於ける世界大戰は帝國主義相互間の戰爭であつて先進國と後進國との市場と資源即ち殖民地分割の爭奪戰であった。故に敗戰國は戰勝國に對して其の賠償として自國の支配に屬する領土若しくは殖民地を讓渡しなければならなかった。統治權は移動され其の領土上の人民は又民族は新らたな統治者に壓迫され搾取され奴隸的に驅使されたのであります。

現在の總體的世界大戰は初期に於いては多少の類似性あるも今日の戰爭段階は全然本質を相異にする。即ち其の表現と重要點は極東國家の日獨伊ファシストの不正義的侵略行為に對抗してソ聯を中心主力とした英米其の他の諸外國の反ファシスト陣線の鞏固なる結束であります。

此の反ファシスト陣線の抗戰は國際ファシストの暴戾的侵略行為に對して自國保衛と自國の獨立自由民族解放の民主的正義の防戰なのであります。中心主力たるソ聯は全人類の自由と平和をスローガンに掲げて全世界の被壓迫民族被壓迫階級の利益擁護のため獨逸ファシストを擊滅せんと偉大なる勝利を收めつゝある現在であります。

又英國にありて世界注視の由になつて居た印度の獨立も英國の正義的行為に依りて民主を開放された。此の印度り民主開放こそ前大戰と今次の大戰と相違し且つ現在の戰爭の重要たる特性なのであります。

兵士諸君以上が戰爭の本質であつて日本が敗戰しても決して戰勝國の殖民地になつたり我々勤勞人民が奴隸化されない事實が斷言され得るのであります。

此度に於いて我々勤勞人民に取つて直接利害關係のある日本ファシストの正態を認識する事が現在の諸君の急務であり疑問が解消されるのである。日本に於いて日支事變又今回の悽慘なる太平洋戰爭を發動したる張本人は誰か我々勤勞人民であるか？決して勤勞人民ではない。其れは一部少數たる支配階級即ちファシストである事は疑はれない事實である。

此の統治階級が自己の利益と地位を獲得するために又日本經濟命脈を支配してゐる大財閥が軍部と共謀して又獨伊の統治者と連絡を取り全日本勤勞人民更に全世界の勤勞人民をあらゆる美名のスローガンを以て欺瞞し我々の血の一滴骨一片まで奪ひ取らんとするのが日本ファシストの正態であります。

顧り見よ我々同胞が尊い血を流し骨を埋づめて戰ひ取つた滿洲はどうなったか！人民が幸福になつたか！現在の日支日美戰爭も其れと同然であり戰爭で利益を獲得すべく戰爭を起したのは日本統治階級である。

國内に於いて人民を苦しめ國外に於いては横暴なる侵略を以て外國の市場資源を奪ひ且つ民族を奴隸化する此の侵略戰が日本ファシストの正態なのであります。

故に世界の人類幸福と平和を愛好する民主國家及被壓迫民族は獨逸を盟主とする日伊ファシストの暴戾なる侵略行為に對して鋼鐵の如き反ファシスト陣線を結成して非人道極り無きファシストを全人類より葬る可く敢然と蹶起してファシスト打倒に邁進して居る狀態であります。

故に日本ファシストは滅亡しても我々日本人民の滅亡で無い事を固く斷言し且反ファシスト陣線は我々日本人民の味方であると絶叫するものて有ります。

願くば戰友諸君

擴大侵略戰爭に忍從する事なく戰爭の本質を正確に認識されん事を希望して已まぬもので有ります。

在華日本人民反戰同盟晉察冀支部

插图2–11　在华日本人民反战同盟晋察冀支部的日文传单《日本法西斯的灭亡就是日本人民的胜利》

主要内容：日本侵略中国和发动太平洋战争是法西斯侵略战争，是为财阀、军方少数统治阶级的利益而战。使得日本人流血丧命的满洲，人民幸福了吗？日本这种内使人民受苦，外使其他民族奴隶化的侵略战争注定失败。现在反法西斯战线已经成立，日本法西斯灭亡，但日本人民不会灭亡。“希望不顺从扩大的侵略战争，正确认清战争的本质！”

制作时间：约1942年（据文中内容推断）

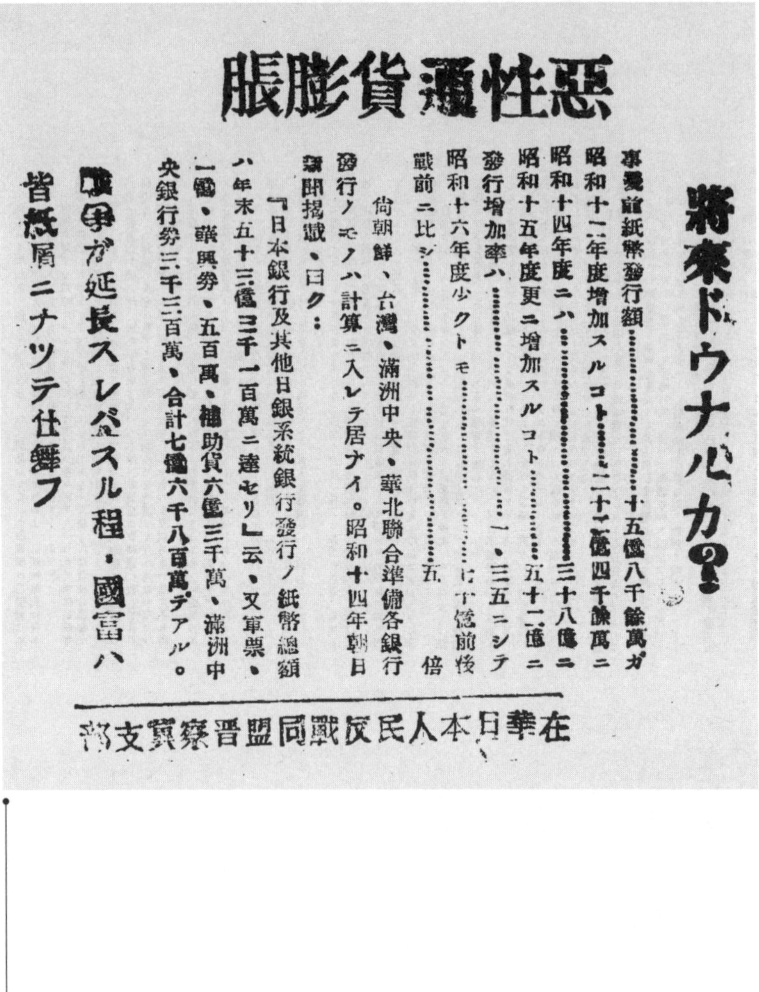

惡性通貨膨脹

將來ドウナル心カ?

事變前紙幣發行額……十五億八千餘萬ガ
昭和十二年度增加スルコト……二十二億四千餘萬ニ
昭和十四年度ニ八……三十八億二
昭和十五年度更ニ增加スルコト……五十二億二
發行增加率ハ
昭和十六年度少クトモ……一、三五二シテ
戰前ニ比シ……五十億前後
尚朝鮮、台灣、滿洲中央、華北聯合準備各銀行
發行ノモノヲ計算ニ入レテ居ナイ。昭和十四年朝日
新聞揭載、曰ク
「日本銀行及其他日銀系統銀行發行ノ紙幣總額
八年末五十三億三千一百萬ニ達セリ」云、又軍票
一億、葉興券、五百萬、補助貨六億三千萬、滿洲中
央銀行勞三千二百萬・合計七億六千八百萬デアル。」
戰爭ガ延長スレバスル程・國富ハ
皆紙屑ニナッテ仕舞フ

在華日本人民反戰同盟晉察冀支部

插图2-12 在华日本人反战同盟晋察冀支部的日文传单《恶性通货膨胀 将来怎么办?》

主要内容：以数据说明从七七事变前到1941年每年纸币发行的增长情况，如事变前发行额为15亿8千余万，1941年至少70亿。这还不包括日军在中国等地发行的军票等。结论是"战争越延长，国家财富越是变成废纸"。

制作时间：约1942年（据文中内容推断）

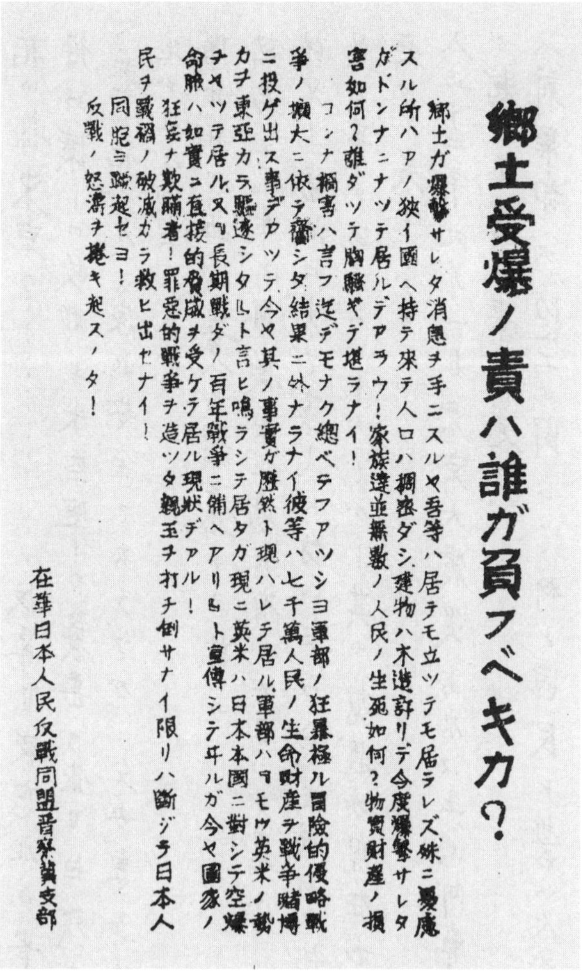

鄉土受爆ノ責ハ誰ガ負フベキカ？

鄉土ガ爆擊サレタ消息ヲ手ニスルヤ吾等ハ居テモ立ツテモ居ラレズ、殊ニ憂慮スル所ハアノ狹イ國ヘ持テ來テ人口ハ稠密ダシ、建物ハ木造許リデ今度爆擊サレタガドンナニナツテ居ルデアラウ！家族達並無數ノ人民ノ生死如何？物質財產ノ損害如何？誰ダツテ胸騷ギデ堪ラナイ！

コンナ禍害ハ言フ迄デモナク總ベテファッショ軍部ノ狂暴極ル冒險的侵略戰爭ノ擴大ニ依テ齎シタ結果ニ外ナラナイ。彼等ハ七千萬人民ノ生命財產ヲ戰爭賭博ニ投ゲ出ス事デアツテ、今ヤ其ノ事實ガ歷然ト現ハレテ居ル。軍部ハアモウ英米ノ勢カヲ東亞カラ驅逐シタ〻ト言ヒ鳴ラシテ居タガ現ニ英米ハ日本本國ニ對シテ空爆ヲヤツテ居ル。又ヲ長期戰ダノ百年戰爭ニ備ヘアリ〻ト宣傳シテ居ルガ今ヤ國家ノ命脈ハ如實ニ直接的脅威ヲ受ケテ居ル現狀デアル！

狂妄ナ欺瞞者！罪惡的戰爭ヲ造ツタ親玉ヲ打チ倒サナイ限リハ斷ジテ日本人民ヲ戰禍ノ破滅カラ救ヒ出セナイ！

同胞ヨ蹶起セヨ！

反戰ノ怒濤ヲ捲キ起スノダ！

在華日本人民反戰同盟晉察冀支部

插图2-13　在华日本人民反战同盟晋察冀支部的日文传单《家乡受到轰炸，谁该负责？》

主要内容：获悉家乡受轰炸坐卧不宁，国土狭小，人口稠密，建筑均木造，这次挨炸，家人及无数民众如何？财产损失如何？此次被害显然是军部发动狂妄冒险战争的结果，军部说已经将英美势力驱逐出东亚，现在英美却对日本本土轰炸了。军部现在宣传进行长期战无疑会让国家灭亡。只有打倒战争主谋才能拯救日本人民。“同胞们，崛起吧！掀起反战的怒涛！”

背景：1942年4月18日，美国16架轰炸机轰炸东京、大阪、神户等地。这是日本发动战争以来本土首次遭敌国机群轰炸。传单就是针对此轰炸的。

制作时间：1942年4月后

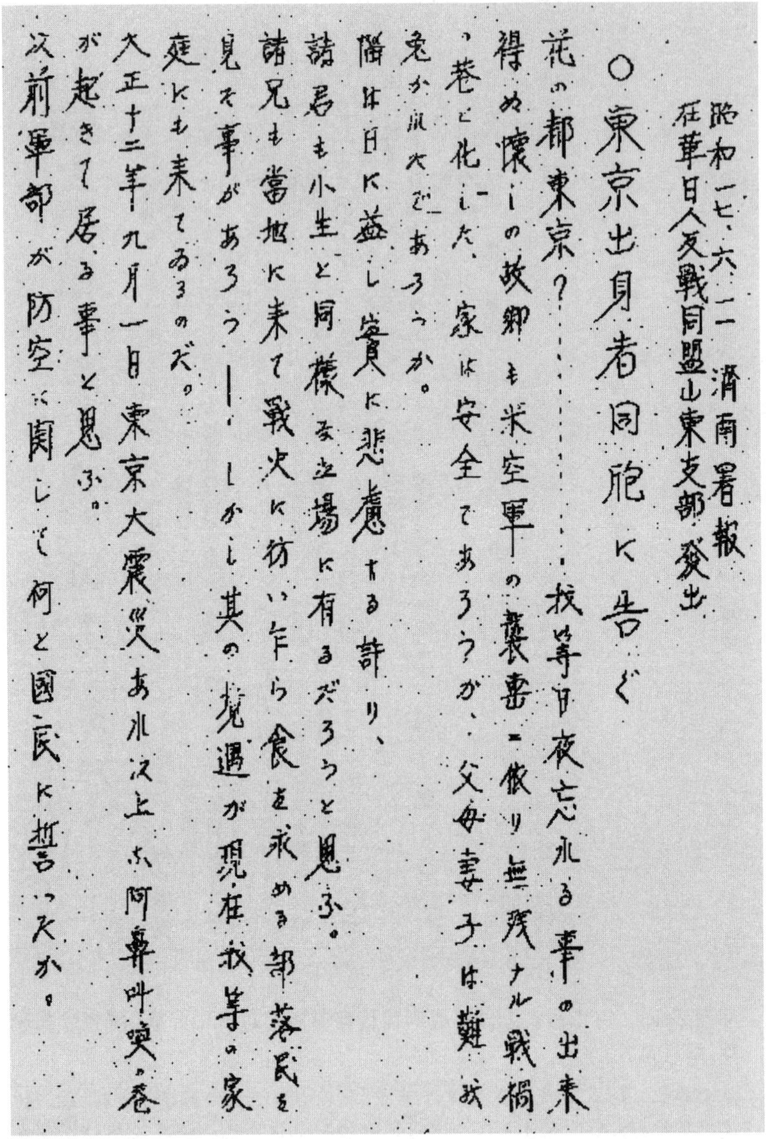
昭和一七、六、一一　濟南署報
在華日人反戦同盟山東支部發出
○東京出身者同胞に告ぐ
花の都東京？……我等日夜忘れる事の出来得ぬ懐しの故郷も米空軍の襲撃に依り無残ナル戦禍の巷と化した、家は安全であろうか、父母妻子は難を免かれたであろうか。
僕は日に益し憤に悲慮する許り、諸君も小生と同様な立場に有るだろうと思ふ。
諸兄も當地に来て戦火に彷い乍ら食を求める部落民を見る事があろう――しかし其の境遇が現在我等の家庭にも来てゐるのだ。
大正十二年九月一日東京大震災あれ以上の阿鼻叫喚の巷が起きて居る事と思ふ。
以前軍部が防空に関して何と國民に誓ったか。

插图2–14　日本驻北京大使馆报告中在华日人反战同盟山东支部的日文传单《告东京出生同胞书》局部抄件[1]

主要内容：家乡东京被轰炸，家里安全吗？父母妻子幸免于难吗？军部过去曾经对国民誓言全力防空是谎言，只有停止战争才能使人民得救。

---

[1] "中共側最近の邦文宣伝"，1942年，外務省外交史料館/外務省記録/A門政治、外交/7類戦争/北京情報，日本亚洲历史资料中心档案编号：B02032461300。

插图2-15 新四军政治部的漫画《日本的长期侵略》

图画内容：一门大炮时，日本家庭餐具菜肴丰盛；大炮增加，餐具菜肴锐减；大炮剧增，餐桌菜肴消失，画中人物也随之越来越瘦。说明国家军事的所谓强盛、军费开支的增加给日本人民生活带来的困苦。

制作时间不明

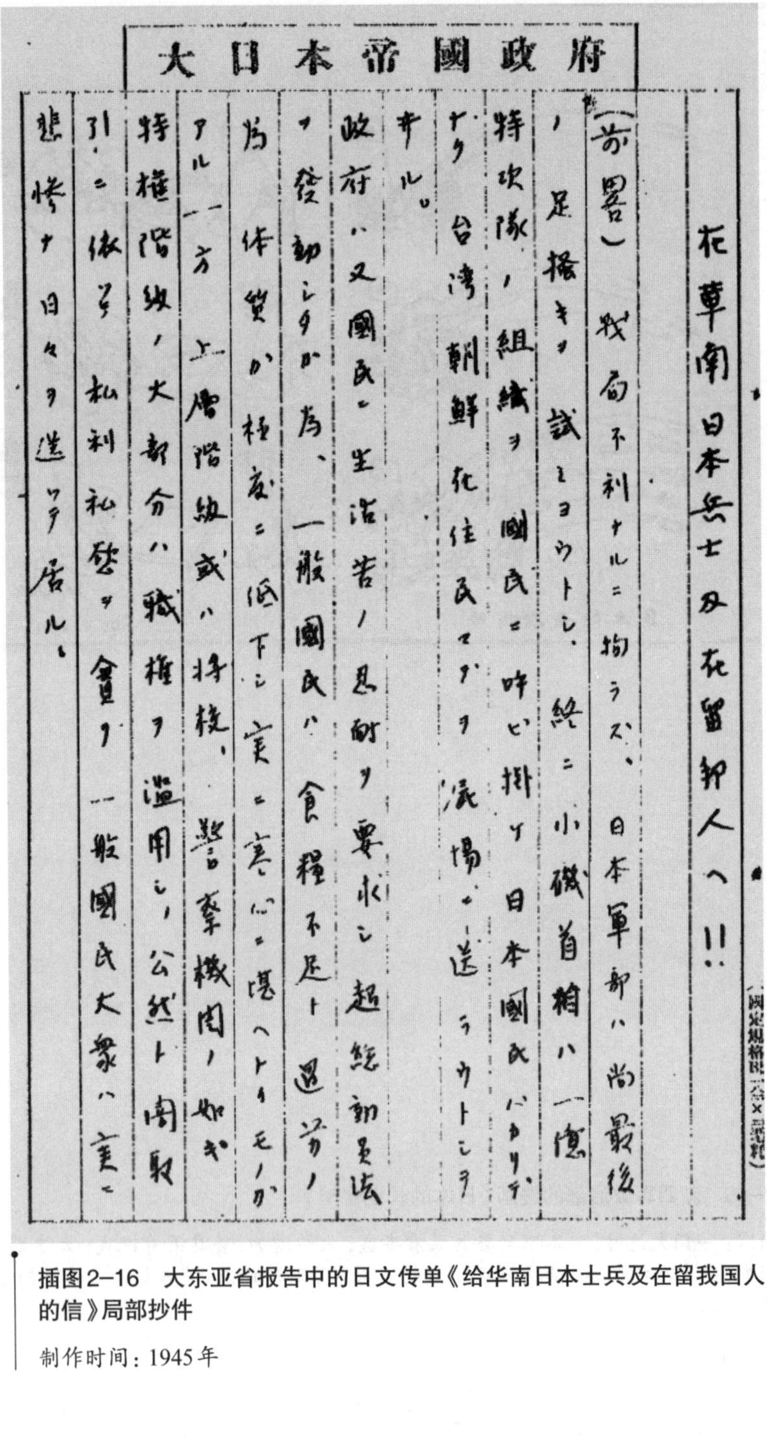

大日本帝國政府

在華南日本兵士及在留邦人ヘ!!!

（前略）我カ國不利ナルニ拘ラズ、日本軍部ハ尚最後ノ一足搔キヲ試ミヨウトシ、終ニ小磯首相ハ一億ノ特攻隊ヲ組織ヲ國民ニ呼ビ掛ケ日本國民バカリデナク台湾朝鮮化住民マデモ戰場ニ送ラウトシテ居ル。

政府ハ又國民ノ生活苦ヲ忍耐ヲ要求シ超緊迫モ最モ一般國民ハ食糧不足ト過勞ノ為體質ガ極度ニ低下シ實ニ寒心ニ堪ヘナイモノガアル一方上唐階級ハ特權、警察機關ノ如ギ特權階級ハ、大新分ハ職權ヲ濫用シ、公然ト賄取引ニ依ヲ私利ヲ計リ、貪ヲ一般國民大衆ハ實ニ悲惨ナ日々ヲ送ツテ居ル。

插图 2-16　大东亚省报告中的日文传单《给华南日本士兵及在留我国人的信》局部抄件

制作时间：1945 年

4. 宣传对日军不利的形势

为了稳定军心，防止斗志涣散，日军总是封锁对战局不利的消息，歪曲报道相关新闻。因此，及时告知日军各种真相，打击其士气，瓦解其斗志，十分必要。

抗战初期，日军处于攻势，侵占许多地区，不可一世，因此这种宣传很少，但我方还是一有机会就进行宣传，例如宣传日军速战速决美梦的破灭（插图2-21、2-22），宣传对日不利的国际形势。抗日战争进入相持阶段后，敌国面临各种危机，我方积极揭露，如军事委员会政治部的《第二期抗战宣传纲要》将日本出现的五大危机列为宣传要点。1941年12月珍珠港事件爆发，美、英等国对日宣战，为对日宣传战提供了更多材料，中共中央指示各根据地"用一切办法向敌军、伪军、伪政权宣传日本必败，中、英、美必胜的前途，以瓦解日军"[1]。插图2-17至2-19就是这一类传单。

5. 刺激思乡情结

如前所述，八路军野战政治部敌工部抗战初期调查研究时就发现，"根据俘虏谈话和缴获的敌兵日记，可以看出敌军士兵的思乡心是非常浓厚的。特别是战争的恐怖对于家庭的威胁，死后父母妻子的悲惋"。因此提出"我们应尽可能多搜集这类的具体材料，根据这些具体材料来起草宣传品"。

---

[1]《晋察冀抗日根据地》，史料丛书编审委员会、中央档案馆：《晋察冀抗日根据地》第一册（文献选编上），中共党史资料出版社，1989年，第591页。

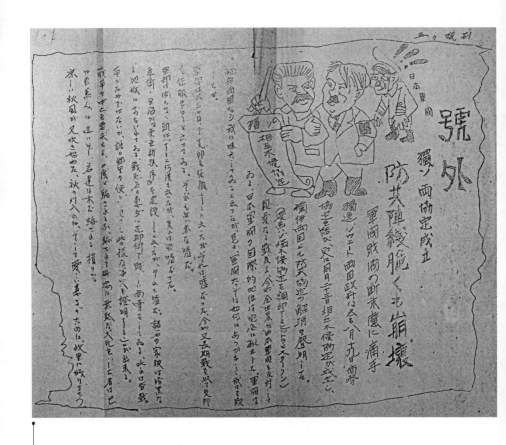

插图2-17　制作者不明,日文传单《号外　德苏两国签条约　防共阵线脆弱崩溃》

主要内容:德苏签订互不侵犯条约,打破了德日法西斯的反共联盟和战线,日本军阀在国际上完全孤立。军部说三个月战胜中国,却陷入长期战。近卫内阁的"建立东亚新秩序"是谎言,战争使士兵家人生活在黑暗中,战死者之妻沦落于花柳街。"清凉秋风吹起,该秋收了,为了所爱的妻儿回故乡吧。"

背景:1939年8月苏联与德国签订《苏德互不侵犯条约》,由此打破了德日法西斯的反苏联盟和战线。

制作时间:1939年8月后(据文中内容推断)

插图2-18　在华日人反战同盟晋察冀支部的日文传单《没法比的军需品》

主要内容：根据美国对日本军需品出口统计，日本从美国进口的军需品1937年后连年剧增，1939年占总进口的71%，现在则完全被断绝。日本所需的钢铁、铝、石油、棉花等军需原料靠日本根本无法解决，兵器、飞机、船舰的大量减产在所难免。

制作时间：太平洋战争爆发初期（据文中内容推断）

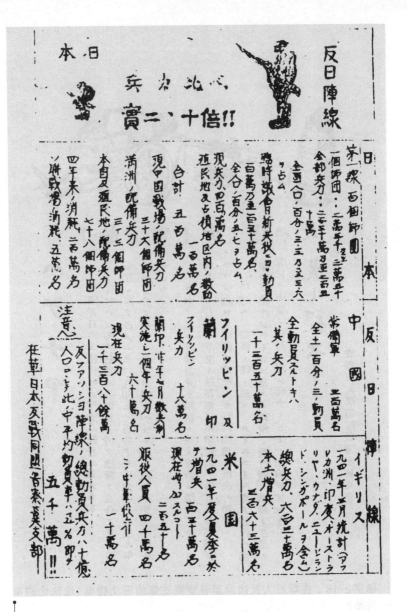

插图2-19 在华日本反战同盟晋察冀支部的日文传单《比兵力,实际差十倍!!》

主要内容:用表格对比1941年日本与反日阵线(中国、英国、美国等)的总兵力、可动员人数,说明反日阵线的兵力是日本的十倍。

制作时间:太平洋战争爆发初期(据文中内容推断)

我方早期的宣传内容虽偏重于政治方面，但也逐渐意识到了这种宣传的局限性。1939年10月中央军委总政治部下达《关于敌伪军工作的训令》，要求宣传须避免政治性公式教条，"应富于刺激具有感情的煽动作用"。如何才能"煽动感情"，总政治部在《关于对敌宣传伪军宣传工作的指示》中明确指出："宣传品内容主要是应该抓住目前日本士兵的情绪，以激动敌军士兵反战情绪思乡思家情绪，减弱其战斗意志，增长其悲观懈怠的情绪，以削弱其战斗力，瓦解其部队。"并且主张使用这样的口号："一同请愿回国"，"你们的家属正为你们祷告，不要死了叫他们哭"等[1]。

日军的思乡情结，在进入相持阶段后愈发严重。因速战速决失败，陷入长期战争泥潭，归国无期，日军普遍产生烦躁、灰心、不满心理，利用这种心理可以激起厌战、反战情绪。例如在华北，日军新兵比较多，大多士兵来时都以为华北没有多大战事，轻松当几年兵就能回国，但现实让他们的梦想破灭。池田静子在1942年年初《日军之友》第三期发表过一篇名为《走向光明之路》的文章，讲述了齐藤、西川从来华参战到走向光明的过程，由此可以了解到日军士兵如何由思乡情结走向厌战的："被征集的时候，军部对他们说，现在华北已经明朗化了，你们到那里，不过担任一些警备役务而已。然而一年来的实际生活，在战争的体验中，完全不是那么回事。战斗频繁地来临，而且残酷地威胁着他们的生命，无数战友被战争吞噬了。"在八路军袭击下每日惶惶不安，而日军内欺压新兵，克扣兵饷，使得他们生活在

---

[1]《总政治部关于对敌宣传伪军宣传工作的指示》，中国人民解放军政治学院编：《军队政治工作历史资料》第五册，战士出版社，1982年，第205页。

痛苦中，太平洋战争爆发，更让他们感到前途渺茫，归国无期，产生苦闷、厌倦心理。因为听说有反战同盟，所以一起投诚，受到反战同盟的欢迎，八路军对他们也很亲切，大家像兄弟。几天下来，他们认识到法西斯是全人类公敌，八路军是亲友，第七天就提出参加反战同盟[1]。

池田的这篇文章也说明了在华日人反战同盟在宣传中的作用，齐藤、西川投奔根据地，就是因为知道反战同盟的存在。当然，对于日军思乡心理最了解的是日人反战组织。由他们设计的传单、选择的宣传时间，都更加自然而"煽情"。插图2-20、2-21、2-22便是这一类传单。

选择时令节日进行宣传，效果是最好的，所谓"每逢佳节倍思亲"，日军士兵碰到日本的节日等，自然更加思乡。《晋察冀日报》在报道在华日人反战同盟晋察冀支部的活动时说："我们敌军工作的对象是日本士兵，他们是来自日本兵营的。所以，对我们敌军工作的方式上，曾提出不少珍贵的意见，比如在宣传品的内容上，过于原则化，说大道理的宣传品就不如浅显具体，寓于故乡调的更惹人注意。在樱花节对敌宣传品中，多数为他们执笔的，他们则采用了日本的许多旧形式，写上思念家乡的内容去，在散发的方式上，他们以为最好是能多多的往小据点中输送，很分散的散发，直接送到日本士兵中才能起更大的作用。"[2]

在樱花盛开的季节，送上樱花节的问候，同时附上宣传品，既能唤起思乡之情，又宣传了反战思想。除了樱花节，在新年、桃花节、端午节、盂兰盆节等，我方也会给日本士兵送去装有反战传单、宣传画

---

[1] 池田静子：《走向光明之路》，《晋察冀日报》1942年1月31日。原载日文《日军之友》第三期。
[2] 《十六个——在华日人反战同盟晋察冀支部剪影》，《晋察冀日报》1941年9月21日。

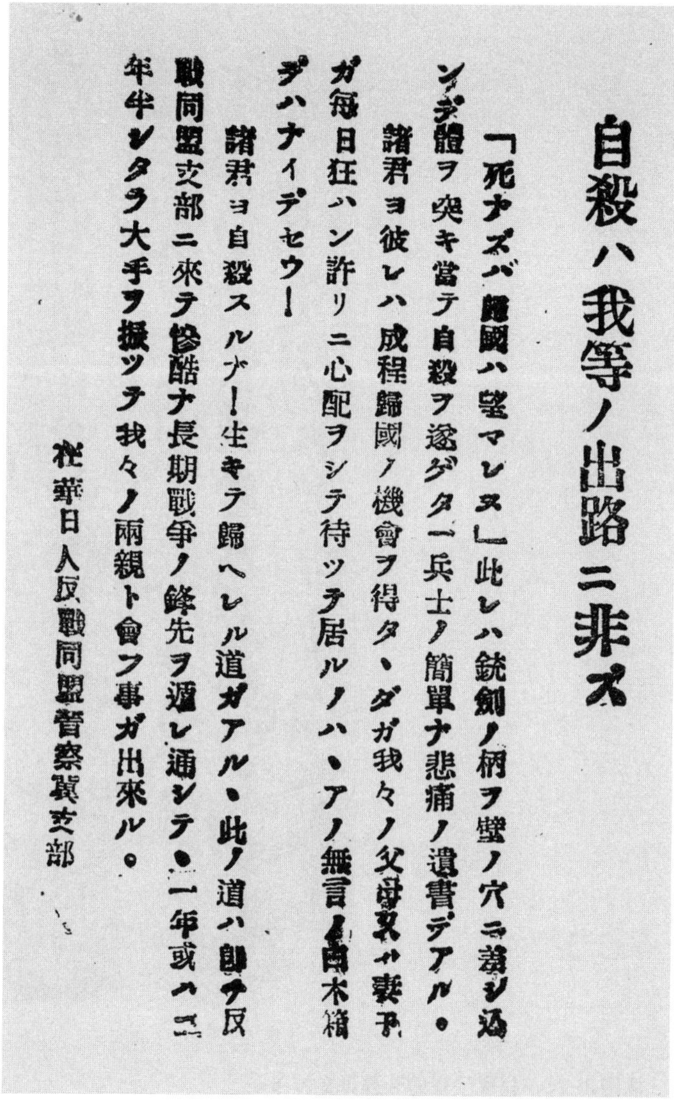
自殺ハ我等ノ出路ニ非ズ

「死ナズバ歸國ハ望マレヌ」此レハ銃劍ノ柄ヲ壁ノ穴ニ差シ込ンデ體ヲ突キ當テ自殺ヲ遂ゲタ一兵士ノ簡單ナ悲痛ノ遺書デアル。

諸君ヨ彼レハ成程歸國ノ機會ヲ得タ、ダガ我々ノ父母又ハ妻子ガ毎日狂ハン許リニ心配ヲシテ待ッテ居ルノハ、アノ無言ノ白木箱デハナイデセウ！

諸君ヨ自殺スルナ！生キテ歸ヘレル道ガアル、此ノ道ハ卽チ反戰同盟支部ニ來テ慘酷ナ長期戰爭ノ鋒先ヲ避レ通シテ、一年或ハ二年半シタラ大手ヲ振ッテ我々ノ兩親ト會フ事ガ出來ル。

在華日人反戰同盟晉察冀支部

插图2–20　在华日人反战同盟晋察冀支部的日文传单《自杀非我等出路》

主要内容：一自杀士兵的遗言：“不自杀归国无望。”各位父母妻儿每日都极其担心，但等待的不是骨灰盒。诸位有活着回去的路，那就是投奔反战同盟，远离残酷的长期战争。我们一定会与双亲再见。

制作时间不明

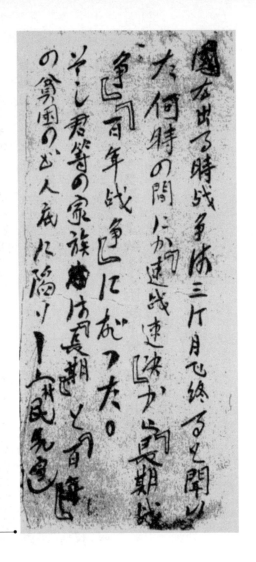

插图2-21　村民□宣的无题日文传单。

内容:"出国时听说战争三个月就结束,不知何时'速战速决'变成'长期战争''百年战争',而且诸位家人陷入'长期''百年'贫困深渊。"

制作时间:约1938年[1]

---

[1] 该传单为当年日军搜集后上报给参谋本部的,同一档案卷宗中的史料均为1938年,因此,应该是同一年的。

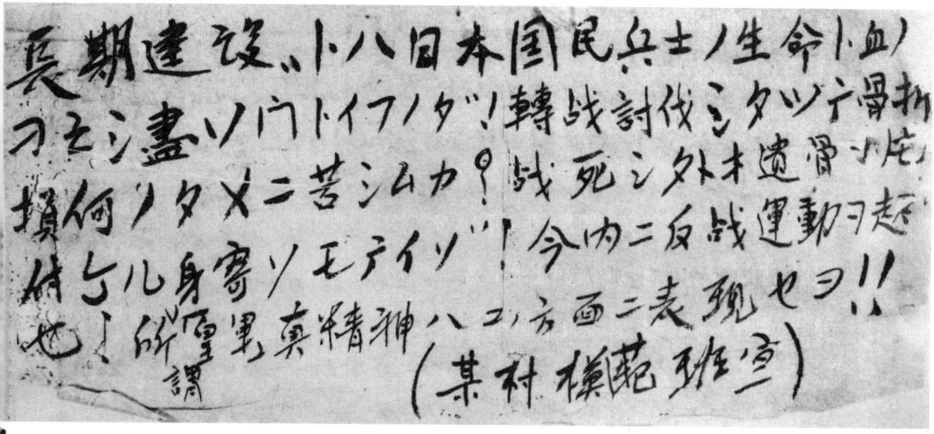

長期建設〃トハ日本国民兵士ノ生命ト血ノ
ヲ之ン盡ソウトイフノダ！轉战討伐ニタツテ骨折
損何ノタメニ苦シムカ？战死ニ外ホ遺骨ヲ拾
付ケル身寄リモナイゾ！今内ニ反战運動ヲ起セ
也！所謂皇軍真精神ハコノ方面ニ表現セヨ！！
（某村模範班宣）

插图2–22　某村模范班宣的无题日文传单

内容:“所谓长期建设就是耗尽日本国民士兵的生命和血！转战讨伐千辛万苦是为什么而受苦？战死时身边就连收拾的人都没有！现在就掀起反战运动吧！所谓‘皇军’真精神是表现在这方面！！”

制作时间：与插图2–21相同

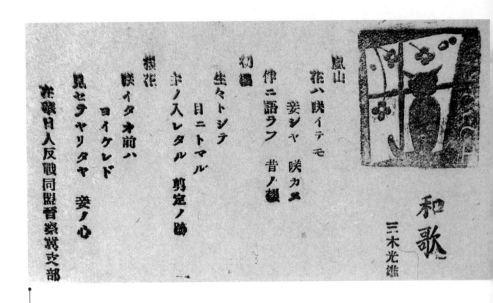

插图2-23　在华日人反战同盟晋察冀支部的日文传单《和歌》[1]

内容大意：一女子看到岚山盛开的樱花，而思念、挂念战场上的丈夫。图案中的花朵为樱花。制作时间不明

---

[1] 和歌：日本传统诗歌的一种形式。

的"礼物",在宣传品上写上思念亲人之语,画上一些具有日本节令特征的风物。插图2-23便是这种传单。

6. 揭露日军内部之黑暗

　　日军内部等级森严,官阶不同,待遇差异悬殊,下层士兵深受精神等方面压迫。如前所述,对于这一问题,八路军野战政治部敌工部在抗战初期已有注意,提出对敌宣传时"要根据敌军士兵的具体情形,特别是针对着敌人士兵的困难,例如出国后家庭生活的困难,行军的困难,粮食的困难,长官的压迫等特殊情形,给予特殊的宣传内容"。抗战进入相持阶段后,我方也要求宣传须"揭破敌军内部的压迫和黑暗,逐渐激动与增加日本士兵的厌战情绪转变为积极的反战"[1]。不过,在实际宣传中,"长官的压迫"并没有成为宣传的中心内容。

　　随着日军俘虏的增多,反战组织的壮大,这一宣传内容又渐渐受到重视,并且成为宣传的新突破口。因为通过揭露敌方内部矛盾,为日本士兵"说话",既能鼓动他们为争取自身权利而与军官斗争,由此引发敌人的内部矛盾,又能令其感情上接近我方。1942年8月,华北日本士兵代表大会和华北反战团体代表大会讨论制定的《日本士兵要求书》所提230项要求,则全面体现日本士兵对给养、军纪、教育、私刑、个人生活空间、军事行动、伤病员的处理、等级制度等方面的所有要求。这些要求代表了日军士兵的切身利益,用来做宣传材料,完全是在为日本士兵代言,自然深受欢迎。

---

[1] 《对敌伪顽的宣传工作》《中央宣传部关于反敌伪宣传工作的指示》,中国人民解放军政治学院编:《军队政治工作历史资料》,战士出版社,1982年,第七册第97、98,第六册第74页。

大会决定围绕这些要求展开宣传，利用日军内部存在的黑暗面，把"日本士兵在部队内从早到晚深切地感受到的物质上和精神上的痛苦、不满与要求，作为我们对敌军进行宣传的主要内容"[1]，"对于这些要求，所有日本士兵都深切地痛感着，即使敌军的长官也无法借口是'八路军的宣传'而轻易拒绝。同时为这些要求而发动士兵起来进行斗争，可能性较多而且大"，因为事实上日军士兵已经在为此斗争[2]。这种宣传虽然完全不直接包含反战内容，但可以激化日军士兵与军官、军方的潜在矛盾，引导他们从争取自身权利的斗争逐渐走向反战斗争，由此达到搅乱军心、从内部瓦解敌军的目的。

《日本士兵要求书》制定后，各反战组织根据《日本士兵要求书》的内容，结合本地具体实际情况，采用散发传单等各种方式广泛宣传，取得明显效果。1943年3月，野战政治部主任罗瑞卿对其评价是："这些日本士兵切身的要求，应是今天对敌宣传的主要内容，也是最能为敌军所接受的东西。而针对具体对象的宣传，又比一般的宣传有力。"[3]

1944年6月，中外记者考察团访问延安时，特地参观考察了日人反战组织的活动，认为它们的活动成果显著，编写散发的宣传品"内容都不是空洞的，反映了日本军队士兵的疾苦——他们的伙食、待遇、所需书报以及日本军队生活的典型罪过"[4]。以下插图均为这类传单。

---

[1]《日本士兵大会与反战大会的收获》，中国人民解放军政治学院编：《军队政治工作历史资料》第七册，战士出版社，1982年，第385页。
[2] 同上。
[3]《把日军工作提到更加重要的地位》，中国人民解放军政治学院编：《军队政治工作历史资料》第八册，战士出版社，1982年，第191页。
[4] 王庭岳：《在华日人反战运动史略》，河南人民出版社，1979年，第276页。

插图2-24 在华日本人民反战同盟晋察冀支部的日文传单《需要绝对反对的》

主要内容：一、反对战争的继续与扩大。二、反对讨伐北进。三、反对军队的压迫制度。四、反对无理的铁拳制裁。五、反对上级军官的欺瞒宣传。六、反对不人道的烧杀奸淫。七、反对虐杀八路军送回的战友。

制作时间不明

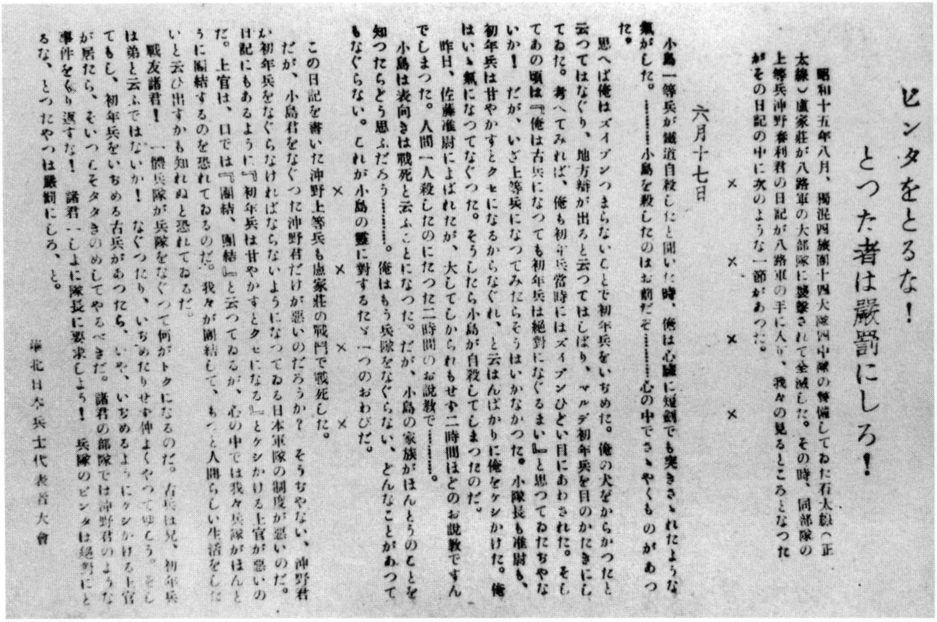

ビンタをとるな！
とつた者は嚴罰にしろ！

昭和十五年八月、掲涊四旅團十四大隊四中隊の警備してゐた有太線（正太線）盧家莊が八路軍の大部隊に襲撃されて全滅した。その時、同部隊の上等兵沖野春利君の日記が八路軍の手に入り、我々の見るところとなつたがその日記の中に次のような一節があつた。

× × ×

六月十七日

小島一等兵が鐵道自殺したと聞いた時、俺は心臟に短劍でも突き刺されたような氣がした。……小島を殺したのは此の朝の俺だ。

考へてみれば、俺も初年兵常時にはズイブンひどい目にあはされた。そしてあの頃には『俺は古兵になってもゼッタイこんなちゃないかな』と思ってゐたヂやないか。だが、いざ上等兵になってみたらそうはいかなかった。小島にも准尉、初年兵は甘やかすとクセになるからなと、俺はクセをなほしてやらうと思へばこそなぐった。そうしたら小島が自殺してしまつたのだ。

昨日、佐藤准尉によばれてなぐった。大してしからればせぬ二時間ほどのお説教でした。人間一人殺したのにたつた二時間ほどの説教ですんでしまう。これが小島の靈に対するお詫だ。俺はもう兵隊をなぐらない、どんなことがあっても。小島の家族がほんとうのことを知つたらどう思ふだらう。

× × ×

この日記を書いた沖野上等兵も盧家莊の戰鬪で戰死した。

右や……ない、沖野君だけが悪いのだらうか？そうヂやない、小島君をなぐらなければならないようになった日本軍隊の制度が悪いのだ。初年兵をいちめないと古兵にもクセがつくと云ふような上官もあるように、日では『團結、團結』と云ってゐるが、我々が團結するのを恐れてゐるのだ。云ふまでもなく初年兵をいちめるのが兵隊をなくってゐるのだ。

戰友諸君！……諸君の部隊にもいちめがあったら、いちめをなくって初年兵をいちめるような事件が居たら、さいつを夕タかれめしてやるべきだ。諸君の部隊にも沖野君のような事件が居たら、そいつを夕タかれめしてやるべきだ。兵隊のビンタを絕對になくす……と云ふやうに隊長に要求しよう！いと。

一體誰が兵隊をなぐってもトクになるのだ。兄は、初年兵は弟と云ふではないか！いちめをなくそう！戰友諸君！

華北日本兵士代表者大會

插图2-25　华北日本兵士代表大会的日文传单《不许扇耳光　严惩打人者》

主要内容：1940年8月，驻守石太线卢家庄的一个日军中队被八路军全歼。该部队上等兵冲野春利的日记被八路军获得。冲野6月17日的日记记载了被自己殴打的新兵自杀后的心境。传单编印者认为这种悲剧的根源是日本军队的制度，"战友诸君！……不要让冲野这样的事在各位部队再次发生！各位一起向队长要求！在部队绝对不打耳光，严惩打人者！"

制作时间：1942年8月以后

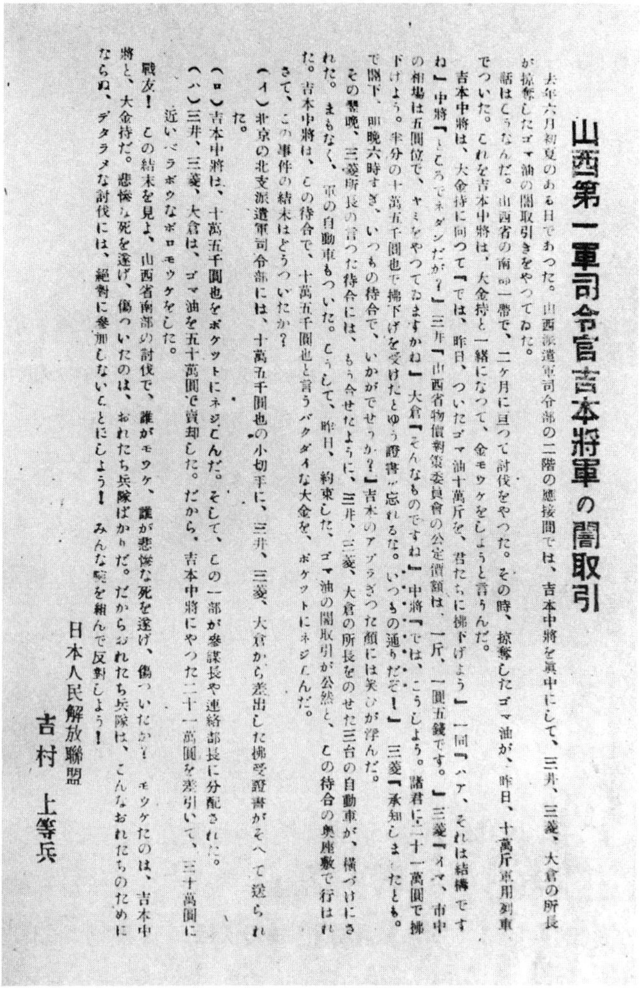

山西第一軍司令官吉本将軍の闇取引

去年六月初夏のある日であつた。山西派遣軍司令部の二階の應接間では、吉本中將を眞中にして、三井、三菱、大倉の所長が掠奪したゴマ油の闇取引きをやつてゐた。

話はこうなんだ。山西省の南部一帶で、二ヶ月に亘つて討伐をやつた。その時、掠奪したゴマ油が、昨日、十萬斤軍用列車でついた。これを吉本中將は、大金持と一緒になつて、金モウケをしようと言うんだ。

吉本中將は、大金持に向つて「では、昨日、ついたゴマ油十萬斤を、君たちに拂下げよう」一同「ハア、それは結構ですね」中將「ところでネダンだが？」三井「山西省物價對策委員會の公定價額は、一斤、一圓五錢です。」三菱「イマ、市中の相場は五圓位で、ヤミをやつてゐますかね」大倉「そんなものですね」中將「では、こうしよう。諸君に二十一萬圓で拂下げよう。半分の十萬五千圓也で拂下げを受けたとゆう證書ヶ忘れるな。いつもの通りだぞ！」三菱「承知しましたとも。で閣下、即晩六時すぎ、いつもの待合で、いかがでせうか？」吉木のアブラぎつた顔には笑ひが浮んだ。

その翌晩、三菱所長の言つた待合には、もう合せたように、三井、三菱、大倉の所長をのせた三台の自動車が、横づけにされた。まもなく、軍の自動車もついた。こうして、昨日、約束した、ゴマ油の闇取引が公然と、この待合の奥座敷で行はれた。吉本中將は、この待合で、十萬五千圓也と言うバクダイな大金を、ポケットにネジこんだ。

さて、この事件の結末はどうついたか？

（イ）北京の北支派遣軍司令部には、十萬五千圓也の小切手に、三井、三菱、大倉から差出した拂受證書がそへて送られた。

（ロ）吉本中將は、十萬五千圓也をポケットにネジこんだ。そして、この一部が參謀長や連絡部長に分配された。

（ハ）三井、三菱、大倉は、ゴマ油を五十萬圓で賣却した。だから、吉本中將にやつた二十一萬圓を差引いて、三十萬圓に近いベラボウなボロモウケをした。

戰友！この結末を見よ、山西省南部の討伐で、誰がモウケ、誰が悲慘な死を遂げ、傷ついたか？モウケたのは、吉本中將と、大金持だ。悲慘な死を遂げ、傷ついたのは、おれたち兵隊ばかりだ。だからおれたち兵隊は、こんなおれたちのためにならぬ、デタラメな討伐には、絶對に參加しないことにしよう！みんな腕を組んで反對しよう！

日本人民解放聯盟

吉村　上等兵

插图2–26　日本人民解放联盟吉村上等兵的日文传单《山西第一军司令官吉本将军的幕后交易》

主要内容：去年6月山西第一军司令官吉本中将在司令部与财阀三井、三菱、大仓在山西的负责人暗中交易经过讨伐掠夺来的麻油，将十万五千日元纳入私囊，财阀们也狂赚了近三十万日元。“战友！看看这结果，讨伐山西省南部，谁赚了钱？谁悲惨地死亡、负伤？”“因此，我们士兵绝对不要参加这种不为我们的无谓讨伐！大家团结起来反对！”

制作时间：1942年8月以后

二、针对伪军等的宣传

抗日战争全面爆发后,日军为了弥补兵员的不足,大力发展伪军,同时在沦陷区成立各级伪政府,组建各种伪组织,协助进行统治,企图以华制华。伪军、伪政府、伪组织则助桀为虐,成为中国抗战的巨大阻碍,是抗战武力打击、宣传瓦解的对象之一。

在对敌宣传工作上,我方十分注意策略,在制定对敌工作方针和政策时,鉴于伪军等的性质与特点,往往是把伪军和日军分开,区别对待,尽量团结、利用一切力量,以达到分化敌人、瓦解敌人、孤立日军的最佳效果。

抗战初期,中国共产党就开始研究对伪军的政治工作,如1938年4月八路军总部野战政治部敌工部研究认为:"伪军中绝对多数是东北的同胞,被反动的官长欺骗,及在日寇强迫之下,不得已来参加作战的军队。蒙军及各地伪军同样都是受了日寇的欺骗压迫来参加作战的。"显然,八路军把一般伪军士兵视为"同胞",认为他们是被欺骗逼迫加入的,因此要求采取适当有效的方法,争取他们,与我军联合一起打日寇。

野战政治部敌工部还针对伪军制定了宣传口号,主要是:(1)中国人不打中国人。(2)不做汉奸,不当亡国奴。(3)掉转枪口杀死压迫你们的日军军官。(4)"防共"是日寇灭亡中华民族的毒辣政策。(5)打倒共同的敌人——日本帝国主义[1]。

---

[1] 蔡前:《怎样做瓦解敌军的工作》,生活书店,1938年,第6、18、25页。

1939年10月八路军总政治部发布《关于敌伪军工作的训令》,以"训令"形式,进一步明确提出对伪军工作的方针,要求反正和瓦解并举,对能争取反正者争取之,尚不能者则瓦解其下层[1]。1940年7月,总政治部下发了《关于对伪军工作的指示》,向全军重申了对伪军工作的总方针,指出:"孤立日寇,使日寇不能组织强有力的伪军,对已有的伪军进行瓦解工作,削弱其战斗意志,争取伪军对抗日的同情与帮助,争取伪军反正,这是我们对伪军工作的总方针。"[2]

　　中央的方针政策在各根据地的落实情况可以通过边区模范晋察冀边区窥知一二。晋察冀边区政府1940年制定《中共中央北方分局关于晋察冀边区目前施政纲领》(即著名的《双十纲领》)时,将对敌伪的政治工作作为重要纲领纳入其中,要求"瓦解敌伪军,争取伪军反正,优待敌军俘虏"。有关伪军、汉奸财产,要依法没收罪大恶极的大汉奸的土地财产,而对一般汉奸、伪军官兵等的财产土地"不得宣布没收",对举家逃往敌占区的汉奸嫌疑犯的土地财产,"可由政府暂管,待其重回边区抗日时发还之"。《双十纲领》发布后,边区掀起了声势浩大的学习、宣传、贯彻活动,使得《纲领》家喻户晓,深入人心,由于给伪军、汉奸留下重新做人的充分后路,仁至义尽,对伪军、汉奸及其家属影响很大。插图2-27便是作为传单印发的《双十纲领》。

　　国民党方面也将伪军视为"同胞",认为他们是受胁迫不得已而为之。1938年8月13日,蒋介石在八一三事变一周年发表的《告沦陷

---

[1] 《关于敌伪军工作的训令》,中国人民解放军政治学院编:《军队政治工作历史资料》第四册,战士出版社,1982年,第586页。
[2] 《关于对伪军工作的指示》,中国人民解放军政治学院编:《军队政治工作历史资料》第五册,战士出版社,1982年,第234页。

插图2-27 《中共中央北方分局关于晋察冀边区目前施政纲领》的传单

制作时间：1940年8月后

区民众书》中,特地提到出身东北的伪军,称"尤其是东北的同胞们,受着敌人的威胁而来到前线的,我竭诚希望你们勇敢积极的有所表白",希望他们深明大义,趁机报仇雪恨,献身报国。指出:"只有反正才是你们的真正出路。"国民政府方面针对伪军等制定的各种政策,例如《伪军归顺工作方法》《归顺官兵奖励办法》等都是在此基础上形成的,对伪军的宣传,也是以此为基调。

有关我方对伪军等的宣传内容,前面已经有所述及(第一章)。就笔者掌握的传单而言,主要内容是宣讲各种政策,启发民族觉悟,宣传抗战形势,揭露敌伪矛盾。目的都在于动摇其军心,激化敌人内部矛盾,促使其厌战,直至倒戈反正,弃暗投明。

1. 宣讲各种政策

如前所述,国共双方都针对伪军等制定了相关政策,并且要求大力宣传。共产党及其领导的抗日武装在对伪军等进行军事打击的同时,始终以各种形式进行宣传,以便瓦解敌人,争取伪军等倒戈反正。插图2-28便是一例。

2. 启发民族觉悟

伪军、伪政府、伪团体人员都是中国人,除了极少数冥顽不化、丧尽天良的汉奸外,大部分人良心并未泯灭,如果加以宣传、开导、启迪,就有唤醒其良心的可能。

中国历史上不乏亡国的惨痛先例,亡国奴是最好的警示。中国历史上也不乏岳飞、文天祥等家喻户晓、脍炙人口的民族英雄,是中国人抵御外来侵略最好的楷模。这些作为宣传材料效果自不待言。

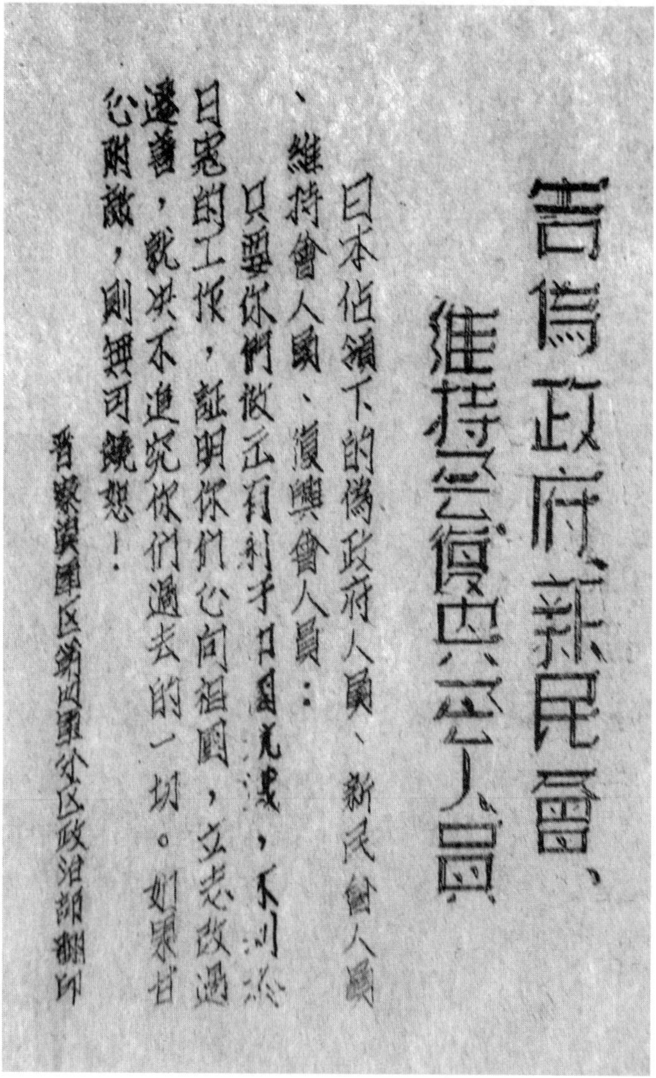

告伪政府、新民会、维持会、复兴会人员

日本佔领下的伪政府人员、新民会人员、维持会人员、复兴会人员：

只要你们做正有利于中国抗战，不利于日寇的工作，证明你们心向祖国，立志改过迁善，就决不追究你们过去的一切。如果甘心附敌，则决不饶恕！

晋察冀军区第四军分区政治部印

插图2-28　晋察冀军区第四军分区政治部的中文传单《告伪政府、新民会、维持会、复兴会人员》

主要内容：只要做出有利于中国抗战、不利于日寇的工作，立志改过从善，证明心向祖国，就既往不咎。如仍甘心附敌，则决不饶恕。

制作时间不明

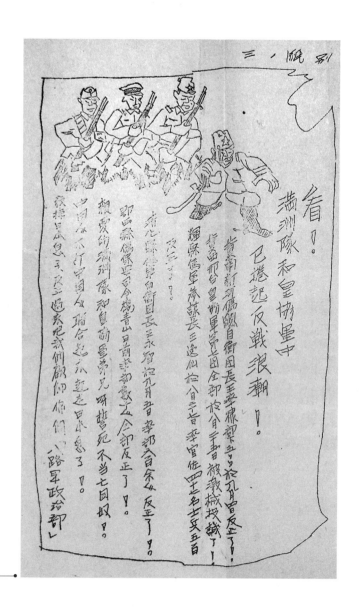

插图2-29　八路军政治部的中文传单《看！满洲队和皇协军中已卷起反战浪潮！》

主要内容：以具体时间、地点、人数，列举冀南、冀西等地伪军反正投降的事例，呼吁"亲爱的满洲队和皇协军的弟兄呀，誓死不当亡国奴！中国人不打中国人，联合起来赶走日本鬼子！""反正过来吧，我们欢迎你们。"

制作时间不明

插图2-30　晋察冀军区第四军分区政治部的中文传单，公开信形式

内容："伪军弟兄们：拿着敌人的刀，替敌人杀自己的兄弟姐妹，这真是一件罪恶的事情。不但对不起自己的祖先，也对不起自己，想一想，杀人赚了两只手血，为谁呢？"

制作时间：1942年7月左右（与插图2-57属于同一批传单）

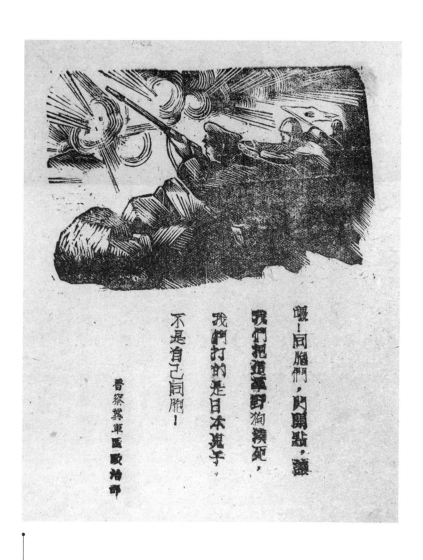

插图2-31 晋察冀军区政治部的中文传单，无题

内容:"喂！同胞们，闪开点","我们打的是日本鬼子，不是自己同胞！"

制作时间不明

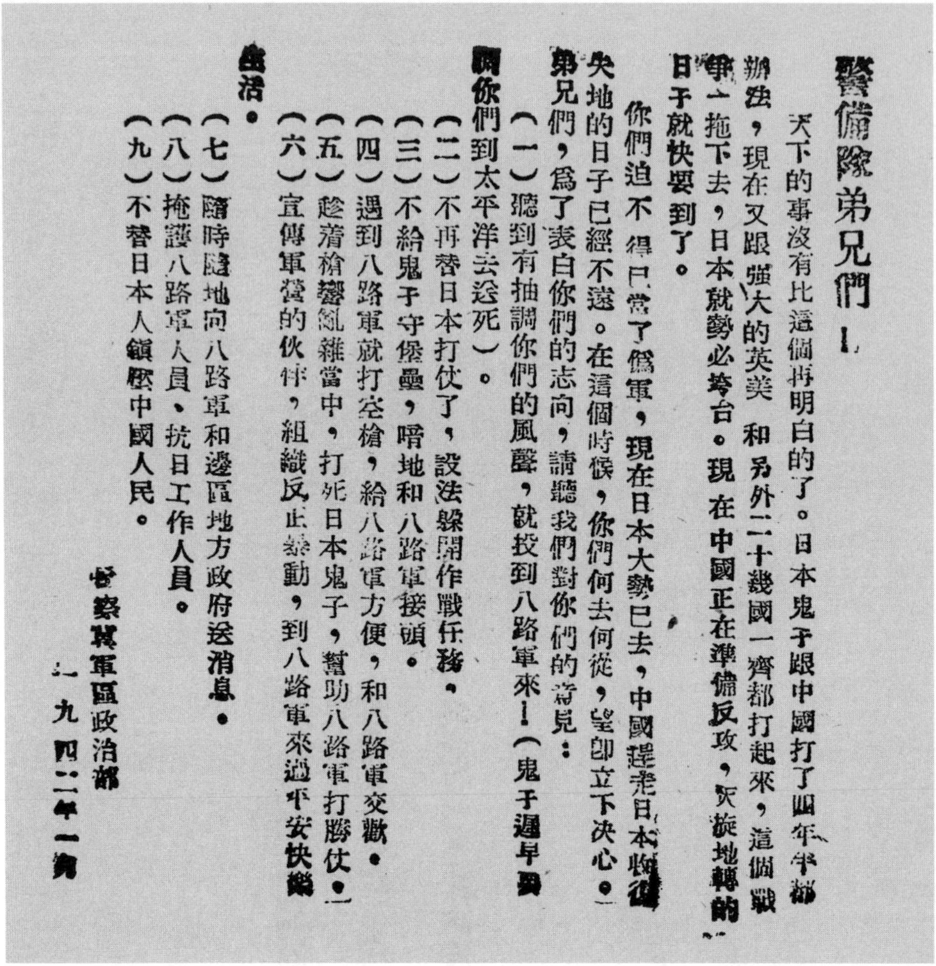

警備隊弟兄們！

天下的事沒有比這個再明白的了。日本鬼子跟中國打了四年半都沒法，現在又跟強大的英美和另外二十幾國一齊都打起來，這個戰爭一拖下去，日本就勢必垮台。現在中國正在準備反攻，天旋地轉的日子就快要到了。

弟兄們，為了表白你們的志向，請聽我們對你們的箴言：

（一）聽到有抽調你們的風聲，就投到八路軍來！（鬼子還早調你們到太平洋去送死）。

（二）不再替日本打仗了，設法躲開作戰任務。

（三）不給鬼子守堡壘，暗地和八路軍接頭。

（四）遇到八路軍就打空槍，給八路軍方便。

（五）趁着槍聲亂雜當中，打死日本鬼子，幫助八路軍打勝仗。

（六）宣傳軍營的伙伴，組織反正暴動，到八路軍來過平安快樂的日子。

（七）隨時隨地向八路軍和邊區地方政府送消息。

（八）掩護八路軍人員、抗日工作人員。

（九）不替日本人鎮壓中國人民。

你們迫不得已當了偽軍，現在日本大勢已去，中國趕走老日本必得失地的日子已經不遠。在這個時候，你們何去何從，望即立下決心。

晉察冀軍區政治部

一九四二年一月

插图2-32　晋察冀军区政治部的中文传单，公开信形式

主要内容：警备队弟兄们！形势很清楚，日本跟中国打了四年半，现在又跟强大的英美等二十多国开战，如此下去日本必败。中国正准备反攻，知道参加伪军是迫不得已，给予表白的机会，希望做到：听到调动消息就投八路。设法躲开战斗任务。不要替鬼子守炮楼，暗地与八路联系。遇到八路打空枪，提供方便。在战斗混乱时打死鬼子。联络伙伴暴动。向八路和边区送情报。掩护八路军和抗日人员。不替鬼子镇压中国人。

制作时间：1942年1月

插图2-33　晋察冀军区第四分区司令部、政治部的中文传单《纪念抗战五周年告伪军伪官书》

主要内容：日军三个月灭亡中国早已成幻想，抗战就要迎来第五年。日军挑起太平洋战争，想掠夺资源，得不偿失，损失惨重，最近又在中途岛惨败。而在欧洲战场德国已被苏联打得筋疲力尽，英美正准备开辟第二战场，德日气数已尽。中国的抗战力量一天天增强，而"诸君在日寇压迫下，过着牛马生活，且被驱使杀戮自己同胞"，"对不起国家民族"。"大丈夫应为救国家流芳千古"。"八路军非常同情你们，现在祖国就要反攻了，对于你们自己应该作长期打算，这正是你们出头的机会，如果能够马上乘机杀敌反正，投到祖国怀抱，我们非常欢迎，如果有种种原因不能马上脱身，就应该抱着'身在曹营心在汉'的心理，尽量帮助抗日工作，等待时机，再杀敌反正。你们只要现在不负祖国，祖国将来也绝不负你们。"传单上端为我军与伪军手拉手图案，下端为"杀敌　反正"文字的重复。

制作时间：1942年6月左右

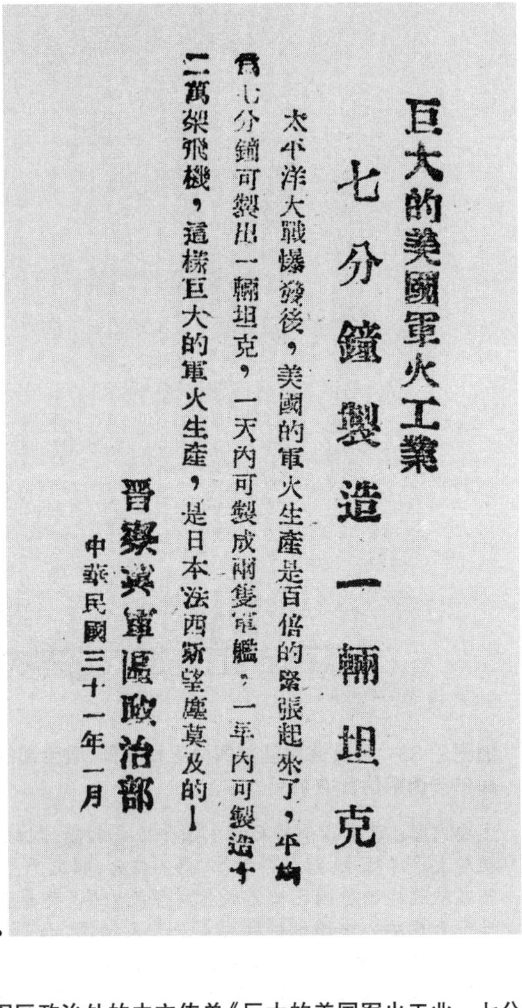

巨大的美國軍火工業

七分鐘製造一輛坦克

太平洋大戰爆發後，美國的軍火生產是百倍的緊張起來了，平均每七分鐘可製出一輛坦克，一天內可製成兩隻軍艦，一年內可製造十二萬架飛機，這樣巨大的軍火生產，是日本法西斯望塵莫及的！

晉察冀軍區政治部

中華民國三十一年一月

插图2–34　晋察冀军区政治处的中文传单《巨大的美国军火工业　七分钟制造一辆坦克》

主要内容：太平洋战争爆发后，美国军事工业迅速发展，平均七分钟可造一辆坦克，一天可造两艘军舰，一年可造12万架飞机。这种巨大生产力是日本望尘莫及的。

制作时间：1942年1月

插图 2-35　晋察冀军区第四军分区政治部的中文传单，公开信形式

内容："伪军弟兄们：今年打败德国，明年就打败日本，你们快些和八路军抗日政府秘密接好关系，取得联系，暗中帮助抗日工作，给自己将来留个退身之地。你们也知道中国一反攻，鬼子一退走东洋，你们哪里去呢？"

制作时间：1942年7月左右（与插图2-57属于同一批传单）

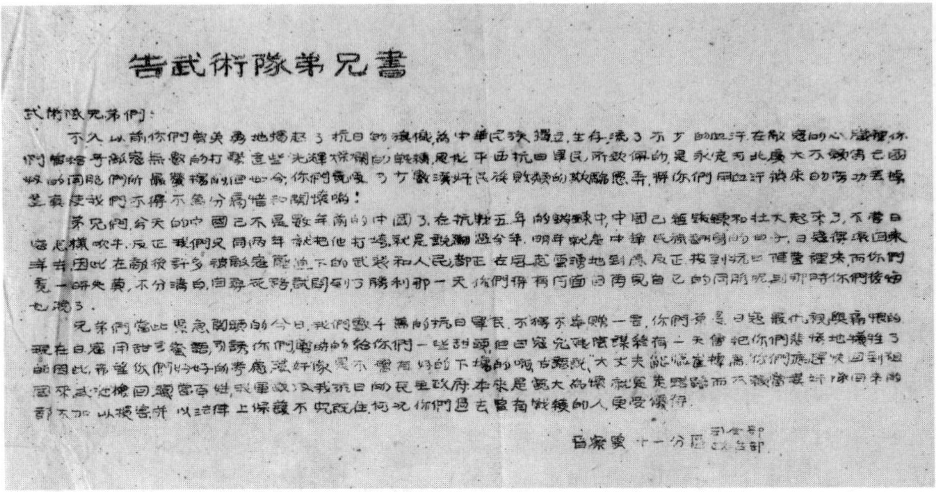

告武術隊弟兄書

武術隊兄弟們：

不久以前你們曾英勇地揭起了抗日的旗幟，為中華民族獨立生存流了不少的血汗，在敵寇的心臟裡你們曾給予敵寇無數的打擊，這些光輝燦爛的戰績，是北平西抗日軍民所欽佩的，是永定河北廣大不願做亡國奴的同胞們所最讚揚的。但如今你們竟受了少數漢奸民族敗類的欺騙愚弄，將你們用血汗換來的功勞丟掉，這真使我們不得不萬分痛惜和關懷的！

弟兄們，今天的中國已不是數年前的中國了，在抗戰五年的鍛鍊中，中國已經鍛鍊和壯大起來了，不是日寇大模吹牛，反正我們只用兩年就把他打垮，就是說還剩今年，明年就是中華民族翻身的日子，日寇得滾回東洋去，因此在敵後許多被敵寇壓迫下的武裝和人民都在眾志紛紛地剷除反正，投到抗日陣營裡來，而你們竟一時失策，不分清白，自尋死路，試問到了勝利那一天你們將有何面目再見自己的同胞呢？到那時你們後悔也遲了。

兄弟們，當此緊急關頭的今日，我們數千萬的抗日軍民不得不奉贈一言，你們須知日寇最仇視與痛恨的，現在日寇用甜言蜜語引誘你們，暫時的給你們一些甜頭，但日寇兇殘陰謀終有一天會把你們悲慘地犧牲了的，因此希望你們好好的考慮，漢奸隊是不會有好的下場的啊！古話說，大丈夫能屈能伸，你們應趕快回到祖國來，武裝回還，留著槍回歸百姓，我軍政及我抗日的民主政府本來是寬大為懷，就是先既往而不咎，當漢奸隊回來的都不加以損害，並以法律上保證不究既往，何況你們過去曾有戰績的人，更受優待。

晉察冀十一分區 司令部 政治部

插图2–36　晋察冀十一分区司令部、政治部的中文传单《告武术队兄弟书》，公开信形式

主要内容：回顾过去，武术队在敌人心脏地区举起抗日大旗，令永定民众钦佩，现在却受少数汉奸欺骗，令人万分痛惜。现在的中国已不是以前的中国，在抗战五年中，中国越来越壮大，只要两年就能打败日寇，伪军们在此形势下纷纷反正，而武术队却背道而驰，到了胜利之日有何面目见自己的同胞？“希望你们好好的考虑，汉奸队是不会有好的下场的啊。”“你们应赶快回到祖国来”，“保证不究既往”。

背景：1942年4月10日平郊地方的武术队向敌人投降[1]。

制作时间：1942年（据文中内容推断）

---

[1] 有关此处武术队投敌事件，详见“武术队投敌的报告”（1942年5月13日），中共北京市委党史研究室编：《北京地区抗日运动史料汇编》第六辑，北京燕山出版社，2001年。

当然,即使仅仅以"中国人不打中国人"这一简单的口号,以兄弟手足之情来宣传,也足以取得一定的效果。国共双方在针对伪军工作的各种指示、规定,例如八路军总政治部的《关于确定抗战之政治工作方针及组织案》、新四军的《敌军政治工作纲要》、国民政府军事委员会政治部的《伪军归顺工作方法》等中都要求充分利用这一点进行宣传。插图2-29至2-31均为这一类传单。

3. 宣传抗战形势

我方利用各种于我有利的消息加以宣传,通过分析国内外形势,帮助伪军等认清前途,形成日军必败、中国必胜的心理,以动摇其军心,瓦解其士气,鼓励其投诚反正。这类传单在太平洋战争爆发后非常多。插图2-32至2-36都是这样的内容。

4. 揭露敌伪矛盾

伪军等在日军眼中只是傀儡和炮灰,地位低,待遇差,毫无尊严。通过宣传使其认清自己当炮灰、替死鬼的地位和身份,可以引起不满,在敌伪之间"制造"矛盾,促使其消极怠战,直至倒戈反正。我方在制定对伪军宣传方针时,充分考虑到这一点,例如1941年野政发出的《关于加强伪军工作的指示》、中共中央宣传部发出的《关于反敌伪宣传工作的指示》、国民政府军政部的《伪军归顺工作方法》等都要求就此展开宣传等工作。插图2-37至2-40以及插图3-25便是这类传单。

插图2-37　晋察冀军区第四军分区政治部的中文传单,公开信形式

内容:"伪军弟兄们:你们有种种困难,才当了这下贱的伪军,我们是知道的,只要你们不忘祖国,不真心真意的帮助鬼子,暗暗帮助抗日工作,找机会杀敌反正,你们还是中华好男儿!"

制作时间:1942年7月左右(与插图2-57属于同一批传单)

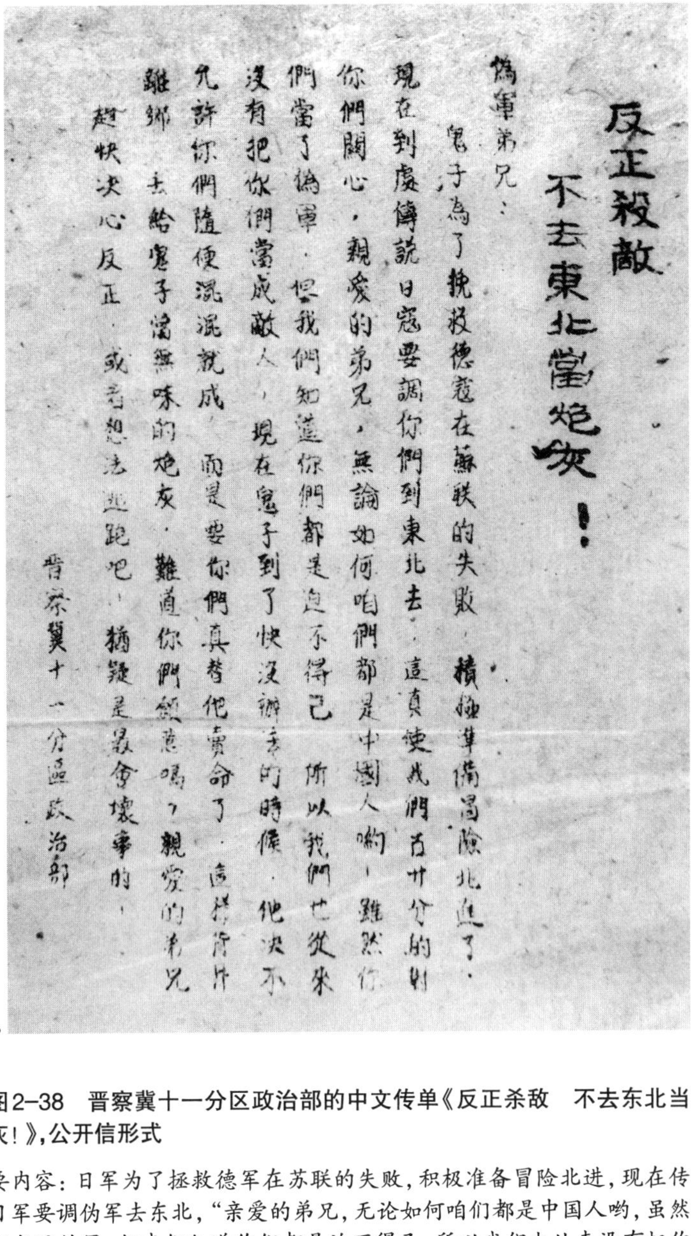
反正殺敵　不去東北當炮灰！

偽軍弟兄：

鬼子為了挽救德寇在蘇联的失敗，積極準備冒險北進了。現在到處傳說日寇要調你們到東北去，這真使我們為十分的替你們關心，親愛的弟兄，無論如何咱們都是中國人喲，雖然你們當了偽軍，但我們知道你們都是迫不得已，所以我們也從來沒有把你們當成敵人，現在鬼子到了快沒辦法的時候，他決不允許你們隨便混混就成，而是要你們真替他賣命了，這樣背井離鄉去給鬼子當無味的炮灰，難道你們願意嗎？親愛的弟兄趕快決心反正，或者想法逃跑吧，猶疑是最會壞事的。

晉察冀十一分區政治部

插图2–38　晋察冀十一分区政治部的中文传单《反正杀敌　不去东北当炮灰！》，公开信形式

主要内容：日军为了拯救德军在苏联的失败，积极准备冒险北进，现在传说日军要调伪军去东北，“亲爱的弟兄，无论如何咱们都是中国人哟，虽然你们当了伪军，但我们知道你们都是迫不得已，所以我们也从来没有把你们当成敌人”，现在要被日寇送到东北当炮灰，“难道你们愿意吗？亲爱的弟兄们赶快决心反正，或者想法逃跑吧，犹疑是最会坏事的”。

制作时间不明

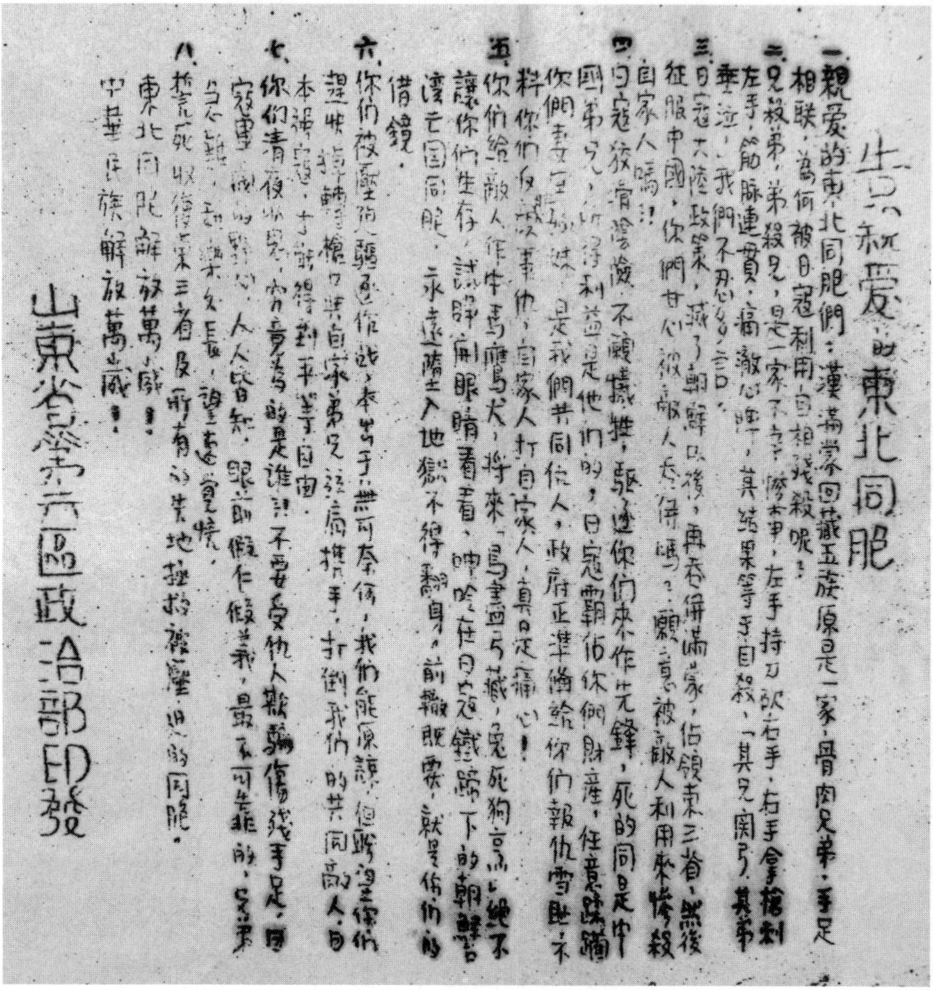

告親愛的東北同胞

一、親愛的東北同胞們：漢滿蒙回藏五族原是一家，骨肉兄弟，手足相联，為何被日寇利用自相殘殺呢？

二、兄殺弟，弟殺兄，是一家不幸的慘事，左手持刀砍右手，右手拿槍刺左手，筋脉連貫，痛澈心肺，其結果等于自殺，[illegible]其弟垂泣，我們不忍多言。

三、日寇大陸政策，滅了朝鮮以後，再吞併滿蒙，佔領東三省，然後征服中國，你們甘心被敵人吞併嗎？願意被敵人利用來慘殺自家人嗎？！

四、日寇狡滑陰險，不顧犧牲，驅逐你們來作先鋒，死的同是中國弟兄，所得利益是他們的，日寇霸佔你們財產，任意蹂躏你們妻女姊妹，是我們共同仇人，政府正準備給你們報仇雪恥，不料你們反[illegible]，自家人打自家人，真是痛心！

五、你們給敵人作牛馬鷹犬，將來「鳥盡弓藏，兔死狗烹」，絕不讓你們生存，試睜開眼睛看看，呻吟在日寇鐵蹄下的朝鮮台灣亡国同胞，永遠陷入地獄不得翻身，前轍既覆，就是你們的借鏡。

六、你們被壓迫驅逐作戰，本出于無可奈何，我們能原諒，但盼望你們覺悟，掉轉槍口與自家弟兄並肩携手，打倒我們的共同敵人，日本強盜，才能得到平等自由。

七、你們清夜[illegible]，究竟為的是誰？不要受仇人欺騙傷殘手足，日寇[illegible]的野心，人人皆知，眼前假仁假義，最不可靠的，[illegible]，望速覺悟。

八、誓死收復東三省及所有的失地，拯救被壓迫的同胞。

東北同胞解放萬歲！

中華民族解放萬歲！

山東省第六區政治部印發

插图2–39　山东省第六区政治部的中文传单《告亲爱的东北同胞》，公开信形式

主要内容：（1）汉满蒙回藏原是骨肉相连，为何被日寇利用自相残杀？（2）骨肉残杀亲者痛！（3）日寇的大陆政策正步步得逞，不能被日寇利用来吞并中国。（4）日寇让你们当炮灰，却在抢夺你们的财产，霸占你们的姐妹妻女，是我们的共同敌人。（5）日寇一旦得逞，鸟尽弓藏，你们亡国奴的日子不好过。（6）知道大家是被迫当兵，我们能原谅，希望调转枪口一起抗日，获得平等自由。（7）希望好好想想究竟是为谁打仗，不要上当。（8）誓死收复东三省，解救同胞！东北同胞解放万岁！中华民族解放万岁！

制作时间不明

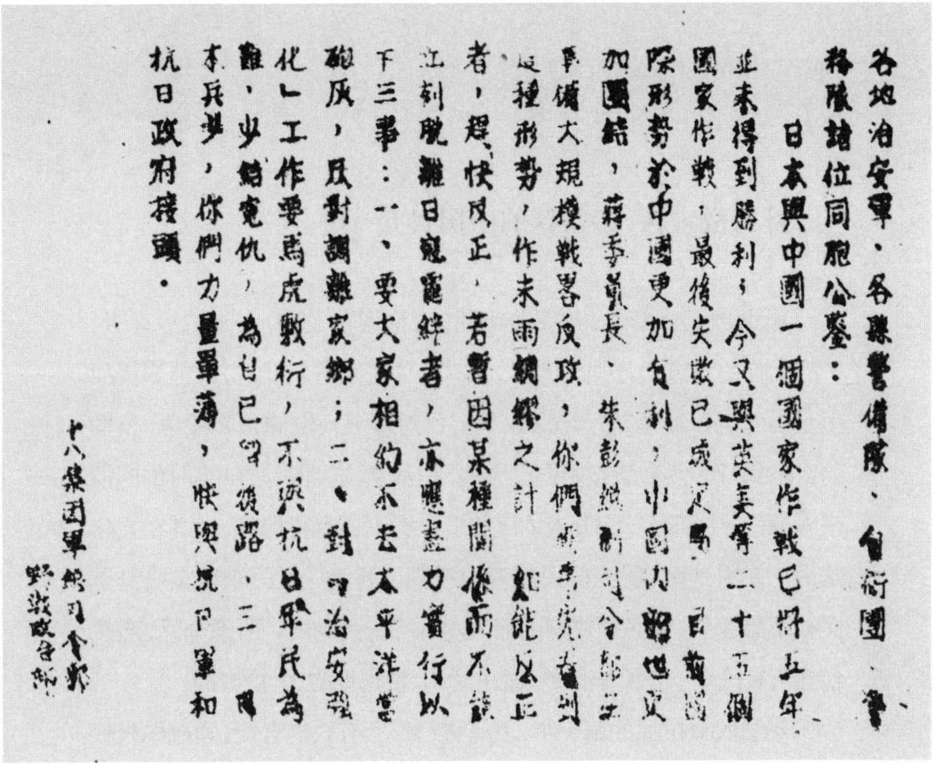

各地治安軍、各縣警備隊、自衛團、
警隊諸位同胞公鑒：

日本與中國一個國家作戰已將五年，
並未得到勝利；今又與英美等二十五個
國家作戰，最後失敗已成定局，中國
隊形勢於中國更加有利，小日即將滅亡
加團結，蔣委員長、朱彭總副司令統率
軍備大規模戰略反攻，你們年資老到
返種形勢，作未雨綢繆之計，如能反正
者，趕快反正，若暫因某種關係而不能
江割脫離日寇羈絆者，亦懸盡力實行以
下三事：一、要大家相約不去太平洋當
砲灰，及對調離家鄉，不與抗日軍民為
化"工作要為虎敷衍，不與抗日軍民為
難，少結寃仇，為日已留後路；三、同
李兵等，你們力量單薄，慨與就已軍和
抗日政府接頭。

十八集團軍總司令部
野戰政治部

插图2-40 十八集团军总司令部野战政治部的中文传单，无题，公开信形式

主要内容："各地治安军、各县警备队、自卫团、警务队诸位同胞公鉴：日本与中国一个国家作战已将五年，并未得到胜利，今又与英美等二十五个国家作战，最后失败已成定局。"现在我方正准备战略反攻，"你们应……作未雨绸缪之计，若能反正者，赶快反正"，因故不能者，应尽力做到以下三点：反对去太平洋当炮灰，拒绝调动；对于"治安强化"工作敷衍了事；与抗日军队、政府接头。

制作时间：1942年7月后

三、针对敌占区、游击区的中国民众

所谓地无分南北,年无分老幼,无论何人,皆有守土抗战之责。抗战面临的日寇十分强大凶悍,只有全体民众奋起抵抗,才能赢得战争。虽然抗日战争是一场保家卫国反对外来入侵的正义战争,日军的侵略暴行必然会激起中国民众的自卫和反抗,但是,从当时的国情来看,民众中相当一部分人的民族危亡意识还有待提高,尤其在文化落后的农村地区,民众的民族意识模糊。要使广大民众自觉投身于民族革命战争,就必须普遍而深入地进行全民动员。所谓全民,当然包括所有民众——沦陷区的、游击区的、根据地的、大后方的。

动员民众抗战的第一步,就是进行广泛有效的宣传,唤起民族救亡意识,激起保家卫国的抗日意识。如前所述,在八路军、新四军建立的抗日根据地,由中国共产党领导的抗战动员运动形式丰富多样,持久深入,卓有成效。在国民党控制地区,各级党政军机关在国民党中央宣传部、国民军事委员政治部第三厅、文化工作委员会等领导下,也对民众实施过包括"国民精神总动员"这种大规模的抗战动员运动,取得了一定成效。

对于我方而言,最困难的也是最迫切需要的是对游击区、沦陷区民众的宣传。说最困难是因为与在我方控制区可以使用各种有效手段轰轰烈烈宣传相比,在游击区、沦陷区只能靠秘密宣传,危险性大,手段和规模十分有限。说迫切需要,因为那里的民众受毒害最重,最需要得到准确的信息,最需要获得精神支持和鼓励。七七事变后,日军每占领一地就派出所谓的"宣抚班",以建立和稳固长期统治为目的，对沦陷区、我方游击区民众实施怀柔政策，采取种种手段，大肆进行欺骗性、愚民性宣传，颠倒是非，造谣惑众，消弭沦陷区民众的抗日斗志，灌输"良民""顺民"思想。为了加强思想宣传效果，日军还在沦陷区建立新民会、大民会等形形色色的汉奸组织从事政治宣传等活动。这些汉奸组织助纣为虐，在沦陷区替日寇的各种侵华政策摇旗呐喊，为日本的侵略政策服务，从思想上毒害民众[1]。可以说这些组织便是日军在宣传战中建立的伪军。面对日伪宣传上的"狂轰滥炸"，加上沦陷区信息流通渠道完全被封锁，民众无法从外界获得准确消息，很容易被日伪的宣传击倒。如前所述，日军在华北实施"治安强化运动"时，军事行动与思想宣传同时进行，使得不少人思想混乱、消沉，甚至对抗战前途产生了动摇。

因此，我方需要与敌人针锋相对，进行宣传，随时揭露日军的侵略奴化政策和各种阴谋，揭露日本侵略者的野蛮暴行，帮助民众认清形势，唤起民众的爱国热情，激励民众投身抗战，树立胜利信心，真正实现全民抗战。就笔者收集到的传单而言，宣传内容也主要集中在以下方面：（1）揭露日军的残暴罪行。（2）揭露日军各种侵华政策。（3）动员民众组织起来抗战，不做汉奸亡国奴。（4）宣传有利形势。

1. 揭露日军的残暴罪行

日军侵略中国后，烧杀抢掠，无恶不作。为了掩盖犯下的滔天罪行，骗取民心，美化侵华战争，一直有组织、有计划地对沦陷区民众实

---

[1] 有关新民会、大民会等汉奸组织的宣传活动，可参见张洪祥等：《抗战时期华北沦陷区的新民会》，《史学月刊》1999年第5期。邵雍：《大民会的来龙去脉》，《档案与史学》2003年第6期。刘洁：《抗战初期华东沦陷区伪组织大民会考论》，《民国档案》总第126期，2016年。

施思想战、宣传战,只有彻底揭露日军侵华暴行,才能激发民众的敌忾心,点燃民众的复仇火焰,才能打破敌人欺骗民众的伪宣传,使民众彻底认清其本来面目。

正如中国共产党领导人毛泽东将所说,"人民的大多数,是从敌人的炮火和飞机炸弹那里得到消息的。这也是一种动员,但这是敌人替我们做的,不是我们自己做的"[1]。敌人的枪声、暴行能够唤起民众自觉参加到保家卫国革命战争中去。八路军将暴露敌人的残暴行为作为对民众宣传鼓动的中心内容之一[2]。国民党中央执行委员会宣传部在抗战初期发行的《民众应该如何抗战》、军事委员会制定的《对沦陷区域民众宣传纲要》都要求向本国国民说明敌之残忍,使得一般民众增加仇敌心理。插图2-41至2-44都属于这类传单。

2. 揭露日军各种侵华政策

日军在占领区一直实施各种政治、经济、文化等政策,为建立和稳固殖民统治服务。为了顺利推行其政策,日军动用各种宣传工具加以大肆宣传,欺骗民众。及时揭露日军各种侵华政策及其阴谋,帮助民众认清本质,提高觉悟,不被敌人的宣传所蒙蔽,引导民众展开斗争,是我方宣传的主要内容。

以日军的劳工、壮丁政策为例,为了"以战养战",日军在沦陷区不仅大肆掠夺财物,而且以强迫和诱骗的方式使得大批青壮年当伪军、劳力。华北沦陷区便深受其害。从1937年至1945年2月,日军从华北诱骗、劫掠劳工总数达660余万人,伴随家属213万余人,两者总

---

[1] 《毛泽东选集》第二卷,人民出版社,1991年,第480页。
[2] 肖向荣:《抗战来八路军宣传工作的检讨》,《八路军军政杂志》1939年第7期。

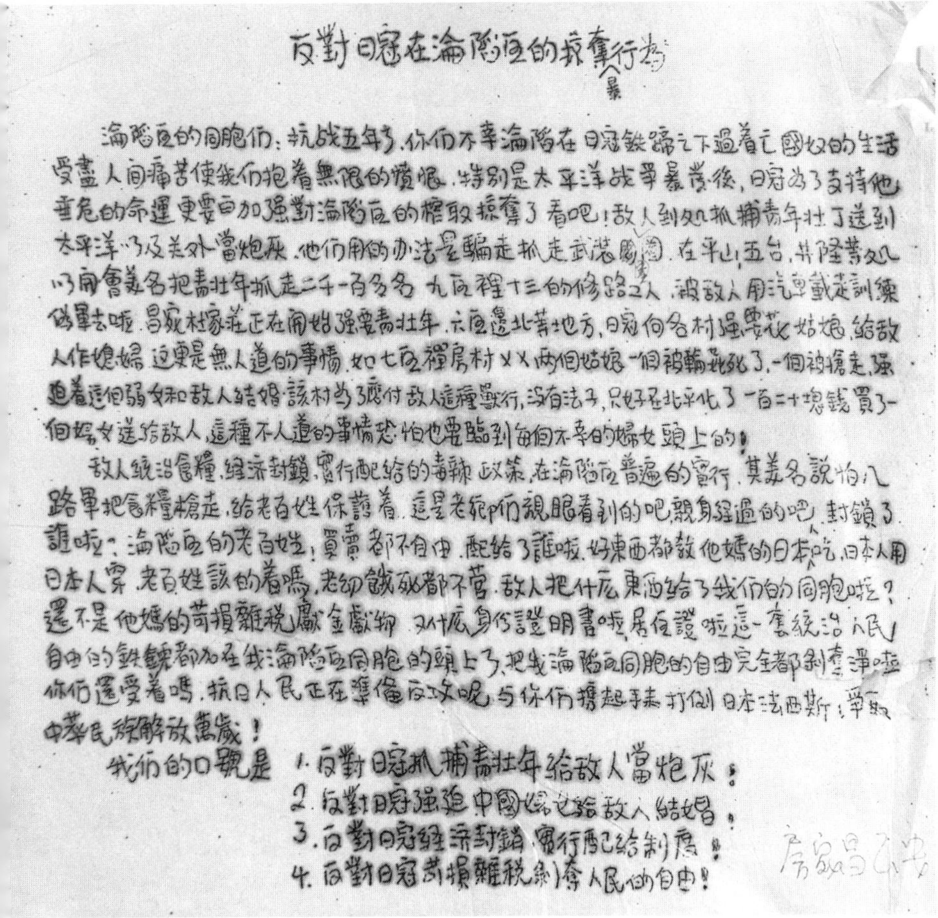

反對日寇在淪陷區的掠奪行為

淪陷區的同胞們，抗戰五年了，你們不幸淪陷在日寇鐵蹄之下過着亡國奴的生活，受盡人間痛苦使我們抱着無限的憤恨。特別是太平洋戰爭爆發後，日寇為了支持他垂危的命運更要更加強對淪陷區的榨取掠奪了。看吧！敵人到處抓捕青年壯丁送到太平洋上及關外當炮灰。他們用的辦法是騙走抓走武裝圖圈。在平山、五台、井陘等處以開會為名把青壯年抓走二千一百多名，九匯程十三的修路工人被敵人用汽車載送訓練做軍夫啦。昌家村家莊正在開始強要青壯年，示威這北岳地方，日寇向各村強要花姑娘給敵人作媳婦這更是無人道的事情。如七匯程房村××兩個姑娘一個被輪死了一個被搶走強迫這個弱女跟敵人結婚。該村為了應付敵人這種獸行沒有法子，只好在北平化了一百二十塊錢買了一個婦女送給敵人，這種不人道的事情怕也要臨到每個不幸的婦女頭上的。

敵人鈑治信種，經濟封鎖，實行配給的毒辣政策，在淪陷區普遍的實行，其美名說怕八路軍把食糧搶走，給老百姓保護着，這是老爬們親眼看到的吧，親身經過的吧，封鎖了誰呀，淪陷區的老百姓，買賣都不由，配給了誰啦，好東西都給他媽的日本吃，日本人用日本人穿，老百姓該着嗎，走卻餓死都不管，敵人把什麼東西給了我們的同胞啦？還不是他媽的苛捐雜稅獻金獻物，以及隨身份證明書啦，居住證啦，這一套統治人民自由的鐵鎖都加在我淪陷區同胞的頭上了，把我淪陷區同胞的自由完全都剝奪淨啦，你們還受着嗎，抗日人民正在準備反攻呢，与你們携起手來打倒日本法西斯！爭取中華民族解放萬歲！

我們的口號是
1. 反對日寇抓捕青壯年給敵人當炮灰；
2. 反對日寇強迫中國婦女給敵人結婚；
3. 反對日寇經濟封鎖，實行配給制度；
4. 反對日寇苛捐雜稅剝奪人民的自由！

插图2-41 制作者不明，中文传单《反对日寇在沦陷区的掠夺行为》

主要内容："沦陷区同胞们：抗战五年了，你们不幸沦陷在日寇铁蹄之下过着亡国奴的生活，受尽人间痛苦，使我们抱着无限的愤怒。"太平洋战争爆发后，日寇疯狂到处抓壮丁当炮灰，抓妇女供奸淫，以经济封锁和配给制度来掠夺物资。号召反对日寇抓捕青壮年给敌人当炮灰。反对日寇经济封锁，实行配给制度，反对日寇苛捐杂税，剥夺人民的自由。

制作时间：1942年7月后

插图2-42　□□政治部教育科的中文传单,漫画形式

内容:"敌人暴行之三　鬼子迫我白头老翁运子弹。"

制作时间不明

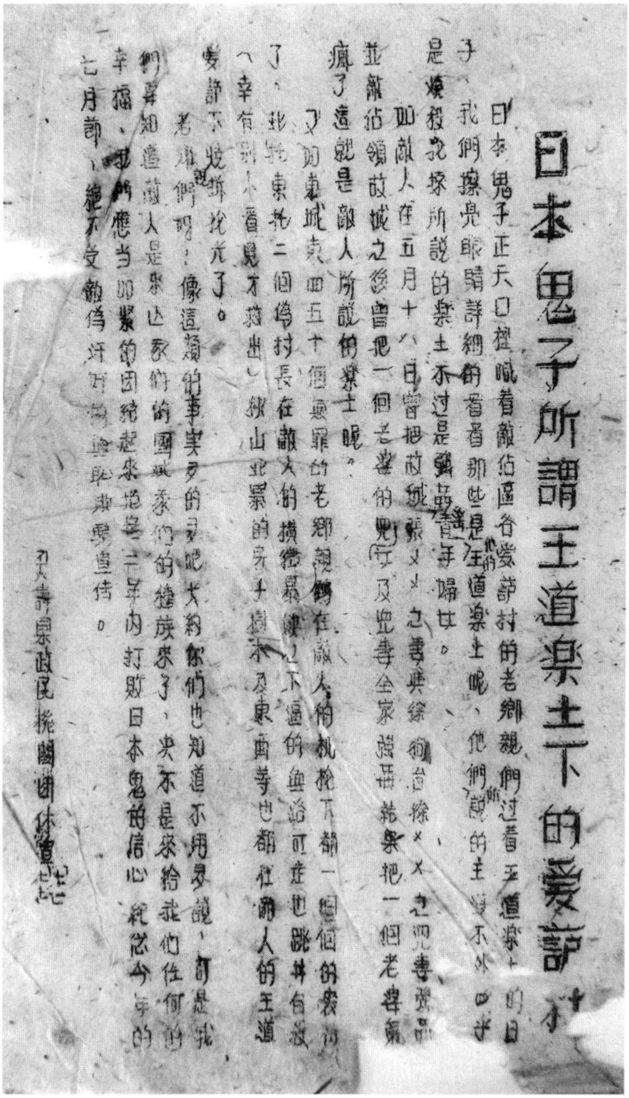

插图2-43　灵寿县政民机关团体的中文传单《日本鬼子所谓王道乐土下的爱护村》

主要内容：日寇嘴上天天喊着敌占区"爱护村"是王道乐土，但所谓王道乐土就是烧杀强奸。以具体时间地点列举日寇烧杀强奸的事实，号召民众团结起来，树立两年内打败日寇的信心。

制作时间不明

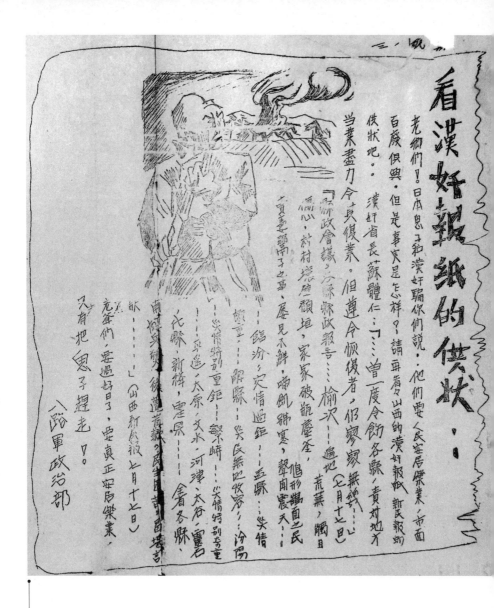

插图2-44 八路军政治部的中文传单《看汉奸报纸的供状》

主要内容:"老乡们!日本鬼子和汉奸骗你们说,他们要人民安居乐业,市面百废俱兴",而汉奸报纸《新民报》所载汉奸省长苏体仁的讲话,却暴露出敌占区各地人民饥寒交迫,"村村坏壁颓垣,家家破瓶尘釜"的景象。"老爷们,要过好日子","只有把鬼子赶走"!

制作时间不明

计873万余人。他们被送至东北、蒙疆地区、华中甚至日本做劳工[1]。

针对日军抓捕、诱骗强壮年当伪军、劳工的阴谋,我方一直利用各种机会给予揭露。例如,1940年1月,针对各地伪军增加的趋势,野政后发布《野政关于加强伪军工作的指示》,要求广泛宣传,使民众知晓日寇抓壮丁的阴谋,形成反对当伪军热潮,动员敌占区青年逃避抽丁,来根据地参加抗日。1941年8月野战政治部针对敌人抓壮丁情形日益严重,再次发出《野战政治部关于破坏敌人抓青年壮丁的指示》,要求通过贴布告、发传单、写信等手段组织和号召敌占区青年到根据地来,向敌占区青年揭露敌人的阴谋,宣传我党主张和根据地情况,吸引青年[2]。插图2-45至2-51就是我方针对日军各种政策的传单。

3. 激起民众爱国心,动员民众抗战

宣传政府抗战救国决心,号召民众不做汉奸,不当亡国奴,有钱出钱,有力出力,培养民族英雄意识,鼓励彻底抗战,是我方常见的也是最容易打动人心的宣传内容。

如前所述,七七事变后,"实施全国人民的总动员""动员一切力量争取抗战的胜利"是中国共产党的中心任务,中国共产党及时提出了《抗日救国十大纲领》,号召有钱出钱,有力出力,动员全民抗战(插图2-52)。国民党方面也制定了诸如《国民精神总动员纲领》等文件,要求唤起民众的爱国热情,动员民众抗战,在国统区,政府甚至在纸币上盖上了"抗日救国""肃清汉奸"等词语,使得流动的纸币成为无处不在的特殊

---

[1] 详见居之芬:《抗战时期日本对华北沦陷区劳工的劫掠和摧残》,《中共党史研究》1994年第4期。
[2] 《野战政治部关于破坏敌人抓青年壮丁的指示》,中国人民解放军政治学院编:《军队政治工作历史资料》第五册,战士出版社,1982年,第463页。

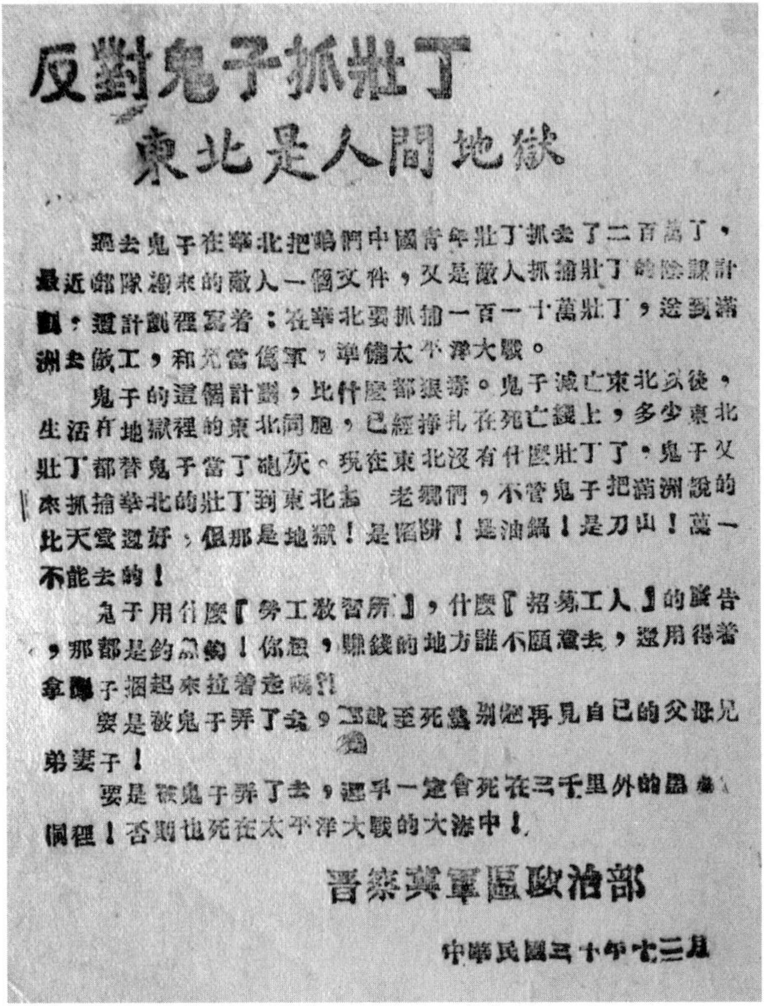

反對鬼子抓壯丁

東北是人間地獄

過去鬼子在華北把咱們中國青年壯丁抓去了二百萬丁，最近部隊繳來的敵人一個文件，又是敵人抓捕壯丁的陰謀計劃；這計劃裡寫着：在華北要抓捕一百一十萬壯丁，送到滿洲去做工，和充當偽軍，準備太平洋大戰。

鬼子的這個計劃，比什麼都狠毒。鬼子滅亡東北以後，生活在地獄裡的東北同胞，已經掙扎在死亡線上，多少東北壯丁都替鬼子當了砲灰。現在東北沒有什麼壯丁了，鬼子又來抓捕華北的壯丁到東北去 老鄉們，不管鬼子把滿洲說的比天堂還好，但那是地獄！是陷阱！是油鍋！是刀山！萬一不能去的！

鬼子用什麼『勞工教習所』，什麼『招募工人』的廣告，那都是釣魚鉤！你想，賺錢的地方誰不願意去，還用得着拿繩子捆起來拉着走嗎?!

要是被鬼子弄了去，那就至死也別想再見自己的父母兄弟妻子！

要是被鬼子弄了去，遲早一定會死在三千里外的礦[illegible]洞裡！否則也死在太平洋大戰的火海中！

晉察冀軍區政治部

中華民國三十年十二月

插图2–45　晋察冀军区政治部的中文传单《反对鬼子抓壮丁　东北是人间地狱》

主要内容：过去鬼子在华北暗中抓了大量壮丁，现在有计划抓更多壮丁送到东北去做工，或者当伪军。东北的壮丁已经被鬼子抓走当了炮灰，所以人手不够，“鬼子用什么‘劳工教习所’，什么‘招募工人’的广告，那都是钓鱼钩”，号召大家不要上当。

制作时间：1941年12月

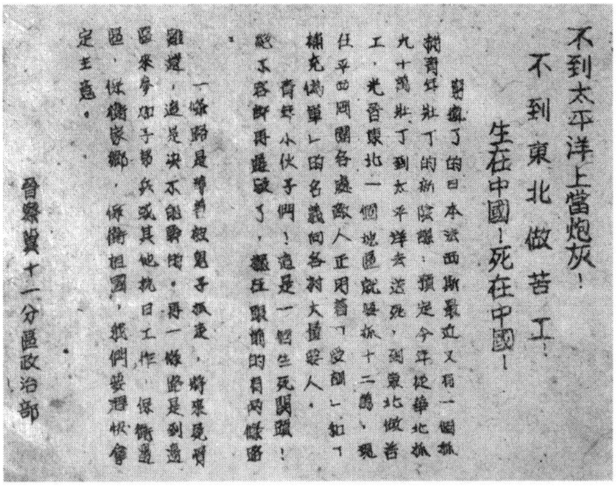

不到太平洋上當炮灰！

不到東北做苦工！

生在中國！死在中國！

瘋瘋了的日本法西斯最近又有一個抓捕青年壯丁的新陰謀：預定今年從華北抓九十萬壯丁到太平洋去送死，到東北做苦工，光晉東北一個地區就要抓十二萬，現在平西四周各處敵人正用着「受訓」、「補充偽軍」的名義向各村大量要人。

青年小伙子們！這是一個生死關頭！絕不容許再遲疑了，擺在眼前的有兩條路：

一條路是等着被鬼子抓走，將來屍骨難還，這是決不能幹的。再一條路是到邊區來參加子弟兵或其他抗日工作，保衛邊區，保衛家鄉，保衛祖國，我們要趕快拿定主意。

晉察冀十一分區政治部

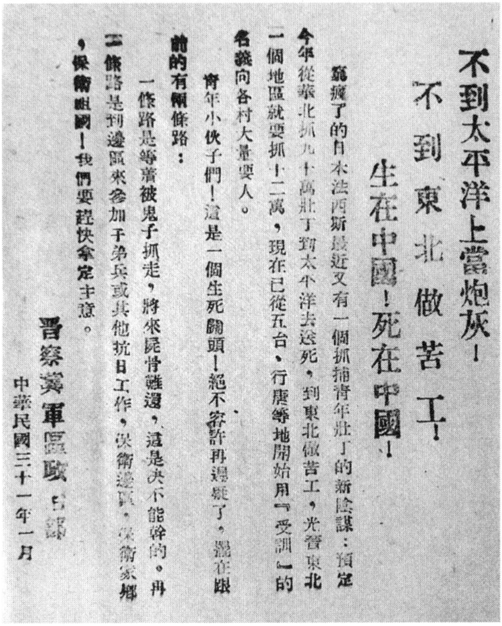

不到太平洋上當炮灰！

不到東北做苦工！

生在中國！死在中國！

瘋瘋了的日本法西斯最近又有一個抓捕青年壯丁的新陰謀：預定今年從華北抓九十萬壯丁到太平洋去送死，到東北做苦工，光晉東北一個地區就要抓十二萬，現在已從五台、行唐等地開始用『受訓』的名義向各村大量要人。

青年小伙子們！這是一個生死關頭！絕不容許再遲疑了，擺在跟前的有兩條路：

一條路是等着被鬼子抓走，將來屍骨難還，這是決不能幹的。再一條路是到邊區來參加子弟兵或其他抗日工作，保衛邊區，保衛家鄉，保衛祖國！我們要趕快拿定主意。

晉察冀軍區政治部

中華民國三十一年一月

插图2–46　晋察冀十一分区政治部、晋察冀军区政治部的中文传单《不到太平洋上当炮灰！不到东北做苦工！生在中国！死在中国！》

主要内容：日军有抓捕青壮年的阴谋，今年从华北抓90万壮丁到太平洋去送死，到东北做苦工，仅东北一地就要抓12万，“现在已经从五台、行唐等地开始用‘受训’的名义向各村大量要人。青年小伙子们！这是一个生死关头！”有两条路，“一条路是等着被鬼子抓走，将来尸骨难还”，“再一条路是到边区来参加子弟兵或其他抗日工作，保卫边区，保卫家乡，保卫祖国！”

制作时间：1942年1月

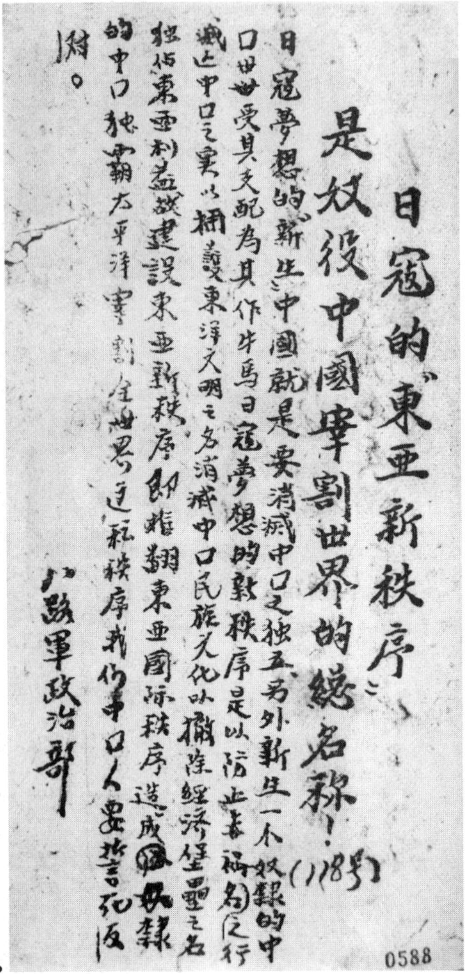

插图2-47　八路军政治部的中文传单《日寇的"东亚新秩序"是奴役中国宰割世界的总名称》

主要内容:"日寇梦想的'新生'中国就是要消灭中国之独立,另外新生一个奴隶的中国。""日寇梦想的新秩序,是以防止赤祸之名行灭亡中国之实,以拥护东洋文明之名,消灭中国民族文化,以撤除经济堡垒之名独占东亚经济利益。故建设东亚新秩序即推翻东亚国际秩序,造成奴隶的中国,独霸太平洋,宰割全世界。""我们中国人要誓死反对。"

背景:1938年11月日本政府发表关于"建设东亚新秩序"的声明,实质是表明日本要独霸中国东北及更广大地区。

制作时间不明

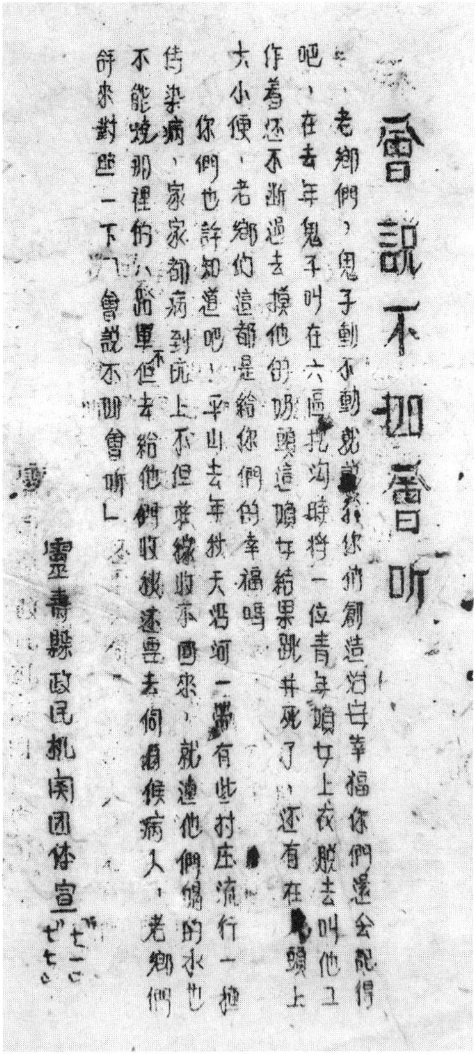

會說不如會听

老鄉們，鬼子動不動就說為你們創造治安幸福你們還会記得吧，在去年鬼子叫在六區挖沟時將一位青年媳女上衣脫去叫他
作着還不斷過去摸他的奶頭這媳女結果跳井死了，還有在頭上大小便，老鄉們這都是給你們的幸福嗎

你們也許知道吧！平山去年秋天嗎河一帶有些村庄流行一種傳染病，家家都病到炕上不但莊稼收不回來，就連他們喝的水也不能燒那裡的八路軍但不去給他們收拔還要去伺候病人，老鄉們拿來對照一下「會說不如會听」

靈壽縣政民机関团体宣

插图2–48　灵寿县政民机关团体的中文传单《会说不如会听》

主要内容："老乡们，鬼子动不动就说为你们创造治安幸福，你们还会记得吧"，去年鬼子让大家在六区挖沟时，侮辱一年轻女子，使其含恨自杀。"老乡们，这都是给你们的幸福吗？"而去年平山秋收时，有些村发生传染病，老乡不能收割，连喝的水都不能烧，是八路军帮他们收割庄稼照顾病人。"老乡们拿来对照一下，'会说不如会听'"。

制作时间不明

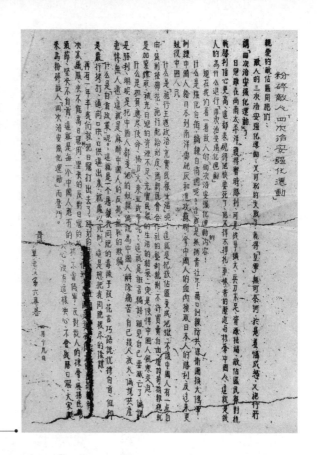

插图2-49　晋察冀边区第六专署的中文传单《粉碎敌人"四次治安强化运动"》，公开信形式

主要内容："亲爱的敌占区同胞们：敌人的三次治安强化运动，又可耻的失败了"，"又施行所谓'四次治安强化运动'了"。太平洋战争爆发后，日寇为了解决兵力与资源不足，才发动"四次治安强化运动"的。运动的内容与实质是：日寇组织自卫团，实质是扩大伪军，派往各战场当炮灰；日寇所谓"施行王道政治，充实民众生活"，实质是将敌占区变成地狱，以配给制和苛捐杂税掠夺中国资源。"充实民众的生活的结果，一定是使得中国人饥寒交迫"；日寇要求民众"担负应尽使命，协力大东亚战争"，实质上是欺骗民众为其卖命；日寇实行"自首政策"，实质上是阴谋诱捕抗日分子，以便赶尽杀绝。"再有一年半我们就把日寇打出去了"，对于日寇"决不屈服，决不能为日寇利用"。"不当伪军，反对敌人的掠夺，发扬民族气节"，"为粉碎敌人'四次治安强化运动'而奋斗"。

制作时间：1942年4月19日（原件未标年份，据文中内容推断是1942年。有关四次治安强化运动见第一章）

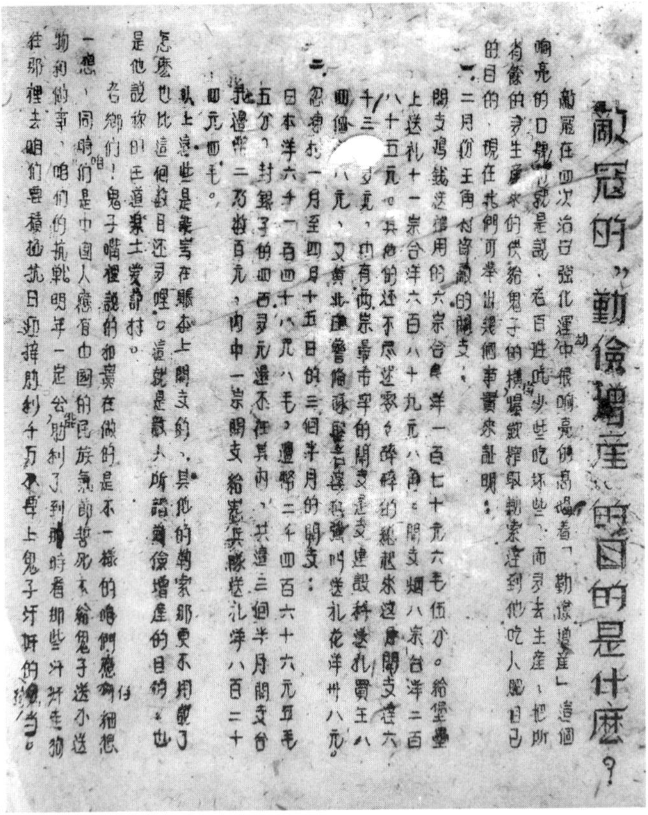

敵寇的"勤儉增產"的目的是什麼？

敵寇在四次治安強化運動中很響亮的喝着「勤儉增產」這個響亮的口號，就是說，老百姓吃少些吃壞些，而多去生產，把所省儉的多生產的供給鬼子的橫暴斂搾取勒索，達到他吃人肥自己的目的。現在我們可舉出幾個事實來証明：

一、二月份王角村皆商的開支：

開支雞錢送禮用的六宗合偽洋一百七十元六毛伍分。給堡壘上送禮十一宗合洋六百八十九元八角。開支烟八宗合洋二百八十五元四。其他的還不在這零々碎碎的總起來這開支達六千三多元，內有兩宗是市字的開支達支建設料樂孔買王八四佰八元，又負北庄警備隊曾要稅強時送禮花洋卅八元。

二、忽鄉村一月至四月十五日的三個半月的開支：

日本洋六千一百四十八元八毛，邊幣二千四百六十六元五毛五分，封銀子的四百多元還不在其內，共這三個半月開支合邊幣二萬數百元，內中一宗開支給憲兵隊送禮洋八百二十四元四毛。

以上這些是我寫在賬本上開支的，其他的勒索那更不用說了，怎麼也比這個數目還多哩。這就是敵人所謂勤儉增產的目的，也是他說稱的王道樂土愛護村。

老鄉們！鬼子嘴裡說的和實在做的是不一樣的，咱們應該細想一想，同時咱們是中國人應有中國的民族氣節誓死不給鬼子送小送物和做事，咱們的抗戰明年一定能勝利了，到那時看那些汗奸走狗往那裡去，咱們要積極抗日爭取勝利，千萬不要上鬼子汗奸的當。

插图2-50　灵寿县政民机关团体的中文传单《敌寇的“勤俭增产”的目的是什么？》

主要内容：敌人在四次治安强化运动中提出了“勤俭增产”的口号，目的是让老百戏吃少些吃坏些，节省下来多生产，供鬼子横征暴敛，搜刮勒索。列举两个村子几个月之间的账目，说明开支完全用在日伪军身上，“这就是敌人所谓勤俭增产的目的，也就是他说称的王道乐土爱护村”。号召民众反抗。

制作时间：1942年

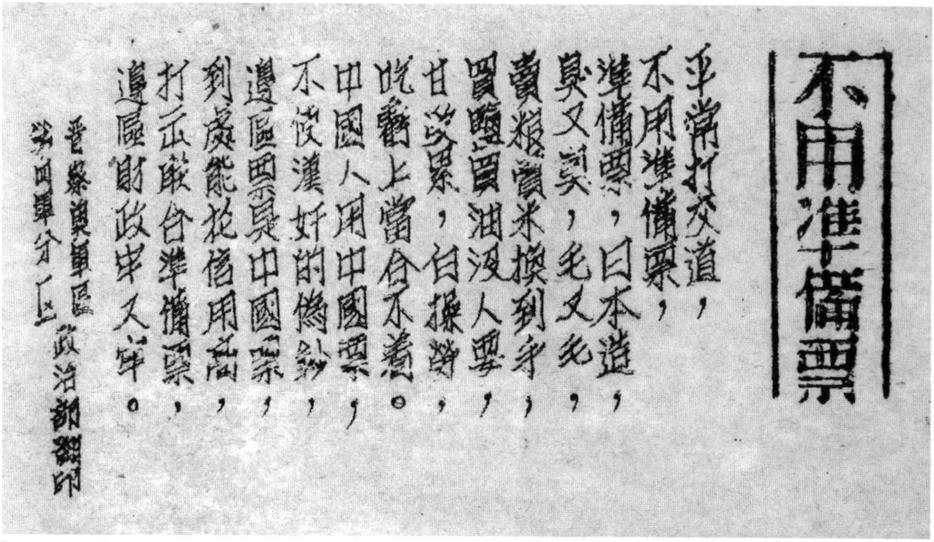
不用準備票

平常打交道，
不用準備票，
準備票，日本造，
臭又臭，毛又毛，
賣糧賣米換到手，
買鹽買油沒人要，
甘受累，白操勞，
吃虧上當合不着。
中國人用中國票，
不使漢奸的偽鈔，
邊區票是中國票，
到處能花信用高，
打击聯合準備票，
邊區財政牢又牢。

晉察冀軍區 政治部製印
第四軍分區

插图2–51　晋察冀军区第四军分区政治部的中文传单《不用准备票》

内容:“平常打交道,不用准备票,准备票,日本造,臭又臭,毛又毛,卖粮卖米换到手,买盐买油没人要,甘受累,白操劳,吃亏上当合不着。中国人用中国票,不使汉奸的伪钞,边区票是中国票,到处能花信用高,打击联合准备票,边区财政牢又牢。”

背景: 日军在沦陷区大量发行军票、准备票等钞票,是掠夺中国资源与财富的一种手段。

制作时间不明

插图2-52 沦陷前书写在墙壁上向广大民众宣传的《中国共产党抗日救国十大纲领》
图片由南京民间抗日战争博物馆吴先斌馆长提供

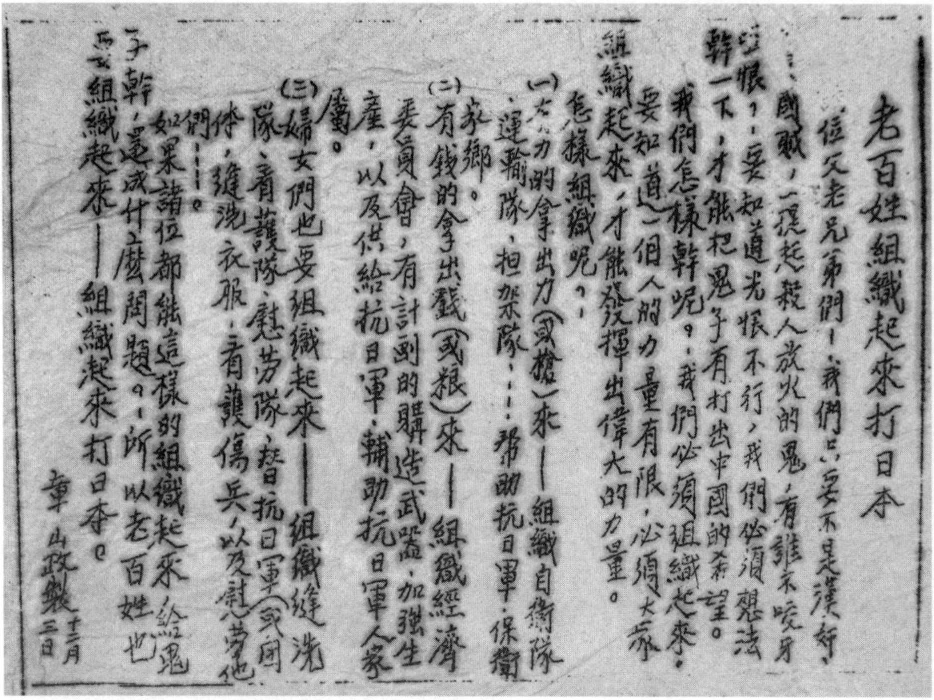
老百姓組織起來打日本

諸位父老兄弟們！我們只要不是漢奸，一提起殺人放火的鬼子，有誰不咬牙切恨？要知道光恨不行，我們必須想法幹一下，才能把鬼子有打出中國的希望。我們怎樣幹呢？我們必須組織起來。要知道一個人的力量有限，必須大家組織起來，才能發揮出偉大的力量。

怎樣組織呢？

(一)有力的拿出力(或槍)來——組織自衛隊、運輸隊、担架隊……幫助抗日軍，保衛家鄉。

(二)有錢的拿出錢(或粮)來——組織經濟委員會，有計劃的購造武器，加強生產，以及供給抗日軍，輔助抗日軍人家屬。

(三)婦女們也要組織起來——組織縫洗隊、看護隊、慰勞隊，替抗日軍(或團體)縫洗衣服，看護傷兵，以及慰勞他們……。

如果諸位都能這樣的組織起來給鬼子幹，還成什麼問題？所以老百姓也要組織起來——組織起來打日本。

章山政製 十二月三日

插图2–53　“章山政”[1]的中文传单《老百姓组织起来打日本》

主要内容：诸位父老乡亲们！一提到杀人放火的日寇大家都咬牙切齿，“我们必须想法干一下，才能把鬼子有打出中国的希望。我们怎样干呢？我们必须组织起来。要知道一个人的力量有限，必须大家组织起来，才能发挥出伟大的力量。怎样组织呢？（一）有力的拿出力（或枪）来——组织自卫队、运输队、担架队……帮助抗日军保卫家乡。（二）有钱的拿出钱（或粮）来——组织经济委员会，有计划的购造武器，加强生产，以及供给抗日军，辅助抗日军人家属。（三）妇女们也要组织起来——组织缝洗队、看护队、慰劳队，替抗日军（或团体），缝洗衣服，看护伤兵，以及慰劳他们……。如果诸位都能这样的组织起来给[跟]鬼子干，还成什么问题？”

制作时间不明

[1] 此传单与山东省章丘县的传单放在同一档案卷宗中，制作者“章丘政”，应该是章丘县政府的一部门。

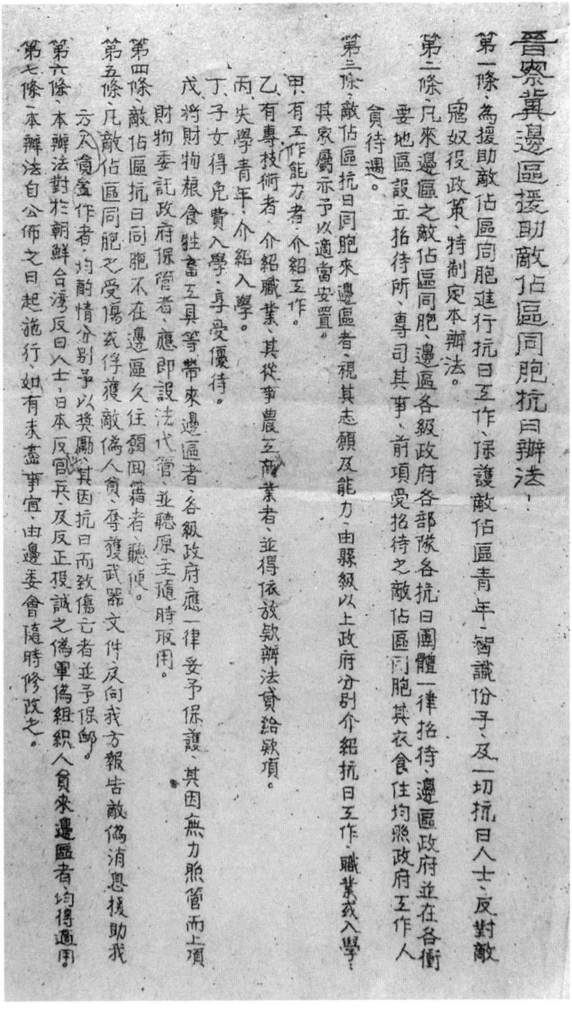

晋察冀边区援助敌占区同胞抗日办法

第一条、为援助敌占区同胞进行抗日工作，保护敌占区青年、智识份子及一切抗日人士，反对敌寇奴役政策，特制定本办法。

第二条、凡来边区之敌占区同胞，边区各级政府及各部队各抗日团体一律招待，边区政府并在各衝要地区设立招待所，专司其事，前项受招待之敌占区同胞其衣食住均照政府工作人员待遇。

第三条、敌占区抗日同胞来边区者，视其志愿及能力，由县叙以上政府分别介绍抗日工作、职业或入学，其眷属须予以适当安置：
甲、有工作能力者，介绍工作。
乙、有专长技术者，介绍职业，其从事农工商业者，并得依照办法贷给款项。
丙、失学青年，介绍入学。
丁、子女得免费入学，享受优待。
戊、将财物粮食等带来边区者，各级政府应一律妥为保护，其因无力携带而上项财物委託政府保管者，应即设法代管，并听原主随时取用。

第四条、凡敌占区同胞不在边区久任领国籍者，应予获敌伪人员、侮辱武器、听候方人优待。

第五条、敌占区同胞，约情分别予以奖励，其因抗日而致伤亡者，并予保郎。

第六条、本办法对于朝鲜、台湾反日人士、日本反战官兵，及反正投诚之伪军伪组织人员来边区者均得适用。

第七条、本办法自公布之日起施行，如有未尽事宜，由边委会随时修改之。

插图2-54 晋察冀边区的中文传单《晋察冀边区援助敌占区同胞抗日办法》

主要内容：办法共7条，鼓励、援助敌占区青年、知识分子以及一切抗日人士投靠边区政府，参加抗日。边区党政军各级政府及各抗日团体积极接待，政府设招待所专门负责衣食住，并且解决工作、生活、入学等问题。保护来者私人财产。对于来前在敌占区有抗日表现者，给予奖励。以上亦适用于朝鲜、台湾反日人士、日本反战官兵。

制作时间不明

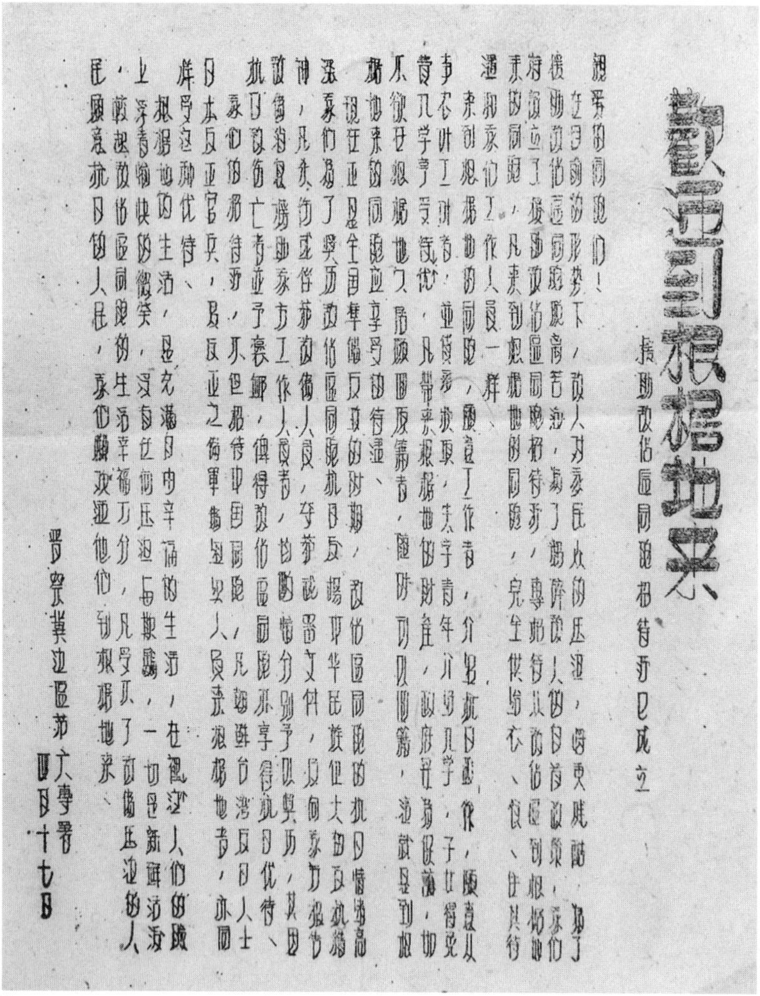

歡迎到根據地來

援助敌佔區同胞招待所已成立

親愛的同胞們！

在目前的形勢下，敌人对老百姓的压迫，日更残酷，为了援助敌佔區同胞脱离苦海，为了粉碎敌人的自首政策，我们特建立了援助敌佔區同胞招待所，專招待从敌佔區到根据地来的同胞，凡来到根据地的同胞，完全供给衣、食、住，其待遇和我们工作人員一样、

来到根据地的同胞，愿意工作者，介紹抗日工作，愿意从事农业工作者，並貸给資本，失学青年介紹入学，子女得免費入学，享受优待，凡帶来根据地的財產，政府保護，如不欲在根据地久居，愿回原籍者，随時可以回籍，……到根据地来的同胞並享受的待遇、

現在正是全国準備反攻的時期，敌佔區同胞的抗日情緒高漲，我们为了奖励敌佔區同胞抗日反……中华民族偉大的民族精神，凡在敌或偽机关内攻敌偽人員，夺取秘密文件，或向我方报告敌偽消息，帮助我方工作人員者，均酌情分别予以奖励，其因抗日被敌偽伤亡者並予褒卹，使得敌佔區同胞亦享得抗日优待、

我们的招待所，不但招待中国同胞，凡朝鲜台湾反日人士日本反正官兵，及反正之偽軍偽组织人員来根据地者，亦同樣受這种优待、

根据地的生活，是充滿自由幸福的生活，在這里人们的政治上、……愉快的歡笑，没有任何压迫与欺騙，一切是新鮮活潑……的生活幸福万分，凡受不了敌偽压迫的人民，愿意抗日的人民，我们歡迎他们到根据地来、

晋察冀边區第六專署

四月十七日

插图2–55 晋察冀边区第六专署的中文传单《欢迎到根据地来——援助敌占区同胞的招待所已成立》

主要内容：“为了援助敌占区同胞脱离苦海，为了粉碎敌人的自首政策”，“我们特建立了援助敌占区同胞的招待所”，提供给来自敌占区的同胞，完全负责衣、食、住。边区政府负责解决工作、生活、就学问题，对于来前在敌占区有抗日表现者，给予奖励。招待所还用来接待朝鲜、台湾反日人士、日本反战官兵、反正的伪军及伪组织人员，这些人员也享受同样待遇。边区充满自由幸福快乐，欢迎敌占区同胞前来。

制作时间不明

敵佔區中國人民的榜樣：良鄉五十六村人民聯合暴動

鬼子漢奸實行所謂「第三次治安強化運動」後，藉口「配給制度」、「保管庫制度」，在敵佔區到處進行屯糧的高壓政策，瘋狂掠奪我民衆糧食，在良鄉一帶尤其厲害，使我良鄉人民無法生活。於是良鄉五十六個村莊的老百姓就聯合起來暴動了，打死漢奸和鬼子數十名。現在這個暴動，一天天更加擴大，他們已和平西的八路軍取好聯絡了。

敵佔區的老鄉們！日本法西斯是我們中華民族的當前死敵，當隨，良鄉人民的暴動，是解除痛苦的好辦法，咱們應該向良鄉人民學習，如果機會不到，應該好好的準備。

晉察冀軍區政治部

中華民國三十一年一月

插图2-56 晋察冀军区政治部的中文传单《敌占区中国人民的榜样 良乡五十六村人民联合暴动》

主要内容：日寇在第三次治安强化运动后，实施"配给制度""保管库制度"，在敌占区到处实行屯粮的高压政策，疯狂掠夺民众粮食，"在良乡一带尤其厉害，使我良乡人民无法生活。于是良乡五十六个村庄的老百姓就联合起来暴动了，打死汉奸和鬼子数十名"，"他们已和平西的八路军取好联络了"。敌占区的老乡们，"良乡人民的暴动，是解除痛苦的好办法，咱们应该向良乡人民学习，如果机会不到，应该好好的准备"。

制作时间：1942年1月

插图2-57　晋察冀军区第四军分区政治部的中文传单，无题

主要内容："敌占区同胞们：抗战五周年到来了，明年我们中国就要反攻了！""我们要咬紧牙关，克服困难，渡过这艰苦的两年，光明就在我们的前面。"

制作时间：1942年7月左右（据文中内容推断）

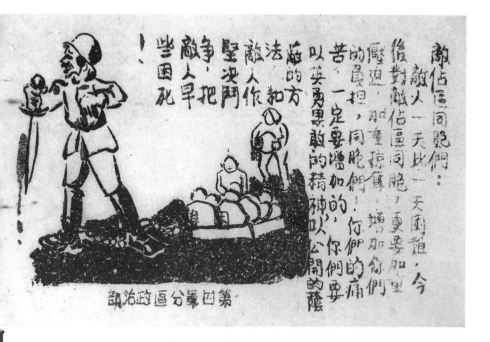

插图2-58 晋察冀军区第四军分区政治部的中文传单,无题

主要内容:"敌占区同胞们:敌人一天比一天困难,今后对敌占区同胞,更要加重压迫,加重掠夺","你们要以英勇果敢的精神,以公开的隐蔽的方法,和敌人作坚决斗争,把敌人早些困死"。

制作时间:1942年7月左右(与插图2-57属于同一批传单)

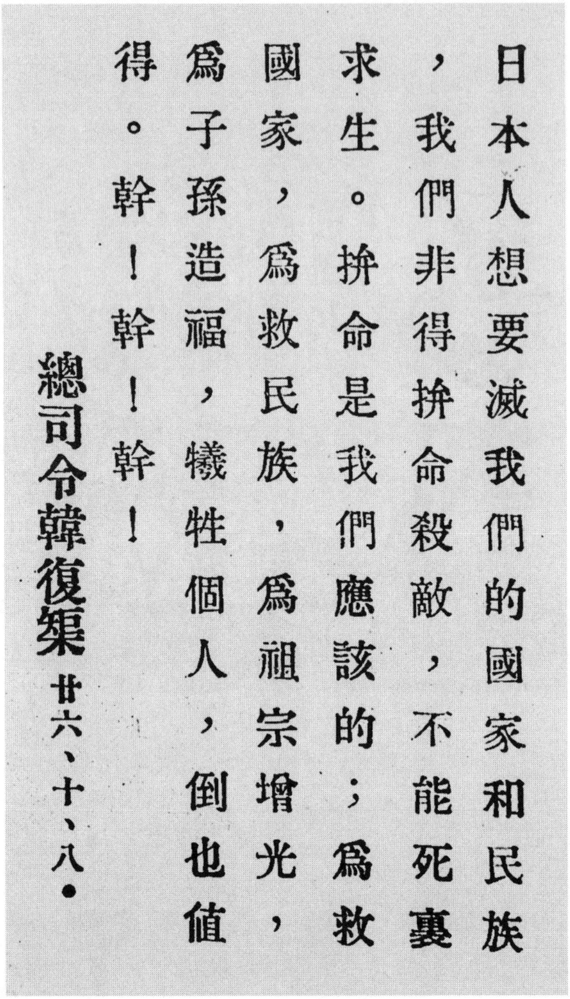

> 日本人想要滅我們的國家和民族，我們非得拚命殺敵，不能死裏求生。拚命是我們應該的；爲救國家，爲救民族，爲祖宗增光，爲子孫造福，犧牲個人，倒也值得。幹！幹！幹！
>
> 總司令韓復榘 廿六、十、八．

插图2-59　总司令韩复榘抗日语录中文传单，无题

主要内容："日本人想要灭我们的国家和民族，我们非得拼命杀敌，不能死里求生。拼命是我们应该的；为救国家，为救民族，为祖宗增光，为子孙造福，牺牲个人，倒也值得。干！干！干！"

制作时间：1937年10月8日

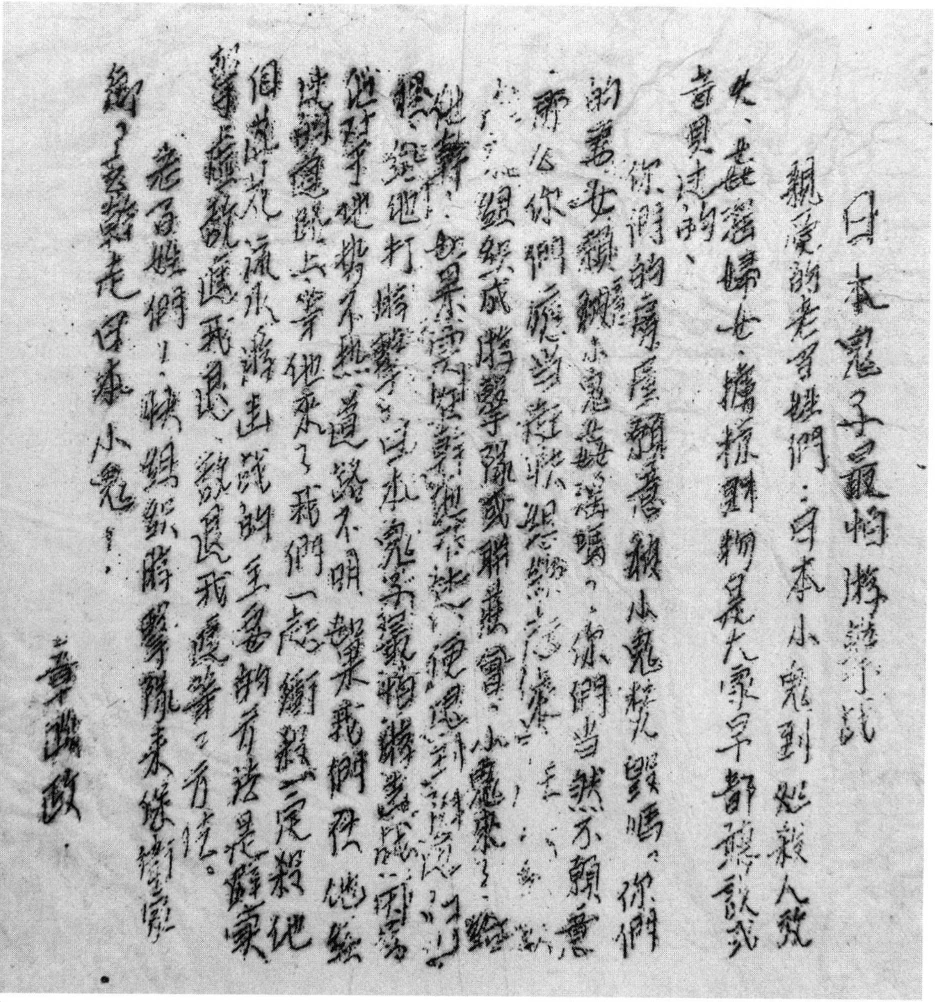

插图2-60 "章□政"的中文传单《日本鬼子最怕游击队》

主要内容:"亲爱的老百姓们:日本小鬼到处杀人放火,奸淫妇女,掳夺财物","你们应当赶快组织起来","组织成游击队或联庄会","日本鬼子最怕游击战",因为他们对地势、道路不明,游击战的主要方法是"避实击虚,敌进我退,敌退我追等等方法。老乡们!快组织游击队来保卫家乡"。

制作时间不明

抗日"传单"(如插图3-31、32)。插图2-52至2-60均为这方面传单。

4. 稳定人心,树立抗战必胜信念

抗战前期,面临日寇大举入侵,中国战局不利,迫切需要稳定人心,坚定必胜信心。在抗战的相持阶段,坚持抗战,鼓舞民气,维系人心,仍是宣传的主要内容。因此,只要是抗战取得的任何成果,我方都充分宣传。这类宣传集中在以下四方面。

一是在面对不利形势时,通过宣传将负面影响缩小到最低程度,由此安抚民众,给予民众希望。

例如,七七事变后日军很快就占领平津地区,当地民众一下子陷入日寇铁蹄之下,其惊恐、悲愤之心可想而知。1937年8月初,我军飞机飞抵北平上空散发传单,"宣示中枢对日抗战决心,人民获阅此种佳音,莫不反忧为慰,亟盼我军早日歼灭敌人,复我国土"[1]。这种用以振作人心的宣传贯彻于抗战始终。插图2-61至2-63为这类传单。

二是讴歌我方军民同仇敌忾、英勇杀敌的英雄壮举,宣扬我方捷报,燃起民众必胜的信心。例如插图2-64、2-65。

三是宣传日本帝国主义内部政治、经济困境,说明日军已经陷入战争泥潭,无法进行持久战,长期抗战将消耗日本国力,中国必将取得最后胜利。例如插图2-66、3-10。

四是宣传对我方有利的国际形势,说明中国抗战胜利是大势所趋。宣传中国外交胜利,各国政府对中国的同情、援助,说明世界反对侵略战争运动状况、国际现状与前途。插图2-67至2-71便是这类传单。

---

[1]《沦陷后的北平》,《申报》1937年8月30日。

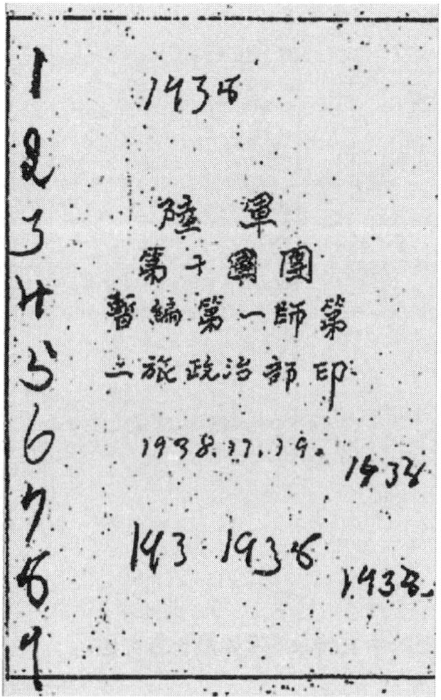

陸軍
第十軍團
暫編第一師第二旅政治部印
1938.11.19

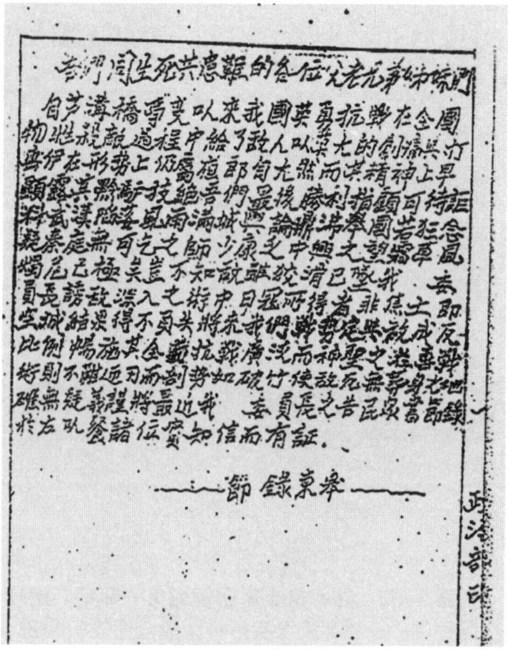

告同生死共患難的各位父老兄弟姊妹們

自蘆溝橋事變以來我國英勇抗戰在全國物質犧牲過程中給了敵人以重大的創傷與打擊在形勢上們雖部分失然而精神上早顯露其黔驢技窮我們最後勝利指顧可待詎料武漢陷落風雨滿城輿論鼎沸舉國若狂含疑秦庭無可乞之師少康乏中興之望風燭危已極矣豈不知敵雖狡猾已墜我委員長誘敵深入之術中日寇所得者非焦土即空城結果得不償失將來我們戰事定與敵成反比例竭施其全面抗戰廣泛而神聖之游擊戰術則不難迎刃而剖勢如破竹使敵死無葬身之地確無疑義謹將最近我委員長之告民衆書節錄於左以餉諸位實知信而有証。

——節錄原峯——

政治部印

插图2–61　陆军第十军团暂编第一师第二旅政治部的中文传单《告同生死共患难的各位父老兄弟姐妹》

主要内容：抗战以来我国英勇抗敌，重创敌军。武汉被攻占后，风雨满城，舆论鼎沸，“疑秦庭无可乞之师，少康乏中兴之望”，岂不知敌“已坠我委员长诱敌深入之术中。日寇所得者非焦土即空城”，全面抗战，中国一定会胜利，“谨将最近我委员长之告民众书节录于右，以飨诸位，实知信而有证”。

制作时间：1938年11月19日

插图2-62　陆军第十军团暂编第一师第二旅政治部的中文传单《蒋委员长告全国国民书——放弃武汉实行持久战全面战》，局部

主要内容：武汉沦陷，"临此成败胜负转移关键，特为我国同胞概述抗战之事实，及将来目标，重加声明"。一是，"诸同胞要认识当前战场之变化与武汉得失之关系，我国抗战根据，本不在沿江沿海浅狭交通之地带，乃在广大而深长之所在，而西部诸省正我抗战之源地，乃长期抗战之方向，亦即我政府始终一贯之政策也。"二是，"吾同胞应深切记取我抗战开始时早已决定之一贯的方针"，"一曰持久抗战，二曰全面战争，三曰争取主动。以上三义，实为我克敌制胜之必要因素"。"故我全国同胞，当此抗战转入重要关键之时"，"则决不因当前局势之变化，而摇动其对于抗战之信心。必须认清持久抗战与全面战争之真谛，则必能以更大努力，承接战区扩大后之新局势，而益励其奋斗与决心"。"宁为玉碎，毋为瓦全"，"必须吾人抱定最大之决心，而后整个民族乃能得彻底之解放。国家存亡，抗战成败之关键，全系于此，愿与我全国同胞共勉之。"[1]

制作时间：1938年11月19日

---

[1]《蒋委员长告全国国民书》全文，请参阅武汉市政协文史学习委员会《武汉文史资料》1998年第3期。

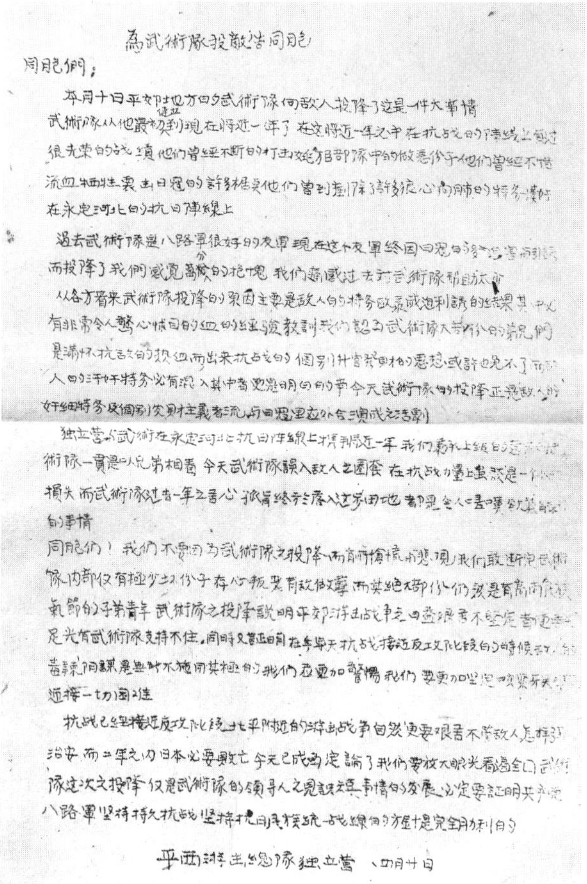

插图 2-63　平西游击总队独立营的中文传单《为武术队投敌告同胞》，公开信形式

主要内容："本月十日平郊地方的武术队向敌人投降了这是一件大事情。"武术队建立到现在将近一年内袭击敌人据点，铲除特务，为抗日做出了贡献，是八路军很好的友军，但现在在敌人威胁利诱下，队伍中的奸细和个别想升官发财者与敌人里应外合投降了，独立营一直将武术队视为兄弟，现在落入敌人圈套，实在痛心。我们不要为此悲观，因为武术队中只有极少数坏分子存心投敌，而绝大部分是有高尚民族气节的青年。武术队的投降还说明平郊地区的抗日工作虽然十分艰苦，但支持不住的仅仅只有武术队。同时，这一事件再次提醒我们在抗战接近反攻之时，敌人会不择手段破坏抗战阵营，我们更要坚定信心。将来"必定要证明共产党八路军坚持持久抗战坚持抗日民族统一战线的方针是完全胜利的"。

背景：与插图 2-36 相同。

制作时间：1942 年 4 月 20 日（据文中内容推断）

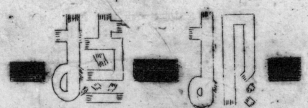

插图2-64　晋察冀军区第四军分区政治部的中文传单《捷报》

主要内容：冀中九分区十八团4月25日攻克两城，缴获步枪、手枪等。同日九分区九区队毁敌堡垒三个，并缴获枪械等。4月20日、5月4日，我军伏击敌人，缴获武器等。

制作时间不明

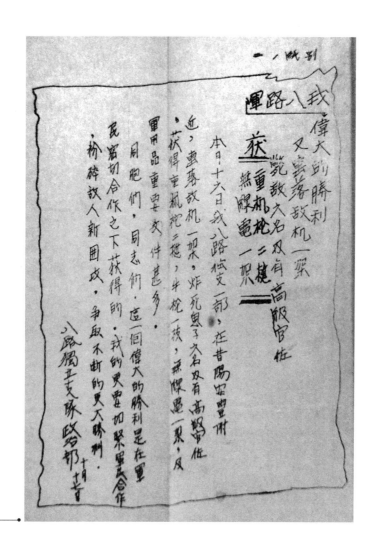

插图2-65　八路独立支队政治部的中文传单《我八路军伟大的胜利又击落敌机一架　毙敌六名　内有高级官佐　获重机枪两挺　无线电一架》

主要内容：八路军独立支队一部在昔阳安丰附近击落敌机一架，炸死鬼子六名内有高级官佐，获重机枪两挺等武器。"这一回伟大的胜利是在军民密切合作之下获得的，我们更要加紧军民合作，粉碎敌人新围攻，争取不断的更大胜利。"

制作时间不明

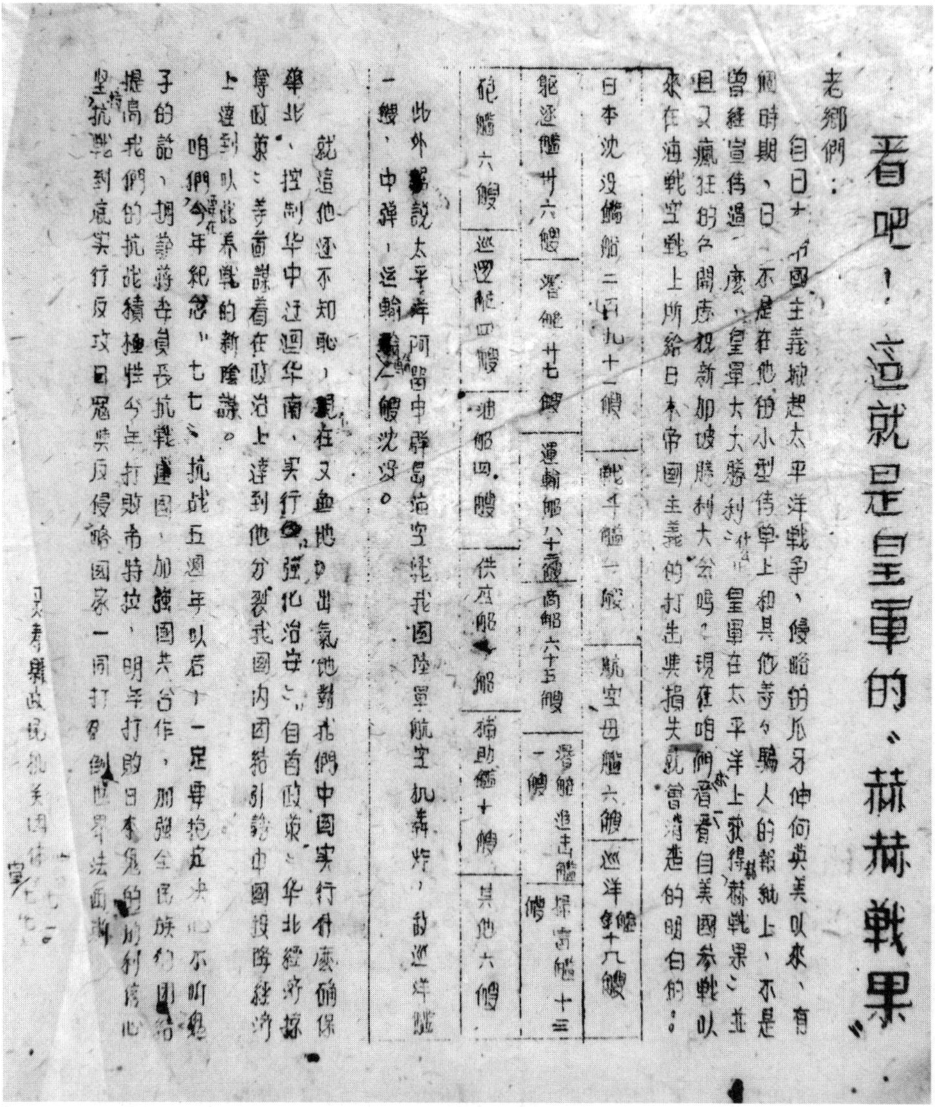

看吧！這就是皇軍的"赫赫戰果"

老鄉們：

自日本帝國主義掀起太平洋戰爭，侵略的爪牙伸向英美以來，有個時期，日本不是在他的小型傳單上和其他專門騙人的報紙上、不是曾經宣傳過一度"皇軍大大勝利"、"皇軍在太平洋上獲得赫赫戰果"，並且又瘋狂的召開慶祝新加坡勝利大會嗎？現在咱們看看自美國參戰以來在海戰空戰上所給日本帝國主義的打擊與損失就會清楚的明白的：

日本沈沒艦船二百九十一艘　戰斗艦一艘　航空母艦六艘　巡洋艦廿八艘　驅逐艦卅六艘　潛艇廿七艘　運輸船八十艘　商船六十五艘　潛艇追擊艦一艘　掃雷艦十三艘　砲艦六艘　巡邏艇四艘　油船四艘　供應船一船　補助艦十艘　其他六艘

此外據說太平洋阿留申群島的空戰我國陸軍航空機轟炸，敵巡洋艦一艘、中彈，運輸艦二艘沈沒。

就這他還不知恥，現在又要拿出氣力對我們中國實行什麼確保華北、控制华中、迂迴华南，实行"強化治安"、"自首政策"、华北經济掠奪政策等陰謀，着在政治上達到他分裂我國內團結引誘中國投降，經济上達到以戰養戰的新陰謀。

咱們要在今年紀念"七七"抗战五週年以后，一定要抱定決心，不听鬼子的話，擁護蔣委員長抗戰建國，加強國共合作，加強全民族的團結，提高我們的抗戰積極性，今年打敗希特拉，明年打敗日本鬼的勝利信心，堅持抗戰到底，实行反攻日寇，與反侵略國家一同打倒世界法西斯。

灵寿县政民机关团体宣　七七

插图2–66　灵寿县政民机关团体的中文传单《看吧！这就是皇军的"赫赫战果"》

主要内容：太平洋战争爆发后日军通过传单、报纸大肆宣传辉煌战果，其实仅仅从与美国的海战就可看到日军损失惨重。列表说明日军在太平洋被击沉的各类船舰数量。"就这他还不知耻"，现在要对我们中国实行"强化治安""自首政策"，掠夺华北资源政策，以达到"以战养战"的阴谋。"咱们要在今年纪念'七七'抗战五周年，以后一定要抱定决心"，"加强国共合作"，"坚持抗战到底"。

制作时间：1942年7月（据文中内容推断）

插图2-67 制作者不明的中文传单

内容:"敌占区同胞们:日本鬼子前几天在中途岛吃了一个大败仗,这证明英美在太平洋上的实力增强了。苏英苏美最近又订了新的协定,要互相帮助集中力量,打败德国。今年打败德国,明年就要打败日本。同胞们!日本鬼子快完蛋了!"

制作时间:约1942年6月(据文中内容推断)

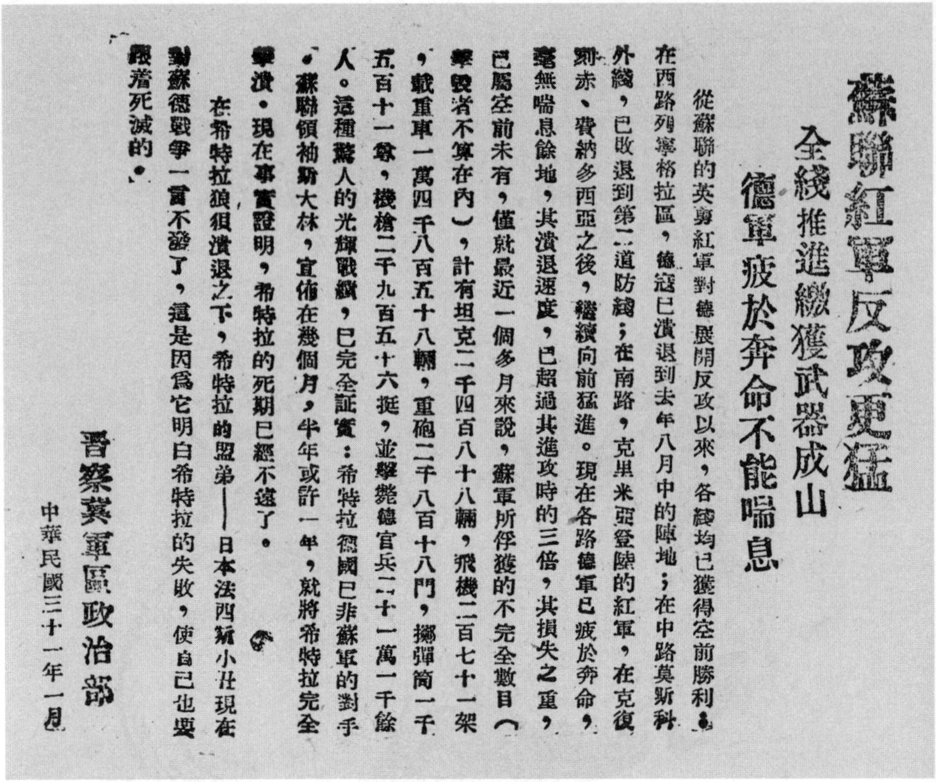

蘇聯紅軍反攻更猛 全線推進繳獲武器成山 德軍疲於奔命不能喘息

從蘇聯的英勇紅軍對德展開反攻以來，各線均已獲得空前勝利。在西路列寧格拉區，德寇已潰退到去年八月中的陣地；在中路莫斯科外線，已敗退到第二道防線；在南路，克里米亞登陸的紅軍，在克復費納多西亞之後，繼續向前猛進。現在各路德軍已疲於奔命，毫無喘息餘地，其潰退速度，已超過其進攻時的三倍，其損失之重，已屬空前未有，僅就最近一個多月來說，蘇軍所俘獲的不完全數目（毀毀省不算在內），計有坦克二千四百八十八輛，飛機一千二百七十一架，載重軍一萬四千八百五十八輛，重砲二千八百十八門，擲彈筒一千五百十一發，機槍二千九百五十六挺，並擊斃德官兵二十一萬一千餘人。這種驚人的光輝戰績，已完全證實：希特拉德國已非蘇軍的對手。「蘇聯傾袖狽很宜佈在幾個月，半年或許一年，就將希特拉完全擊潰。現在事實證明，希特拉的死期已經不遠了。」

在希特拉狼狽潰退之下，希特拉的盟弟——日本法西斯小丑現在對蘇德戰爭一言不發了，這是因為它明白希特拉的失敗，使自己也要跟著死滅的。

晉察冀軍區政治部
中華民國三十一年一月

插图2-68 晋察冀军区政治部的中文传单《苏联红军反攻更猛 全线推进缴获武器成山 德军疲于奔命不能喘息》

主要内容：苏联各战线捷报频传，各路德军疲于奔命，损失惨重。仅仅在最近一个月的各种兵器损失数据统计。"希特拉的死期已经不远了"，"希特拉的盟弟——日本法西斯小丑现在对苏德战争一言不发了，这是因为明白希特拉的失败，使自己也要跟着死灭的"。

制作时间：1942年1月

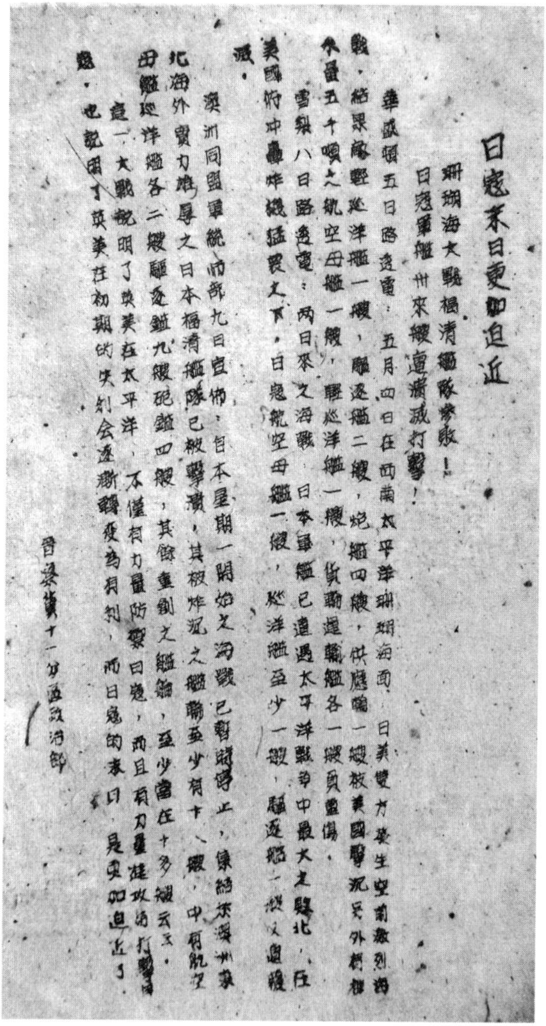

日寇末日更加迫近

珊瑚海大戰福清艦隊慘敗！

日寇軍艦卅來艘遭潰滅打擊！

華盛頓五日路透電：五月四日在西南太平洋珊瑚海面，日美雙方發生空前激烈海戰，結果擊沉巡洋艦一艘，驅逐艦二艘，炮艦四艘，供應艦一艘被美國擊沉，另外排水量五千噸之航空母艦一艘，輕巡洋艦一艘，貨物運輸艦各一艘負重傷。

雪梨八日路透電：兩日來之海戰，日本軍艦已遭遇太平洋戰爭中最大之敗北，在美國俯衝轟炸機猛襲之下，日寇航空母艦一艘，巡洋艦至少一艘，驅逐艦一艘又遭毀滅。

澳洲同盟軍統帥部九日宣佈：自本星期一開始之海戰已暫時停止，係結束澳洲東北海外實力雄厚之日本福清艦隊已被擊潰，其被炸沉之艦輛至少有十一艘，中有航空母艦巡洋艦各二艘，驅逐艦九艘，砲艦四艘，其餘重創之艦輛，至少當在十多艘云云。

這一大戰說明了英美在太平洋，不僅有力量防禦日寇，而且有力量進攻打擊日寇，也說明了英美在初期的失利會逐漸轉變為有利，而日寇的末日，是更加迫近了。

晉察冀十一分區政治部

插图2–69　晋察冀十一分区政治部的中文传单《日寇末日更加迫近　珊瑚海大战福清舰队惨败！日寇军舰卅来艘遭溃灭打击！》

主要内容：华盛顿5日电，美日5月4日在珊瑚海发生大海战，大败日本，日军具体损失情况介绍；8日路透社电，两日来之海战“日本军舰已遭遇太平洋战争中最大之败北”，日舰船损失数据介绍；同盟军统帅部9日宣布本次海战结果，日本舰队已被击溃。“这一大战说明了英美在太平洋，不仅有力量防御日寇，而且有力量进攻打击日寇，也说明了英美在初期的失利会逐渐转变为有利，而且日寇的末日，是更加迫近了。”

制作时间：1942年5月后（据文中内容推断）

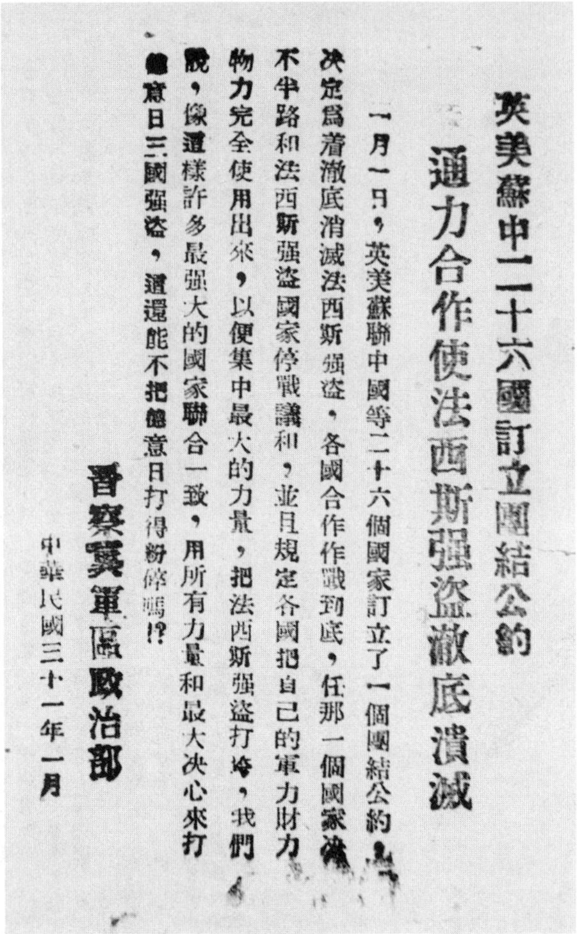
英美蘇中二十六國訂立團結公約
通力合作使法西斯强盜徹底潰滅

一月一日，英美蘇聯中國等二十六個國家訂立了一個團結公約，決定爲着徹底消滅法西斯强盜，各國合作作戰到底，任那一個國家決不半路和法西斯强盜國家停戰議和，並且規定各國把自己的軍力財力物力完全使用出來，以便集中最大的力量，把法西斯强盜打垮，我們說，像這樣許多最强大的國家聯合一致，用所有力量和最大決心來打德意日三國强盜，這還能不把德意日打得粉碎嗎!?

晉察冀軍區政治部

中華民國三十一年一月

插图2–70　晋察冀军区政治部的中文传单《英美苏中二十六国订立团结公约　通力合作使法西斯强盗彻底溃灭》

主要内容：1月1日英美苏中二十六国订立公约，为彻底消灭法西斯，各国尽最大力量合作作战到底，“我们说，像这样许多最强大的国家联合一致，用所有力量和最大决心来打德意日三国强盗，这还能不把德意日打得粉碎吗！？”

背景：在罗斯福的建议下，1942年1月1日中英美苏等26个国家在华盛顿签署《二十六国宣言》（又称《联合国家共同宣言》），保证使用自己的全部军事和经济资源，对德意日作战。此举标志着国际反法西斯联盟正式形成。

制作时间：1942年1月

插图2-71　灵寿县政民机关团体的中文传单《纪念抗战五周年》

主要内容："敌占区的亲爱同胞们：今天是咱们中国'七七'抗战五周年的时候了，正是处在国际反法西斯、反侵略统一战线更加强固的时候"，苏英美签订协定，世界上二十几个国家联合在一起，特别是苏联战线的胜利，这一切都表明反侵略同盟国的力量正在迅速集结增强，法西斯日益接近灭亡。列表说明德国侵略苏联至今损兵折将的数据，德国法西斯就要崩溃。现在纪念抗战五年，庆祝反法西斯阵线的形成，为一切反侵略胜利欢呼。

制作时间：1942年7月（据文中内容推断）

第三章　传单的形式

如前所述,传单的优势和特点之一是在体裁、表现形式方面具有丰富多样性。从现存实物传单可以看到,抗日战争中,我方传单的体裁与表现形式十分灵活多样,除了一般形式的宣传文章外,亦有信函、数据表格、通行证、招待券、诗歌、歌谣、顺口溜,更有漫画、木刻、配文字的照片等,甚至还有借用纸币进行宣传的特殊"传单"。

一、以文字为主的一般传单

传单是用来传递信息的,复杂、抽象的信息往往只有借助文字才能充分表达。根据需要,抗战中很多传单都是以文字形式出现的。

有关文字宣传,八路军野战政治部在抗战初期就要求"对敌军宣传品要简短而有刺激性"[1]。各根据地也不断摸索经验,如1938年3月晋察冀军区根据中央加强瓦解敌军宣传工作的指示部署宣传工作时,要求各部队"制发大量的宣传品、画报、传单,最好是简短的

---

[1] 蔡前:《怎样做瓦解敌军的工作》,生活书店,1938年,第18页。

东西"[1]。1940年1月《抗敌报》发表社论《今后宣传方式的发展方向》[2]，就宣传方式提出三个原则，其中两个是"短小灵便""最简单最通俗"。

1942年，八路军野战政治部在总结经验的基础上提出了更具体的指示，要求各部队"彻底改变一般宣传的作风，走进具体宣传，各分区应解决印刷的东西，作到针对该地敌人之具体情况及时宣传。宣传品力求美观，文字避免公式化，不超过五百字，形式多样"[3]。

国民政府方面对于文字宣传也有一定要求，例如军事委员会1939年制定的《第二期抗战对敌宣传述要》总结了至今的经验教训，指出一般宣传品的最大缺点是文字冗长而内容空洞，宣传效果差，要求对宣传品的文字加以简洁，言之有物，缩小篇幅，用词不可伤害敌人感情，尽量多用图画、照片等宣传[4]。

在此，"简短"成为普遍原则。标语本来就十分简单，不存在此问题，以上实际上都是针对传单的要求，是我方编写传单应追求的标准。

此外，提高印刷效果也是我方，尤其是共产党方面一直努力的目标。纯文字的传单，印刷效果十分重要。国民政府印刷设备和纸张等都很齐全，在传单印刷上没有问题，八路军、新四军根据地条件异常艰苦，印刷设备简陋，克服重重困难印刷出来的传单往往在文字、纸质、色彩方面存在很大问题（例如插图3-15），有些传单甚至是用

---

[1] 《晋察冀抗日根据地》，史料丛书编审委员会、中央档案馆：《晋察冀抗日根据地》第一册（文献选编上），中共党史资料出版社，1989年，第155、156页。
[2] 《今后宣传方式的发展方向》，《抗敌报》第一版社论，1940年1月25日。
[3] 《八路军野战政治部关于一九四二年敌伪工作指示》，总政治部办公厅编：《中国人民解放军政治工作历史资料选编》第六册，解放军出版社，2004年。
[4] 《第二期抗战对敌宣传述要(续)》，《动员通讯》1940年第13期。

手一张张写出来的（例如插图3-1），抗战初期这种情况尤其严重，而这些问题会降低宣传效果。以活动于太行山的八路军野战政治部和一二九师为例，1941年5月前因为没有日文平假名的铸字模型，传单都是以片假名印刷（例如插图2-12、2-18、2-20、3-2），加上太行山一带我方几乎都是用石板印刷传单，印刷工人都不会日语，照样描出来的日语字体与日本的印刷物不同，因此"日人反战同盟成员无论怎么动脑筋编写文章，印成文字出来的反战传单，日本士兵只会看作是'中国共产党制作的宣传品'，加上传单制作粗糙，所以看都不看"。显然，字体异常，因手写而产生的文字变形，大大削弱了宣传效果。

为了改变这一状况，八路军总司令部在1941年5月派敌工干部刘国霖等携带日语片假名的铅字铜模，从延安出发送至太行山野战政治部。"我到达太行山区后，片假名的宣传传单可以印制了，日文印刷品的质量有了质的飞跃。"[1]例如插图2-25、2-26、3-30为平假名铅印传单，视觉效果显著提高。

即使是纯文字传单，为了能吸引被宣传者，我方往往在设计上下功夫，尽量使纸面具有冲击性视觉效果。如插图3-3，设计者将文字以每行多空一格的方法排列，使文字整体呈现特殊形状，十分引人注目。再如图3-4，文字上方的余白部分，描绘了一排昂首挺胸的荷枪士兵，面向最前方红旗飘扬的方向，显示出蓬勃向上的战斗意志，极富感染力。

---

[1] ［日］藤原彰、姫田光義編：《日中戦争下中国における日本人の反戦活動》，青木书店，1999年，第250页。

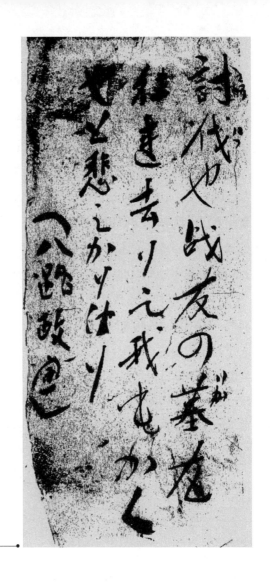

插图3-1 八路政宣的日文手写传单，无题，和歌形式

主要内容：讨伐，经过战友的坟墓，心中悲切。

制作时间不明

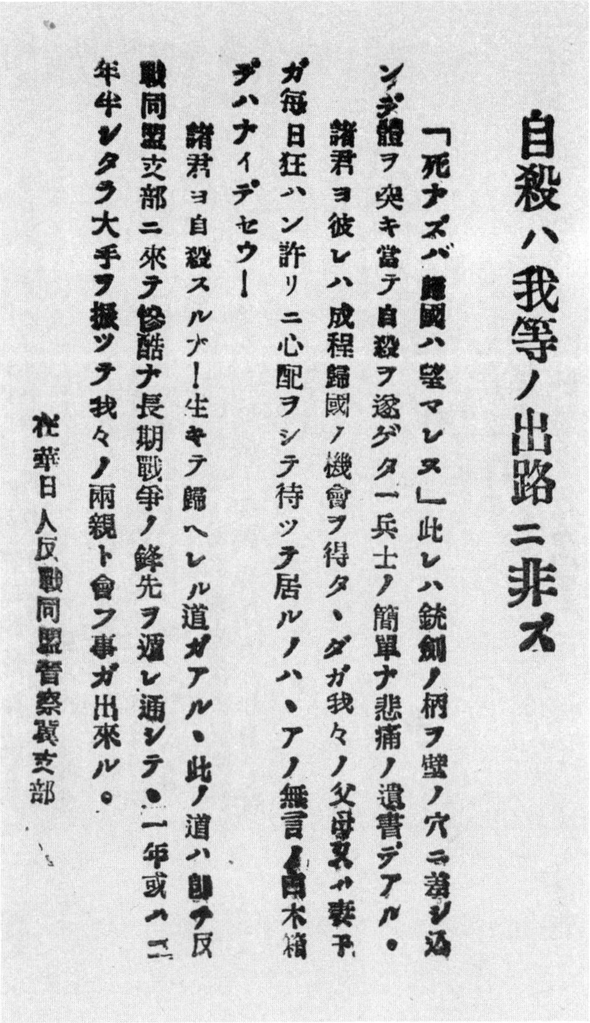

> 自殺ハ我等ノ出路ニ非ズ
>
> 「死ナズバ歸國ハ望マレヌ」此レハ銃劍ノ柄ヲ墓ノ穴ニ差シ込ンデ身體ヲ突キ當テ自殺ヲ遂グタ一兵士ノ簡單ナ悲痛ノ遺書デアル。諸君ヨ彼レハ成程歸國ノ機會ヲ得タ、ダガ我々ノ父母妻子ガ每日狂ハン許リニ心配ヲシテ待ッテ居ルノハ、アノ無言ノ骨箱デハナイデセウ！
>
> 諸君ヨ自殺スルナ！生キテ歸ヘレル道ガアル、此ノ道ハ卽チ反戰同盟支部ニ來テ慘酷ナ長期戰爭ノ鋒先ヲ避ケ通シテ一年或ハ二年半ソタラ大手ヲ振ッテ我々ノ兩親ト會フ事ガ出來ル。
>
> 在華日人反戰同盟晉察冀支部

插图3-2　在华日人反战同盟晋察冀支部的早期日文传单《自杀非我等的出路》，用片假名印刷

主要内容："不死回不了国"，这是一个自杀士兵简单悲痛的遗书。诸位啊！我们的父母妻子每天担心得快要发疯，但不是等待无声的骨灰盒归来。"诸位啊！别自杀，有活着回家的路。此路就是来反战同盟支部。避开残酷的长期战，过一两年就可以高高挥手与我们双亲再会。"

制作时间不明

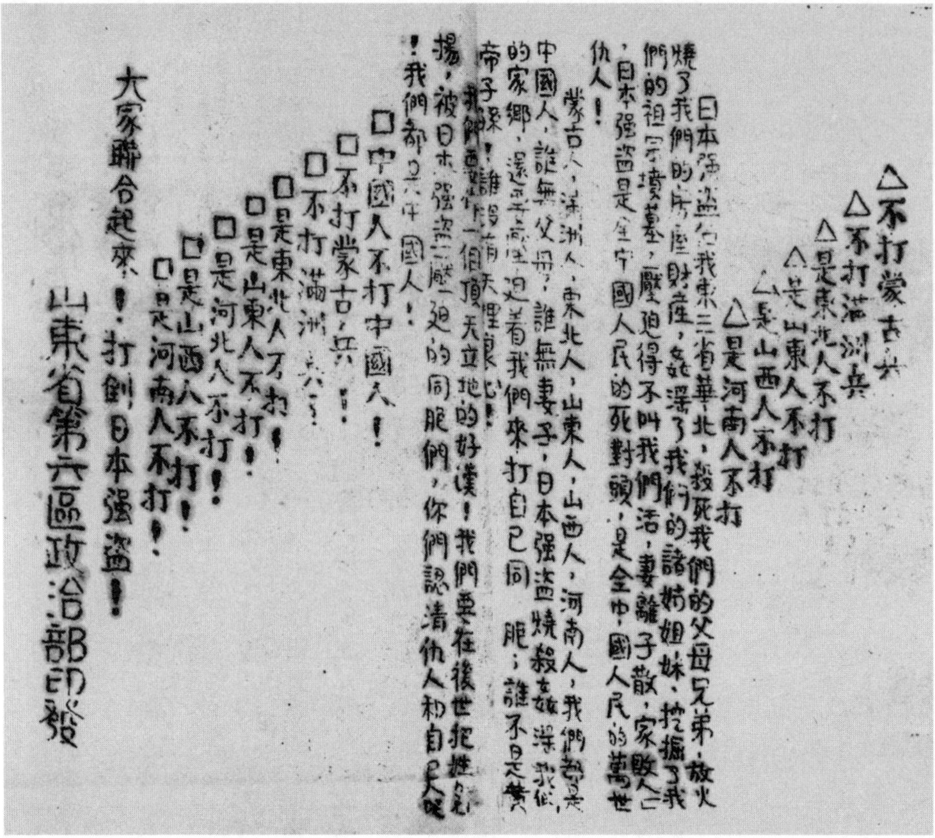

插图3-3　山东省第六区政治部的无名中文传单

主要内容："不打蒙古兵　不打满洲兵　是东北人不打　是山东人不打　是山西人不打　是河南人不打。"日寇杀人放火，使我们妻离子散，家破人亡，是中国人民的死敌。蒙古人、东北人、山东人、山西人、河南人都是中国人，是日寇逼你们打自己的同胞。"我们要做一个顶天立地的好汉"，"你们认清敌人和自己人！我们都是中国人！""大家联合起来！打倒日本强盗！"

制作时间不明

插图3-4　晋察冀军区第四分区司令员邓华、政委刘道生的中文传单《纪念抗战五周年　告敌占区同胞书》，书信形式

主要内容："亲爱的父老乡亲们！诸姑姐妹们！抗战五年了，你们虽然在日寇残暴的蹂躏压迫下……过着暗无天日的生活"，"我们十分同情"。五年以来我们粉碎了敌人速战速决的美梦，坚持久战，大量消耗了敌人的各种力量，太平洋战争后，敌人四面楚歌，更有助于中国抗战。而在苏德战场，千万红军正消灭德军，英美则开辟了第二条战线，德国受两面夹攻，必败无疑。今年消灭希特勒，明年就集中全力消灭日本，现在我们正积蓄力量准备反攻。"望你们更以艰苦的秘密工作，预祝着我们胜利吧。"

制作时间：1942年7月（据文中内容推断）

二、以图为主的传单

以图画、照片进行宣传,生动形象,简洁明了,通俗易懂,受众容易留下深刻印象,记住宣传内容。对于使用图画等形式进行宣传的重要性和必要性,国共双方都有深刻认识。

在对敌宣传方面,我方首先遇到的就是语言障碍,而图画则能比较直接地表达宣传内容,因此,我方在对日军宣传时往往制作一些以图为主的传单,以便日军看懂内容。

中国共产党方面很早就在此方面作了努力。如前所述,1938年3月晋察冀军区在部署对敌宣传工作时,要求各部队大量做画报,八路军野战政治部则要求宣传品美观,形式多样。"美观"和"形式多样"的手段之一当然包括使用图画。

国民党方面也很重视这种宣传,如前所述,1939年军委会政治处发布的《第二期抗战对敌宣传述要》要求尽量多用图画、照片等对敌宣传。因为"敌国教育虽较我普及,然士兵程度亦高低不等,且多出自农村,其中亦间有文盲,故对敌宣传品,除用敌国文字编撰之外,更易多量采用图画照片等,使敌兵一目了然,不费脑力,且在旅进旅退的战地上不必多费时间,这种艺术宣传品,有时较文字宣传品的效果,来得更大"[1]。

在对民众宣传方面,由于民众受教育的程度普遍很低,用文字宣传效果十分有限。如何解决这一问题,国共双方都有研究。抗战伊始出版的《宣传技术读本》一书是专门指导宣传工作的。该书指出

---

[1]《第二期抗战对敌宣传述要(续)》,《动员通讯》1940年第13期。

了以图画向民众宣传的必要性,"拿图画或地图分送大众代替传单,效力很大,特别是在农村中宣传,演剧和歌曲都不容易发生效力,因为其中词句农民都有不懂的,演讲也常常有枯燥的毛病,只有图画比较受人们的欢迎"[1]。

漫画是图画的一种,漫画家们在抗战初期就用笔投身于抗日战争。漫画界救亡协会主办的《救亡漫画》在1937年9月20日创刊,编辑委员会委员之一王敦庆写下的发刊词,将漫画的功能定位为"漫画战"。他在发刊词中说:"漫画是现代社会生活中最大众化的一种艺术。在太平盛世中,它能把握人间的弱点,以幽默的,讽刺的或夸大的手腕批判人生,改造社会,监督政治;在战争的时期中,它也能以同样的手腕触动人情的机微,鼓励战士们视死如归,增加人民的爱国热情,给敌人以重大的打击。"发刊词高度评价了漫画在第一次世界大战和苏联建国后所发挥的重要作用,"这是现代史上给我们关于漫画战的教训和成功,自卢沟桥的抗战一起,中国的漫画作家就组织'漫画界救亡协会',以期统一战线,准备与日寇作一回殊死的漫画战"[2]。

同样是抗战初期由爱国漫画家们编辑出版的《抗战漫画》,也反映了同样的理念。例如,该刊物第三号载文指出,现在是全民抗战,需要动员所有民众,但深处农村的民众多半缺乏国家意识,无知落后。农村的民众多半是文盲,现在迫切需要培养其民族意识,动员他们积极参加抗战,不能等扫盲了再行动,"现在我们应该赶紧利用图画来代替文字"。因为好的图画,在文盲中能获得与文字一样的效果。建议有计划地把"一切民众所需的战时知识都简练而通俗的用图画表

---

[1] 曹伯韩:《宣传技术读本》,生活书店,1938年,第74页。
[2] 王敦庆:《漫画战(代发刊词)》,《救亡漫画》创刊号,1937年。

现出来,则可以使民众在极短时间内,对抗战有充分的认识"。因为漫画家不一定了解民众的心理,文章建议漫画家与社会教育人员联合起来才能取得预期效果。文章号召漫画家用笔来战斗,燃起民众愤怒的火焰,激起民众复仇的怒潮,争取抗战胜利[1]。这基本上代表了漫画家们以漫画为武器进行抗日的心声。

除了漫画外,木刻也因其特点,在我方尤其是在抗日根据地的宣传工作中得到了广泛运用。

纸质宣传品需要大量印刷和复制,在抗日根据地,因物质条件极为艰苦,漫画、宣传画的创作和传播也受到极大的限制,难以用印刷机大量印刷出精美的宣传品,照片更是"奢侈品",既难以获得,更难以大量印刷。而木刻能以最简易廉价的方法制作,并且木刻作品可以在简陋的环境下大量印刷。这样,在各种绘画形式中木刻成为用来进行大规模宣传的首选,漫画也通过木刻画得到了活用。因此,在抗日根据地木刻被普遍用在传单宣传上。

在实际宣传中,各方也深切体会到使用图画进行宣传的好处。例如,1942年八路军一二九师总结一年来宣传工作时,指出了很多不足之处,其中有"很多宣传品太深,不易为群众所懂","图画少,文字传单多,使印发的宣传品,文字占绝大多数。因此在群众接受上比较困难"[2]。总结报告将"能为群众所熟悉与喜爱的图画"列为效果好的宣传方法,并且举例说,师政治部等以"日寇败局已定"为题,在传单上画了中日两人下棋,棋盘上的每个子都标明白日寇的困难和失败

---

[1] 涂少梅:《漫画家和社教人员连系起来》,《抗战漫画》第三号,1938年。
[2]《一九四二年宣教工作报告(节录)》,中国人民解放军政治学院编:《军队政治工作历史资料》第八册,战士出版社,1982年,第94页。

插图3-5 制作者不明的日文传单《通行证》

内容:"一、持此通行证者能在我防区内安全通过。二、持此通行证者无论在何处均绝对保证生命安全。三、持此通行证加入我战列者,给予优待。四、对负伤者亲切治疗。五、对想归国者,提供旅费。"

图画内容:中华民国国旗下,中国士兵手挽日本士兵肩膀,共同欢呼。

制作时间不明

插图3-6　晋察冀军区第四军分区政治部的中文传单《伪军同胞们》，漫画形式

内容："伪军同胞们：中国快要反攻了，对于你们自己应作长期打算，如果能够马上乘机反正，投到祖国怀抱，我们非常欢迎，如果有种种困难，不能马上脱身，就应该抱着'身在曹营心在汉'的心理，尽量帮助抗日工作，等待时机再杀敌反正，你们只要不负祖国，祖国一定不负你们。"

图画内容：我方军队手持武器列队准备反攻，背后锦旗招展，天上有大量飞机助攻。面对此，伪军在低头思考，日军则躲在背后指挥。

制作时间：1942年7月左右（与插图2-57属于同一批传单）

插图3-7　山东第六区游击司令部政治部的日文传单《应该做什么？》，漫画形式

图画内容：游行队伍为中国民众，旗号上写着"打倒侵略中国的日本军阀""一致团结""打倒日本军阀""我们的敌人是日本军部"等；以国旗代表反日阵线美国、英国等，被众多国家包围、千夫所指者为日本军阀；炮筒上的文字为"支那事件费第一次二十五亿日元。第二次四十八亿五千万日元"。此为七七事变后日本支出的军费，1938年是1937年的一倍，大炮由平民背扛着，喻示巨额军费给日本人民带来沉重负担；卡住脖子的手臂上写着"蜚语取缔"，喻示军阀扼杀日本国内言论自由；日本军人、商人在听三弦，大吃大喝，喻示战争给日本财阀、军阀带来巨大利益，战争没有影响他们花天酒地；破房子里的毫无生气、愁眉不展的妇孺老幼，喻示日本民众生活困苦；被炸得东倒西歪的日军，喻示战场的惨烈与死亡；中间一日本士兵在沉思，与标题"应该做什么？"呼应。

制作时间不明

插图3-8　晋察冀军区政治部的中文传单《长沙第三次大会战中　日寇痛打自己的嘴巴》，照片形式

主要文字内容：太平洋战争爆发后，日军为防止我军反攻，调集大军进攻长沙。日方的报纸宣传说，1月4日占领了长沙，但实际情况恰恰是1月4日日军在长沙城总崩溃，死伤达三万人以上。重庆已经安排各国武官去长沙参观。"日寇关于长沙战役虚伪的宣传，说明了它一切宣传都是假的。"

照片标题及画面："在长沙作战的中国坦克车队"。

制作时间：1942年1月。

插图3-9　八路一一五师东进支队政治部的中文传单《组织游击队　参加游击队　配合主力军作战消灭敌人》,木刻形式

图画内容:一游击队员手握钢枪在召唤。

制作时间不明

插图3-10 山东省第六区游击司令部政治部宣传科的日文传单《日本兵的苦恼》,漫画形式。

画面背景文字的主要内容:"父亲,怎么办啊?"当官的说谎,出征慰问金等一分钱也没发,阿菊的病看不好,就把孩子托人照看。"这种无聊的战争得草草收场。"

图画内容:榻榻米上坐着年迈的父母,一儿童流泪拿着桌上的空饭碗,一婴儿正在瘦小的老妪怀里哭闹,孩子的母亲则病卧在床。背景是残破的拉门。

制作时间不明

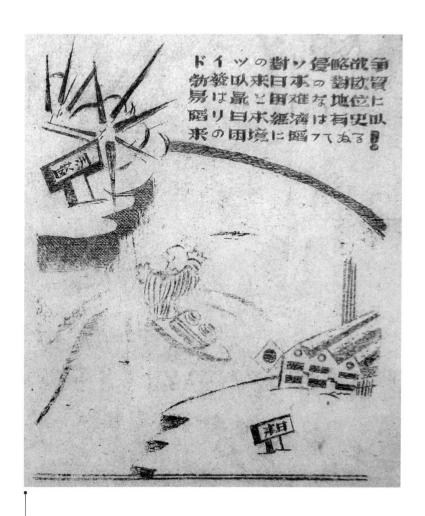

插图3-11　制作者不明的无题日文传单,漫画形式

文字内容:"德国发动对苏战争以来,日本对欧贸易陷入最困难的地步,日本的经济陷入有史以来的困境。"

图画内容:左上方为战火纷飞的欧洲,右下方为插着国旗的日本,工厂烟筒无烟,处于停工状态。两地之间的海洋上,一日人乘坐的轮船正驶向欧洲。

制作时间不明

插图3-12 在华日本人民反战同盟晋察冀支部的日文传单《期待实现》,木刻形式

文字内容:"一、停止战争!二、反战同盟等待着诸位。三、追求自由和平。四、与中国人民携手共同反对日本军阀!解放日本人民!"

图画内容:一日本士兵高举"反战"旗帜,挥手号召朝着写有"和平自由"的太阳前进。

制作时间不明

以及我们胜利的诸条件。"敌占区老百姓看了过后说：这一下子日本没有棋子走了。"[1]因此，要求增加这类宣传。

因为是传单，纸面可以灵活设计，因此，从现存传单看，很多传单都是图文并茂，"图"以木刻为主，也有漫画、宣传画，甚至偶尔还有照片，充分发挥了传单的特点。插图3-5至3-12均为此方面传单。

三、书信类形式的传单

在对敌宣传中，书信也是常用的形式。因为其内容与传单一样，只不过是采用了信函、明信片、贺年片的形式，"指名道姓"地言明了宣传对象，实际上就是传单的"变体"。

这种宣传品根据宣传对象，可以分两种，一种是针对一般或特定群体的公开信，通常以"告××××书"为名。我方在给敌伪，尤其是伪军宣传时，就经常使用（如插图3-13至3-17）。从现存传单看，除了有"告××××书"外，也有真正的书信体，使用正式信笺的信函（如插图3-18、3-19）。二是针对特定的对象，这些对象包括事先调查清楚的据点、战死者友人、具体个人（如日伪军及其家属、伪组织人员及其家属）（如插图3-20）。日军俘虏大量加入反战组织后，这种宣传更具普遍性。由他们来写信，特别是给原来的部队写信，因为彼此身份曾经相同，甚至还很熟悉，可以拉近距离，书信内容容易被接受，宣传效果非常好。

每逢新年亲朋好友之间互寄贺年片，炎夏发出"暑中问候"的明

---

[1] 《一九四二年宣教工作报告（节录）》，中国人民解放军政治学院编：《军队政治工作历史资料》第八册，战士出版社，1982年，第93页。

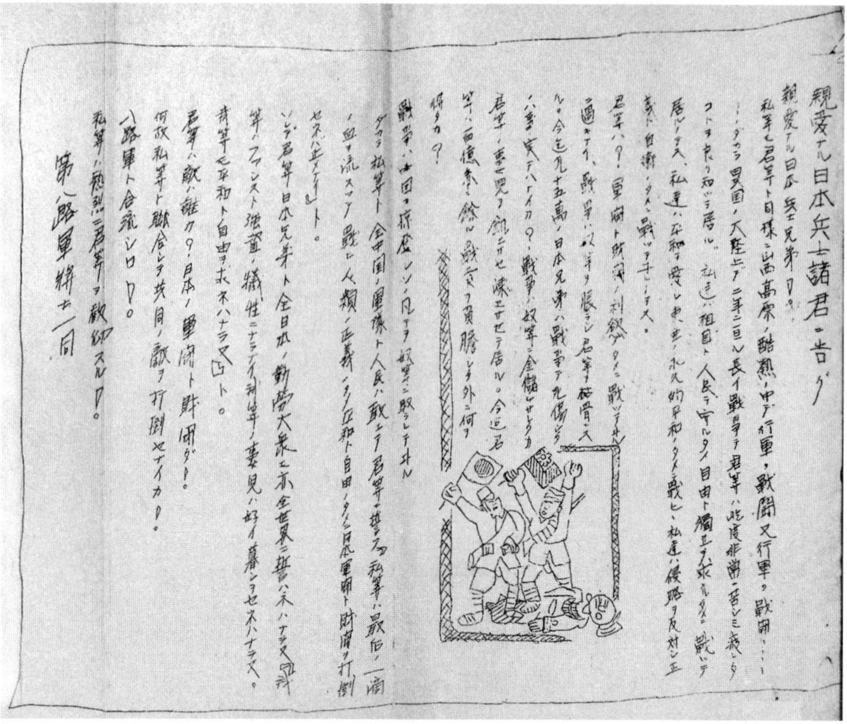

親愛ナル日本兵士諸君ニ告グ

親愛ナル日本兵士兄弟ヨ。

私等モ君等ト同様ニ山西高原ノ酷熱ノ中デ行軍、戦闘又行軍ノ戦闘……

……ダカラ異国ノ大陸ニテ二年ニ亘ル長イ戦争デ君等ハ此度非常ニ苦シミ疲レタコトヲ良ク知ッテ居ル。私達ハ祖国ト人民ヲ守ルタメ自由ト独立ヲ求ルタメニ戦ッテ居ルノデス、私達ハ平和ヲ愛シ東亜ノ永久的平和ノタメニ戦ヒ、私達ハ侵略ヲ反対シ正義ト自衛ノタメニ戦ッテ居ルノデス。

君等ハ？軍閥ト財閥ノ利欲ノタメニ戦ッテ居ルニ過ギナイ、戦争ハ奴等ヲ肥ヤシ君等ヲ骸骨ニ入ル。今迄九十五万ノ日本兄弟ハ戦争デ死傷シタハ事実デハナイカ？戦争ハ奴等ニ金儲ケサセルカ君等ノ妻ヤ児ヲ飢エサセ凍エサセテ居ル。今迄君等ハ百億余ニ餘ル戦費ヲ負担シタ外ニ何ヲ得タカ？

戦争ハ中国ヲ荒廃シツツ凡テヲ奴等ニ取ラレテ居ル

ダカラ私等ト全中国ノ軍隊ト人民ハ敵ニテ君等ニ告ゲル私等ハ最後ノ一滴ノ血ヲ流スマデ戦ヒ人類ノ正義ノタメ平和ト自由ノタメ日本軍閥ト財閥ヲ打倒セネバ止メナイト。

ソレデ君等日本兄弟ト全日本ノ勤労大衆ニ亦全世界ニ誓ハネバナラヌ事ハ君等ハファシスト強盗ノ犠牲ニナラナイ君等ノ妻児ハ好イ暮シヲセネバナラヌ。君等モ平和ト自由ヲ求ネバナラヌ事ト。

君等ハ敵ハ誰カ？日本ノ軍閥ト財閥ダ！

何故私等ト聯合シテ共同ノ敵ヲ打倒セナイカ！

八路軍ト合流シロ！

私等ハ熱烈ニ君等ヲ歓迎スル！

第八路軍将士一同

插图3–13　八路军全体将士的日文传单《告亲爱的日本士兵诸君》，书信形式

主要内容：亲爱的日本士兵兄弟：我们和你们一样都在山西高原酷热中行军、战斗，极度困苦，我们知道你们在异国长达两年的战争中饱受困苦。我们八路军是为了保卫祖国、人民，为自由独立而战，为和平正义和自卫而战，你们是为军阀、财阀的私欲而战，你们战死战伤，妻儿饥寒。你们的敌人是军阀、财阀。"为什么我们不联合起来打倒共同的敌人呢。跟八路军在一起吧！我们热烈欢迎诸位！"

制作时间：约1940年（据文中内容判断）

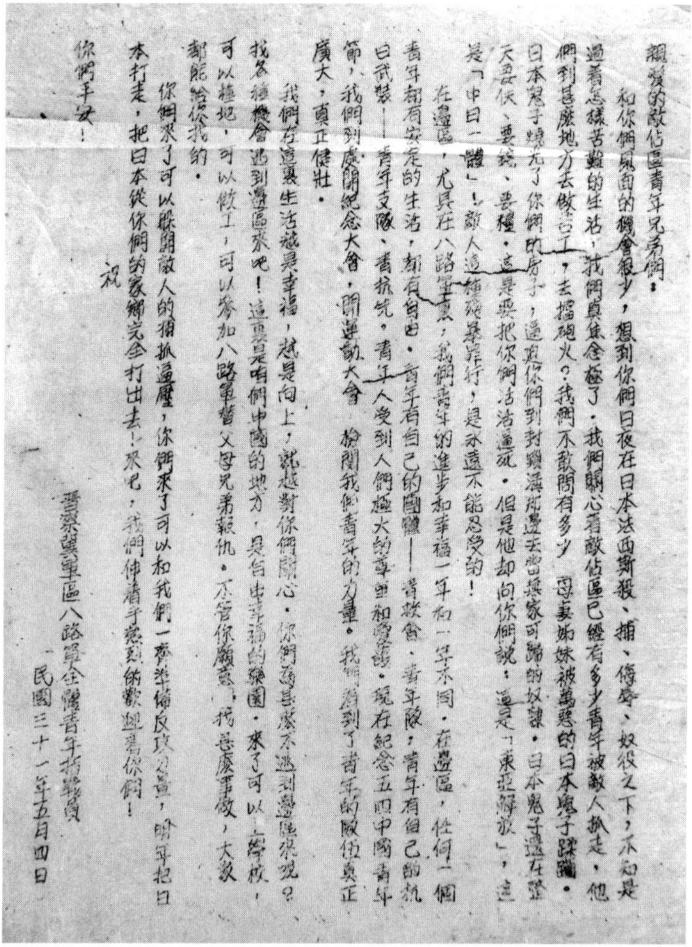

親愛的敵佔區青年兄弟們：

和你們見面的機會很少，想到你們日夜在日本法西斯殺、捕、侮辱、奴役之下，不知是過着怎樣苦難的生活，我們真焦急極了。我們關心着敵佔區已經有多少青年被敵人抓走，他們到甚麼地方去做苦工，去擋砲火？我們不敢問有多少母妻姊妹被萬惡的日本鬼子蹂躪。日本鬼子燒光了你們的房子，逼迫你們到封鎖溝那邊去當無家可歸的奴隸。日本鬼子還在整天要伕、要錢、要糧。這是要把你們活活逼死。但是他却向你們說：這是「東亞解放」，這是「中日一體」！敵人這種殘暴罪行，是永遠不能忍受的！

在邊區，尤其在八路軍裏，我們青年的進步和幸福一年和一年不同。在邊區，任何一個青年都有安定的生活，都有自由。青年有自己的團體——青救會、青年隊；青年有自己的抗日武裝——青年支隊、青抗先。青年人受到人們極大的尊重和愛護。現在紀念五四中國青年節，我們到處開紀念大會，開運動大會，檢閱我們青年的力量。我們看到了青年的隊伍真正廣大，真正健壯。

我們在這裏生活總是幸福，總是向上，就越對你們關心。你們為甚麼不逃到邊區來呢？找各種機會逃到邊區來吧！這裏是咱們中國的地方，是自由幸福的樂園。來了可以入學校，可以種地，可以做工，可以參加八路軍替父母兄弟報仇。不管你願意做甚麼事，大家都能給你找的。

你們來了可以躲開敵人的捕抓逼壓，你們來了可以和我們一齊準備反攻力量，明年把日本打走，把日本從你們的家鄉完全打出去！來吧，我們伸着手熱烈的歡迎着你們！

祝

你們平安！

晉察冀軍區八路軍全體青年指戰員

民國三十一年五月四日

插图3–14　晋察冀军区八路军全体青年指战员的中文传单《亲爱的敌占区青年兄弟们》，书信形式

主要内容："亲爱的敌占区青年兄弟们：……想到你们日夜生活在日本法西斯杀、捕、侮辱、奴役之下……我们真焦念极了。"日寇在敌占区抓走很多青年做苦工，当炮灰，而母亲、妻子、姐妹被敌人蹂躏。鬼子烧你们的房子，让你们做奴隶，但却说要"解放东亚""中日一体"。而在边区，尤其在八路军中，青年很幸福，有安定自由的生活，有自己的组织。现在正是五四青年节，青年们有丰富多彩的活动。边区的生活很自由幸福，大家找机会逃到边区来吧，可以躲开敌人的抓捕，可以杀敌报仇，与八路军一起打走日寇。

制作时间：1942年5月4日

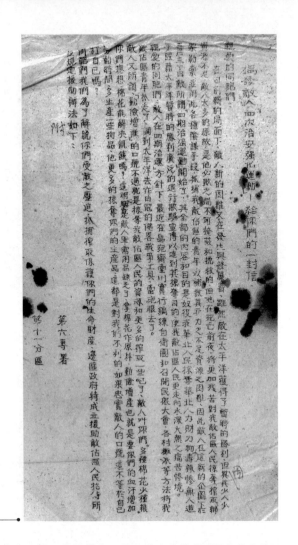

插图3-15　晋察冀边区第六专署第十一分区的中文传单《揭发敌人"四次治安强化运动"——给你们的一封信》,公开信形式

主要内容:"亲爱的同胞们:在目前新的局面下……虽然敌在太平洋获得了暂时的胜利,但其兵少人少资源不足,敌人太多的原故,是他必败之局不可掩蔽和拯救的。"在灭亡之前,日寇3月30日开始了四次治安强化运动,目的在于奴役华北人民,掠夺其财力人力物力的。现在敌人在华北组织自卫团,抓捕青年,号召"勤俭增产"以掠夺粮食棉花。为了帮助敌占区人民摆脱压迫和抓捕,"边区政府特成立援助敌占区人民招待所,并规定援助办法如下:附"。

制作时间:1941年3月后(据文中内容推断)

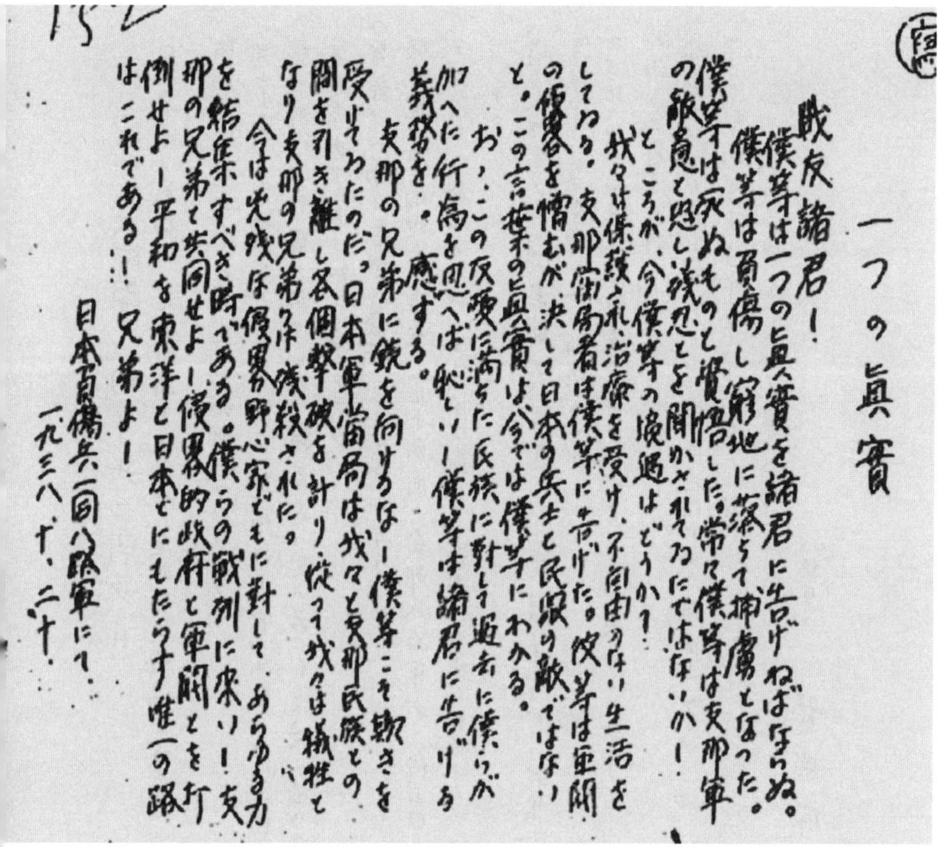

152

一つの眞實

戰友諸君！

僕等は一つの眞實を諸君に告げねばならぬ。

僕等は負傷し窮地に落ちて捕虜となった。僕等は死ぬものと覚悟した。常々僕等は支那軍の敵意と残忍とを聞かされてゐたではないか！

ところが、今僕等の境遇はどうか？

我々は保護され、治療を受け、不自由のない生活をしてゐる。支那當局者は僕等に告げた。彼等は軍閥の侵略を憎むが、決して日本の兵士と民衆の敵ではないと。この言葉の眞實は今では僕等にわかる。

おゝ、この友愛に満ちた民族に對して過去に僕らが加へた行為を思へば恥しい！僕等は諸君に告げる義務を感ずる。

支那の兄弟に銃を向けるな！僕等こそ欺きを受けてゐたのだ。日本軍當局は我々と支那民族との間を引き離し各個撃破を計り、從って我々は犠牲となり支那の兄弟は残殺された。

今は兇残な侵略野心家どもに對して、あらゆる力を結集すべき時である。僕らの戰列に來い！支那の兄弟と共同せよ！侵略的政府と軍閥とを打倒せよ！平和を東洋と日本とにもたらす唯一の路はこれである！兄弟よ！

日本負傷兵一同八路軍にて

一九三八、十、二十。

插图3-16　在八路军处的日本伤兵的日文传单抄件《一个真实》，公开信形式

主要内容："战友诸君：我们必须告诉诸位一件真事。"我们受伤陷入绝境，以为会被俘后死路一条，但八路军给予保护和治疗，现在过着自由的生活。中国当局告诉我们，他们憎恶的是军阀的侵略，日本士兵和民众不是他们的敌人。"现在我们明白了这句话是真的。我们感到有义务告诉诸位，想到过去对于这一充满友爱的民族的行为就感到羞愧。"请诸位加入我们的战斗行列，与中国兄弟一起打倒侵略政府与军阀，给东亚和日本带来和平。

制作时间：1938年10月20日

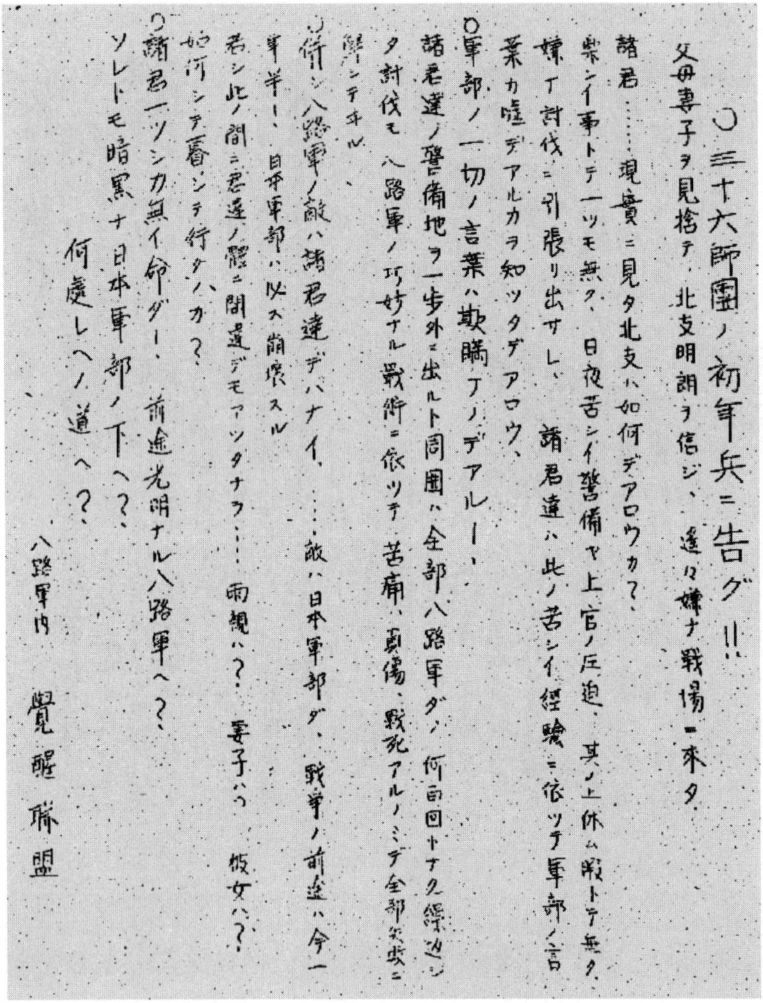

○三十六師団ノ初年兵ニ告グ！！！

父母妻子ヲ見捨テ、北支明朗ヲ信ジ、逢々嬉々戦陽ニ来タ

諸君……現実ニ見タ北支ハ如何デアロウカ？

紫シイ事トテ一ツモ無ク、日夜苦シイ警備ヤ上官ノ圧迫、其ノ上休ム暇トテ無ク、嫁ギ討伐ニ引張リ出サレ

諸君達ハ此ノ苦シイ経験ニ依ツテ軍部ノ言葉ガ嘘デアルカヲ知ッタデアロウ。

○軍部ノ一切ノ言葉ハ欺瞞ナノデアル！

諸君達ノ警備地ヨ一歩外ニ出ルト周囲ハ全部八路軍ダ。何而回十ヵ九繰返ニ

タ討伐モ八路軍ノ巧妙ナル戦術ニ依ツテ苦痛、負傷、戦死アルノミデ全部失敗ニ

終ッテヰル。

○諸々ニ八路軍ノ敵ハ諸君達デハナイ、……敵ハ日本軍部ダ、戦単ノ前途ハ今ヤ

単単！ 日本軍部ハ以後崩壊スル

君シ此ノ間違ヲ君達ニ問違デモアッタナラ……雨親ハ？ 妻子ハ？ 彼女ハ？

如何シテ暮シテ行クカ？

○諸君ニツシカ無イ命ダ、……前途光明ナル八路軍ヘ？

ソレトモ暗黒ナ日本軍部ノ下ヘ？ 何処シヘノ道ヘ？

八路軍内

覚醒聯盟

插图3-17 日本驻北京大使馆报告中"八路军内觉醒联盟"的日文传单《告三十六师团新兵》，公开信形式，局部抄件[1]

主要内容：舍弃父母妻儿，以为华北安全太平，但你们来后看到了什么？军部说的一切都是谎言！八路军的敌人不是你们，是日本军部！如果你们有三长两短，你们的父母怎么过？"命只有一条，是投前途光明的八路军，还是留在黑暗的日本军部下？何去何从？"

制作时间不明

---

[1] "中共側最近の邦文宣伝"，1942年，外務省外交史料館/外務省記録/A門政治、外交/7類戦争/北京情報，日本亚洲历史资料中心档案编号：B02032461300。

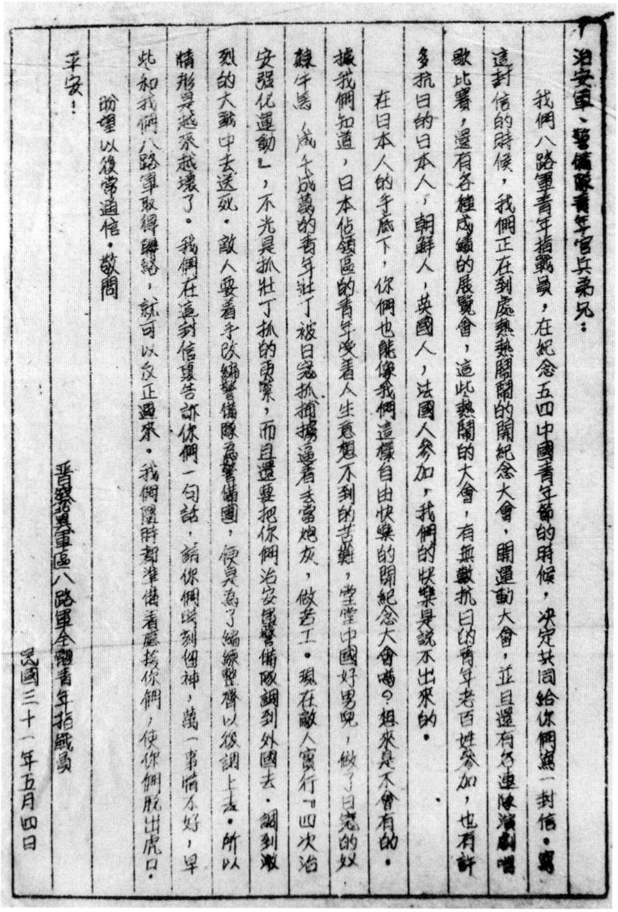

治安軍、警備隊青年官兵弟兄：

我們八路軍青年指戰員，在紀念五四中國青年節的時候，決定共同給你們寫一封信。寫這封信的時候，我們正在到處熱熱鬧鬧的開紀念大會，開運動大會，並且還有各連隊演劇唱歌比賽，還有各種成績的展覽會，這些熱鬧的大會，有無數抗日的青年老百姓參加，也有許多抗日的日本人、朝鮮人，英國人，法國人參加，我們的快樂是說不出來的。

在日本人的手底下，你們也能像我們這樣自由快樂的開紀念大會嗎？想來是不會有的。據我們知道，日本佔領區的青年受着人生意想不到的苦難，堂堂中國好男兒，做了日寇的奴隸牛馬，成千成萬的青年壯丁被日寇抓捕，逼着去當炮灰，做苦工。現在敵人實行"四次治安強化運動"，不光是抓壯丁抓的更緊，而且還要把你們治安軍警備隊調到外國去，調到激烈的大戰中去送死。敵人要着手改編警備隊為警備團，便是為了編練整齊以後調上去。所以情形是越來越壞了。我們在這封信裏告訴你們一句話，請你們時刻留神，萬一事情不好，早些和我們八路軍取得聯絡，就可以反正過來。我們隨時都準備着應援你們，使你們脫出虎口。

盼望以後常通信。敬問

平安！

晉察冀軍區八路軍全體青年指戰員

民國三十一年五月四日

插图3–18　晋察冀军区八路军全体青年指战员的中文传单，公开信形式

主要内容："治安军、警备队青年官兵弟兄：我们八路军青年指战员，在纪念五四中国青年节的时候，决定共同给你们写一封信，写这封信的时候，我们正在到处热热闹闹的开纪念大会，开运动大会，并且还有各连队演剧唱歌比赛，还有各种成绩的展览会，这些热闹的大会，有无数抗日的青年老百姓参加，也有许多抗日的日本人、朝鲜人、英国人、法国人参加，我们的快乐是说不出来的。在日本人的手底下，你们也能像我们这样自由快乐的开纪念大会吗？"敌占区的青年正在受难，被抓壮丁，当炮灰，做苦工。敌人还要把治安军、警备队改编，调到前线去送死，"请你们时刻留神，万一事情不好，早些和我们八路军取得联系，就可以反正过来。我们随时都准备着应援你们，使你们脱出虎口。盼望以后常通信"。

制作时间：1942年5月4日

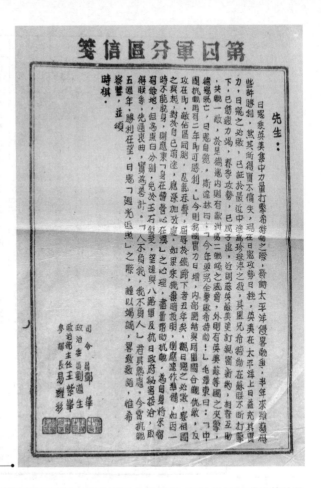

插图3-19 晋察冀军区第四军分区司令员邓华、政治委员刘道生等给伪军、伪官的信函，书信形式

主要内容："_____先生：日寇乘英美集中力量打击希特勒之际，发动太平洋侵略战争，半年来虽获得些许胜利，然所得实际不偿失。"现已遭美英的反击，如中途岛之役。而在欧洲战场德国遭苏联打击遇到失败。最近英美苏签订协议共同对抗敌人。"德寇既亡，日寇自毙。斯达林曰：'今年要完全击败希特勒！'毛泽东曰：'中国抗战再有二年即可胜利。'"中国抗战力量日增，反攻在即，"对于自己前途，应深加考虑，如果乘机弃暗投明，则应速作准备，如因一时不能脱身，则应秉'身在曹营心在汉'之心理，尽量帮助抗战，为自己将来留有余地，但为黑白分别……望速与八路军及抗日政府秘密接洽"，"人不负我，我不负人"。"今当抗战五周年，胜利在望，日寇'回光返照'之际，谨以竭诚，略致数语，惟希时祺。"

制作时间：1942年7月（据文中内容推断）

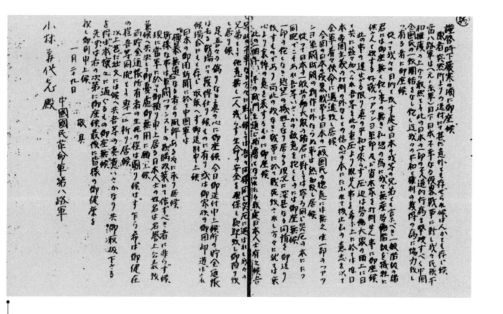

插图3-20　外务省报告中中国国民革命军第八路军给"小林□代志先生"的日文信件抄件局部[1]

主要内容:"突然致函,想必极感意外,见谅。"我们八路军是为争取和平而斗争的军队,正在抵抗日本的侵略战争。作为普通阶级的日本士兵可以说是我们的兄弟,法西斯军部和资本家为了一己私欲而将我们无产阶级当做战争的牺牲品。不打倒他们就没有和平,劳动大众就会一直受压迫。这次日本发动侵华战争并非一般国民的意愿,完全是军阀、财阀的意志,不如说日本的一般劳动大众也是受害者,我们对他们没有任何敌意。在这一年战斗中,有些日本人成了我们的俘虏,我们视为兄弟,生命都获得了安全。现在寄上的存折是我们在战场上获得的,估计你们会遇到麻烦,便寄了过来。日本的报纸风评说中国军队"横暴无道",相信没有人听信法西斯军阀的这种欺骗宣传。另外,我们对我军保管的存折主人加以保密,敬请放心。还有,我们不知道这些存折的主人是否活着,希望健在。最后祝诸位健康。

背景:1938年1月日军山崎部队在河北盐山县韩家集被八路军包围,日军突围时一军官遗落了由其保管的本队军官存折。存折上写有军官姓名及其家属在华地址。1939年2月,八路军利用获得的地址和姓名给该部队官兵及其家属邮寄存折,同时附上反战传单、信函、宣传册各一份。邮件有14份成功寄到收信人手中,有15件被日本驻邮局宪兵查获拦截。

制作时间:1939年1月29日

---

[1] "昭和13年宣伝ニ関スル綴(イ号)",1938年,国立公文書館/返還文書/返還文書(旧陸海軍関係),日本亚洲历史资料中心档案编号:A03032317200。

信片互致问候是日本人的习俗，在战争后期，战场上的日军基本上收不到日本国内贺年片和"暑中问候"了。我方便利用这种机会给日军寄发。例如，太行等地反战同盟支部寄给日军各据点的卡片，不仅唤起士兵的乡愁，也让他们感受到形势越来越不利——连最起码的贺年片都无法寄了，更拉近了士兵与反战同盟的距离。我方无法邮寄时则设法送进敌人据点或在据点附近散发。例如，新四军第五师政治部的武装宣传队有一次是半夜将贺年片挂在敌人来往必经之路的墙上，结果被敌军全部摘走。

我方不仅给日军，给伪军等也寄发贺年片。例如新四军就给伪军发过，贺年片正面写着问候语，背面则印着宣传文[1]。

书信的投递形式，如果是针对群体的，则与传单一样散发，或将其放在仿制的日军公用信封里，设法混入日军的传信站，进入日军机关、据点。如果是针对特定对象的，则通过邮局，或指派人员送达。

四、数据表格形式的传单

要用有限的文字简明扼要说清楚某个问题，数据表格往往是有效的方法之一。我方在利用传单宣传时，也注意充分发挥表格的作用。如前所述，中央军委总政治部1941年12月17日发出的《中央军委总政治部关于太平洋战争爆发后对敌伪及对敌占区人民的宣传与工作指示》，特地提到要使用统计表等形式进行宣传，以提高效果。这说明利用统计表等宣传业已受到重视。插图3-21以及2-12便是这类传单。

---

[1] 《对敌伪顽的宣传工作》，中国人民解放军政治学院编：《军队政治工作历史资料》第七册，战士出版社，1982年，第97页。

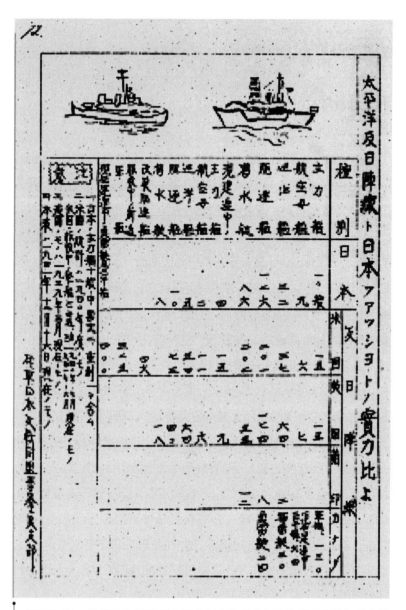

插图3-21　反战同盟晋察冀支部的日文传单《太平洋反日阵线与日本法西斯的实力比较》,数据表格形式

主要内容:列表比较日本与美英等反日阵线的主力舰、航空母舰、巡洋舰等船舰数量。

制作时间不明

五、通行证

对敌宣传的最终目的是充分瓦解敌方,促使其投降甚至倒戈。如前所述,抗战期间,无论是我方还是敌方都利用通行证进行过激烈较量,通行证是当时普遍散发的传单之一。

虽然我方制定了俘虏政策,但要让日军克服对投降后未知因素的恐惧心理,放心走出第一步还是极其困难的。加上日军不会中文,即使想投降,碰到我方人员首先就会碰到语言障碍,无法表达意思,顺利投降。为了扫除这一障碍,打消日军士兵的顾虑,国民党、共产党方面都不约而同使用了"通行证"这一特殊利器。

其实"通行证便是投降证,因为敌人最忌讳降参[1] '投诚'等字样,为避免伤害他们的自尊心起见,便采用了'通行证'这个名目"[2]。日军在八一三事变时已经大量散发投降证[3],国民党方面何时使用"通行证"作为宣传品不得而知,军事委员会政治部1939制定的《第二期抗战对敌宣传述要》已经将其列举为有效的宣传形式之一。如前所述,八路军1938年4月的出版物就重点介绍了这一对敌宣传的利器,说明八路军方面至晚在1937年末1938年初就已经使用这种通行证。有心投降的日军士兵获得了这种通行证,等于是吃了定心丸,遇到机会,随时都能安心行动。插图3-22即八路军早期发行的一种通行证。

---

[1] 降参:日语投降之意。
[2] 《第二期抗战对敌宣传述要(续)》,《动员通讯》1940年第13期。
[3] 据日军在上海负责传单设计者太田天桥回忆,当时曾经设计过投降证在上海及其他地区散发。[日]《日本週報》第483号,1959年,第76页。

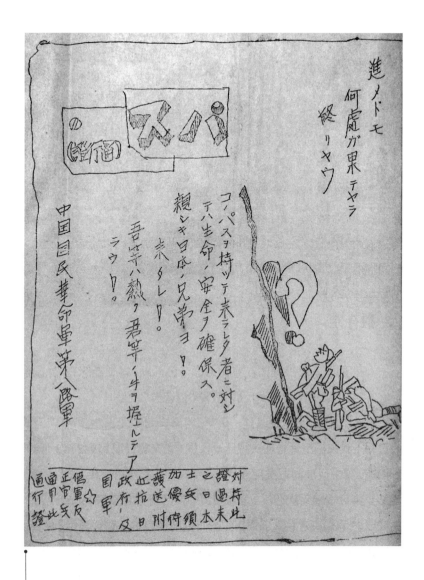

插图3-22 中国国民革命军第八路军的日文、中文传单《巴斯(通行证)》

日文内容:"通行证 往前走,何处是终点啊? 对持此通行证来者,确保生命安全。亲爱的日本兄弟啊! 来吧! 我们热情地握你们的手!"中文内容:"对持此证过来之日本士兵须加优待护送附近之抗日政府及国军。伪军反正官兵通用此通行证。"

制作时间:约1940年

朝鲜义勇队也采用了"通行证"。通行证有两种,第一种是争取日军反正的日文通行证。证上写有:"A. 持此通行证可于我军防地内安全通过。B. 持此通行证,无论至何处,生命有绝对安全保证。C. 持此通行证参加我战线者予以优待。D. 负伤者,亲切为之治疗。E. 欲归国者,发给路费。"第二种通行证是专门为朝侨印制的。据当时义勇队的通讯报道,"在豫北(即河南北部)平汉路某县和某县一带的朝鲜同胞得了以本队(即朝鲜义勇队)名义发的通行证、标语和传单"[1]。

六、招待券

华北的日人反战同盟在宣传方面十分活跃,各支部想方设法进行宣传,吸引日军士兵倒戈反战,散发"招待券"便是其一。

1942年各支部利用建立一周年之际,向日军发出"招待券",邀请日军士兵来根据地参加庆祝活动。据《晋察冀日报》1942年3月27日报道,冀中反战同盟支部成立一年以来,积极举行宣传,制作的宣传品受到日本士兵欢迎。支部长田中实对《晋察冀日报》记者说,受此鼓舞,"我们决定在支部周年纪念日以前,发出招待券,邀请他们来参加我们的周年纪念大会,这可能收到更大的效果的"[2]。因为在此前已经有六个日本士兵拿着该支部发出的通行证来到根据地。晋察冀支部也使用了同样的方法,插图3-23即为该支部发出的招待券。

散发招待券可谓一举两得,一来能扩大反战同盟的影响,使日本

---

[1] 靖鸣等:《抗战时期朝鲜义勇队在桂林等地新闻宣传活动初探》,《新闻与传播研究》2009年第2期,第21页。
[2] 《冀中日人反战同盟支部长田中实先生访问记》,《晋察冀日报》1942年3月27日。

插图3-23 在华日本人民反战同盟晋察冀支部的中、日文传单《在华日本人民反战同盟晋察冀支部创立一周年纪念扩大大会招待信》

纯文字一面为日文,主要内容:"日本士兵及居留民各位:时局正面临重大急迫之状况。下月5月4日迎来我支部创立一周年",准备扩大召开纪念大会,热情邀请各位。会议的中心议题是,在此侵略战争中,我同胞如何脱离苦海,如何追求和平、自由、幸福。敬请出席,万一不便莅临,希望发来书面意见。配有图案一面为中、日文,主要内容:绝对保证持此证者生命安全。出示此证后,八路军与中国人会亲切引导至会场。大会负责与会者费用。支部负责送归与会者。会期。会址。

制作时间:1942年4月

士兵知道八路军中有由原日军士兵建立的反战组织,并且已经存在一年。二来可以让更多的日本士兵倒戈。因为持通行证来根据地对日军士兵来说,可能意味着"投降",而拿着"招待券"过来参加庆祝活动则能免去这种色彩。

七、诗歌类形式的传单

诗歌、歌谣、打油诗、顺口溜等是人们喜闻乐见的,并且因其朗朗上口的特点,容易被记住、传播,非常适合用来作为宣传的载体。

在宣传过程中,我方逐渐认识到无论是对敌伪还是民众,公式化、教条化、政治化的宣传难以取得理想效果,而利用诗歌、歌谣、顺口溜等形式编写传单宣传,能避开宣传品的"严肃"面孔,达到事半功倍的效果。例如八路军一二九师在总结对敌宣传经验时报告了几种效果好的宣传方法,其中有"能为群众所唱的歌谣"。因为区党委将日军的"治安强化瓦解"编成了歌谣,"襄垣敌占区老百姓说:'讲的可不错,是真事。'"[1]新四军有一次在江苏六合宣传时,散发了有日本诗歌的传单,日军拿到后说好[2]。

日人反战同盟冀中支部在总结宣传的经验教训时也指出:"冀中支部因为印刷条件的限制,不能有更多的刊物和精美的宣传品,但是,我们有一种有力的宣传武器,能激动士兵之心弦,那就是文艺

---

[1]《一九四二年宣教工作报告(节录)》,中国人民解放军政治学院编:《军队政治工作历史资料》第八册,战士出版社,1982年,第93页。
[2]《对敌伪顽的宣传工作》,中国人民解放军政治学院编:《军队政治工作历史资料》第七册,战士出版社,1982年,第96页。

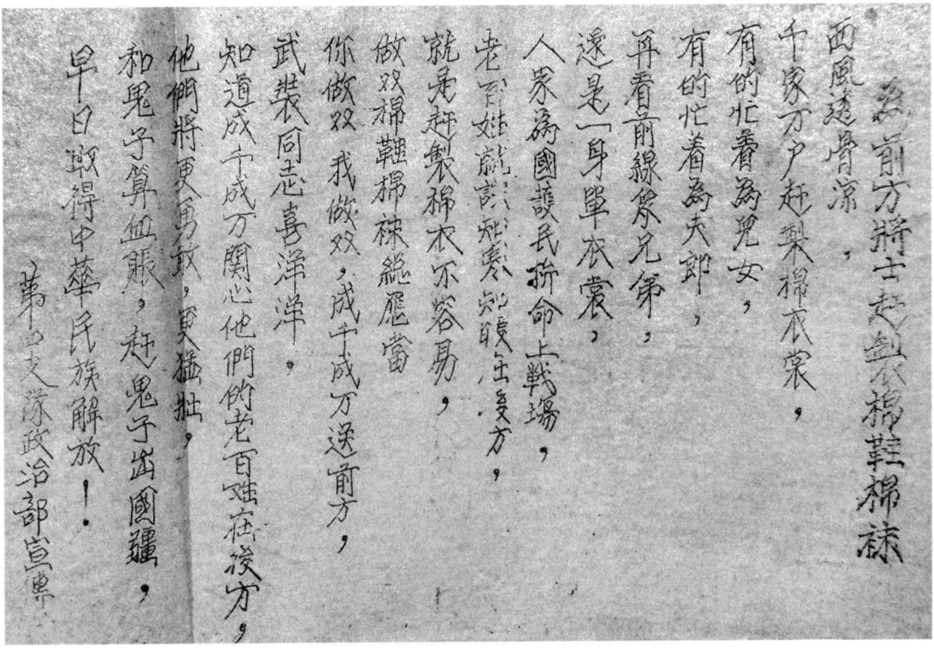

為前方將士赶製棉鞋棉袜

西風透骨涼，

千家万户赶製棉衣裳，

有的忙着為兒女，

有的忙着為夫郎，

再看前線衆兄弟，

還是一身單衣裳，

人家為國護民拚命上戰場，

老百姓就該知寒知暖在後方，

就是赶製棉衣不容易，

做双棉鞋棉袜總應當

你做双 我做双，成千成万送前方，

武裝同志喜洋洋，

知道成千成万關心他們的老百姓在後方，

他們將更勇敢，更猛壯，

和鬼子算血賬，赶鬼子出國疆，

早日取得中華民族解放！

第四支隊政治部宣傳

插图3–24 第四支队政治部宣传科的中文传单《为前方将士赶制棉鞋棉袜》，顺口溜形式

内容："西风透骨凉，千家万户赶制棉衣裳，有的忙着为儿女，有的忙着为夫郎，再看前线众兄弟，还是一身单衣裳，人家为国护民拼命上战场，老百姓就应该知寒知暖在后方，就是赶制棉衣不容易，做双棉鞋棉袜总应当，你做双我做双，成千成万送前方，武装同志喜洋洋，知道成千成万关心他们的老百姓在后方，他们将更勇敢，更猛壮，和鬼子算血帐，赶鬼子出国疆，早日取得中华民族解放！"

制作时间不明

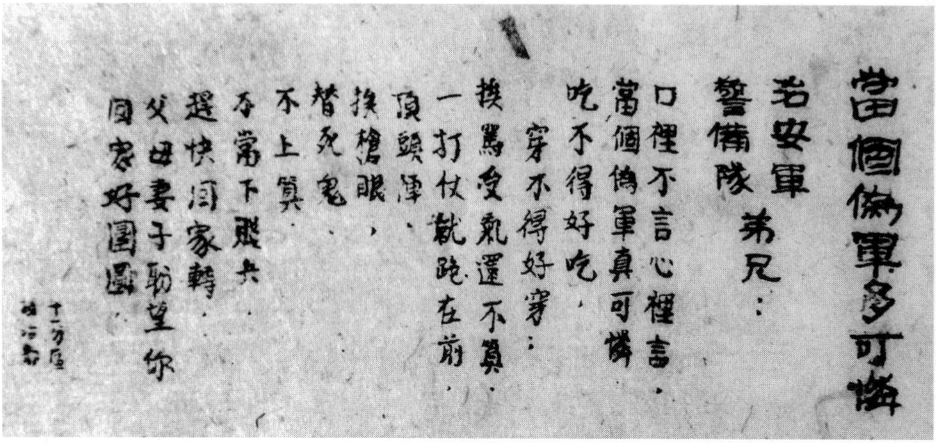

插图3-25　晋察冀十一分区政治部的中文传单《当个伪军多可怜》,顺口溜形式

内容:"治安军、警备队兄弟:口里不言心里言,当个伪军真可怜,吃不得好吃,穿不得好穿,挨骂受气还不算,一打仗就跑在前,顶头阵,挨枪眼,替死鬼,不上算,不当下贱兵,赶快回家转,父母妻子盼望你,回家好团圆。"

制作时间不明

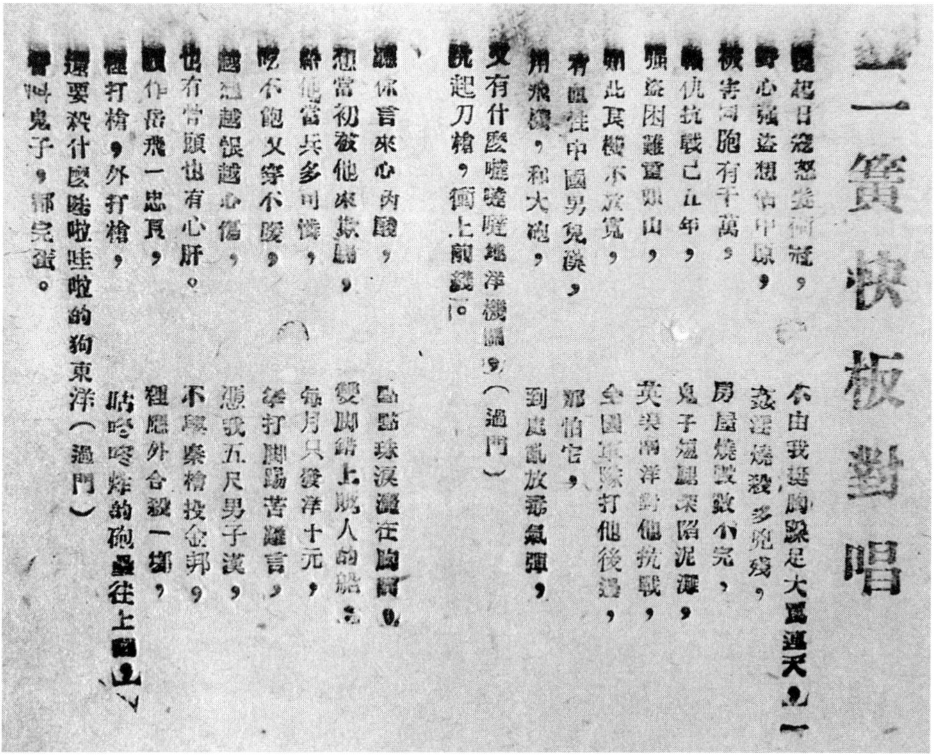

二簧快板對唱

提起日寇怒髮衝冠，不由我挺胸跺足大罵連天（上）
野心強盜想佔中原，姦淫燒殺多兇殘，
被害同胞有千萬，房屋燒毀數不完，
報仇抗戰已五年，鬼子[illegible]深陷泥潭，
強盜困難實如山，英美兩洋對他抗戰，
[illegible]此兵機不放寬，全國軍隊打他後邊，
有血性中國男兒漢，那怕它，
用飛機，和大砲，到處亂放毒氣彈，
又有什麼嘰嘰喳喳洋機關，（過門）
扛起刀槍，衝上前線。
[illegible]你言來心內酸，點點珠淚灑在胸前。
想當初被他來欺騙，雙腳錯上賊人的船。
許他當兵多可憐，每月只發洋十元，
吃不飽又穿不暖，拳打腳踢苦難言，
越想越恨越心傷，憑我五尺男子漢，
也有骨頭也有心肝。不學秦檜投金邦，
[illegible]作岳飛一忠良，裡應外合殺一場，
裡打槍，外打槍，咕咚咚炸的砲彈往上[illegible]（上）
還要殺什麼嗚啦哇啦的狗東洋（過門）
管叫鬼子，都完蛋。

插图3–26　制作者不明的中文传单《二簧快板对唱》，快板书形式

第一段摘录："提起日寇怒发冲冠，不由我挺[捶]胸跺足大骂连天，野心强盗想占中原，奸淫烧杀多凶残，被害同胞有千万……报仇抗战已五年……有血性中国男儿汉，那怕它，用飞机，和大炮，到处乱放毒气弹……抗[扛]起刀枪，冲上前线。"

制作时间：1942年（据文中内容推断）

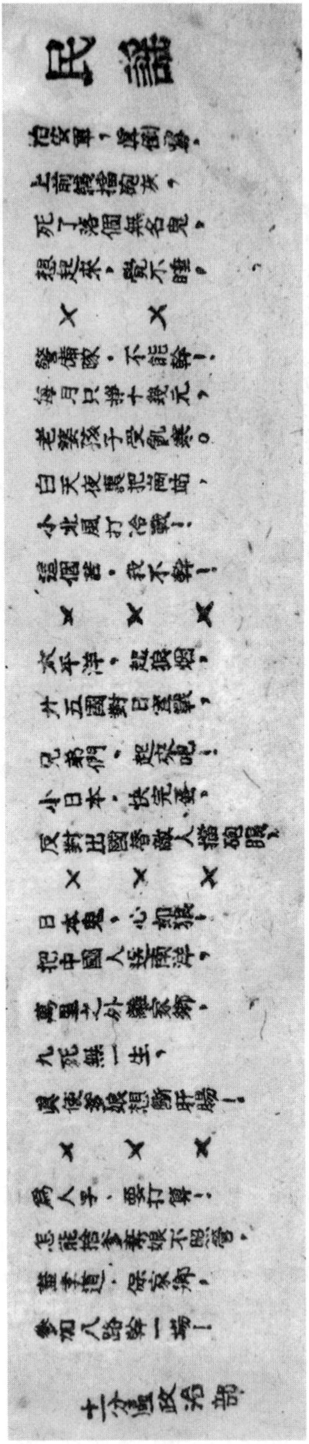

插图3-27　晋察冀十一分区政治部的中文传单《民谣》,民谣形式

内容:"治安军,真倒霉,上前线挡[当]炮灰,死了落个无名鬼,想起来,觉不睡。""警备队,不能干,每月只挣十几元,老婆孩子受饥寒。白天夜里把岗站,小北风打冷战!这个苦,我不干!""太平洋,起狼烟,廿五国对日宣战,兄弟们,起来吧!小日本,快完蛋,反对出国替敌人挡炮眼。""日本鬼,心如狼!把中国人送南洋,万里之外离家乡,九死无一生,真使爹娘想断肝肠!""为人子,要打算!怎能舍爹弃娘不照管,尽孝道,保家乡,参加八路干一场!"

制作时间不明

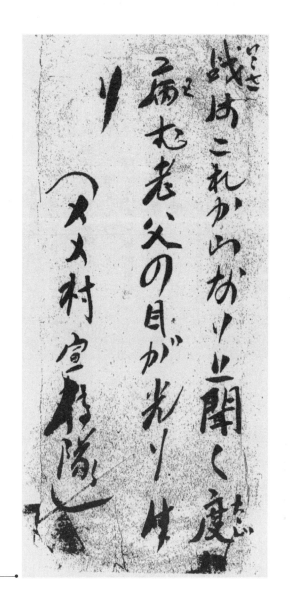

插图3-28 "××村宣传队"的日文传单,准和歌形式

大致内容:战争在继续,患病的老父每闻于此,眼中闪光。

制作时间不明

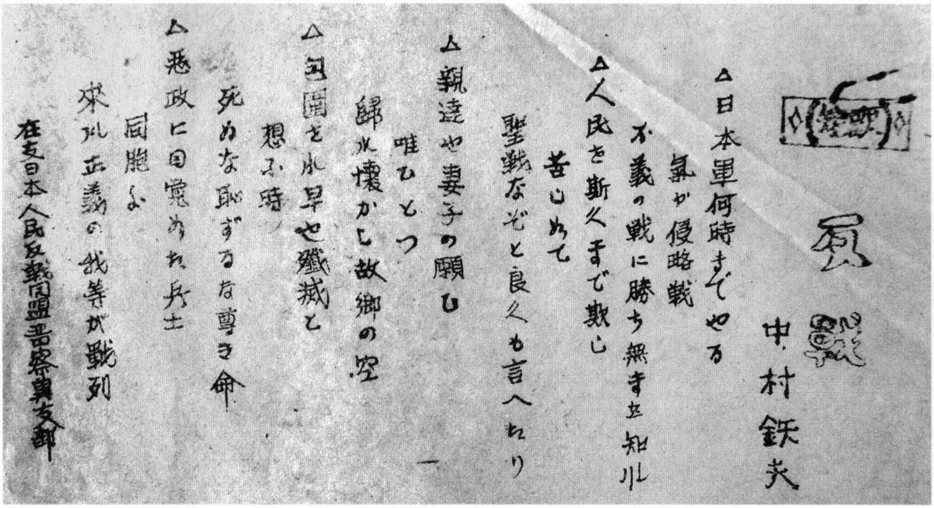

插图 3-29　在支日本人民反战同盟晋察冀支部的日文传单《反战》，诗歌形式

主要内容：日军将这侵略战争进行到何时？不义之战必败。欺骗人民使其困苦，却说成圣战。父母与妻儿的愿望只有一个，回到令人怀念的故乡。从恶政中醒来的士兵同胞，来我们正义的战斗行列吧。

制作时间不明

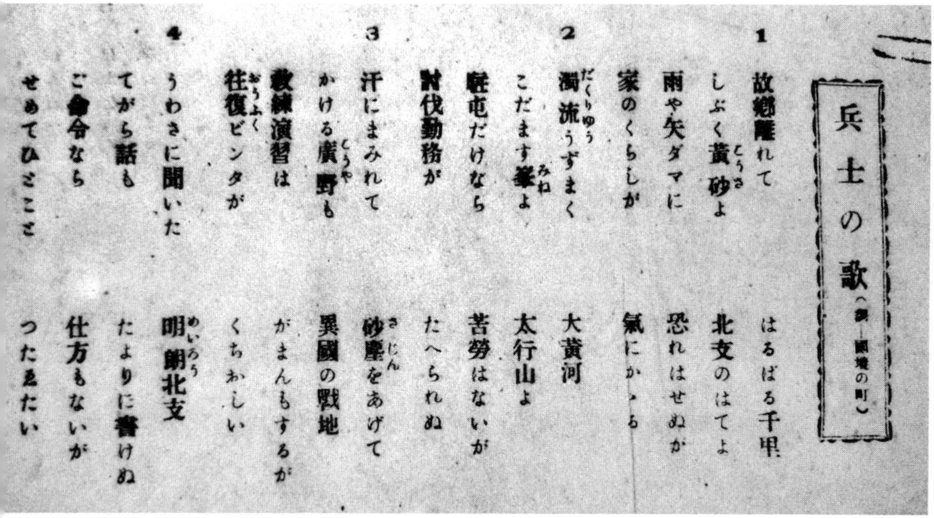

兵士の歌（調　国境の町）

1 故郷離れて　はるばる千里
　しぶく黄砂よ　北支のはてよ
　雨や矢ダマに　恐れはせぬが
　家のくらしが　氣にかゝる

2 濁流うずまく　大黄河
　こだます峯よ　太行山よ
　駐屯だけなら　苦労はないが
　討伐勤務が　たへられぬ

3 汗にまみれて　砂塵をあげて
　かける曠野も　異国の戦地
　教練演習は　がまんもするが
　往復ビンタが　くちおしい

4 うわさに聞いた　明朗北支
　てがら話も　たよりに書けぬ
　ご命令なら　仕方もないが
　せめてひとこと　つたえたい

插图3-30　制作者不明的《士兵之歌》日文传单，歌曲形式

主要内容：1. 远离故土，在无边黄土的华北尽头，不怕雨和子弹，但挂念家人的生活。2. 浊流滚滚大黄河，巍巍太行山，驻守倒不苦，但外出讨伐让人无法忍受。3. 流汗蒙尘，在异国战地，训练演习可忍受，但左右开弓打耳光，让人失望。4. 听说华北形势好，可书信上不能写功劳，是命令的话没办法，但哪怕说一句话也好。

背景：《士兵之歌》原曲为日本20世纪30年代流行歌《国境小街》，经过日人反战组织改填歌词，成为厌战歌曲。

制作时间不明

作品的明信片和反战歌。这些东西,日本士兵,非常欢迎。"[1]显然,利用反战歌来宣传取得了良好效果,而这些反战歌的书面载体,当然是传单。为了获得更好的宣传效果,日人反战组织还将日军士兵熟悉的一些歌曲歌词改为反战内容,印制散发。插图3-24至3-30便是这类宣传品。

八、纸币形式的传单

不管是和平时代还是战时,总是需要货币的。货币的特点是流动性超强,使用者囊括各阶级各阶层,生活中可谓无处不在,无人不用。我方充分利用货币的这一特点,在纸币上加盖抗日文字,使其在流动中发挥宣传的作用。这种纸币实际上承担着传单的功效,因此,称之为特殊的传单并不为过。

从现存实物看,不仅国民政府的中央、中国、交通、农民四大银行,地方上的一些银行也都出现过这种特殊传单。这说明当时利用纸币宣传的行为非常普遍。抗战宣传当然是越深入普遍,效果越好,从宣传载体上看,大概没有哪种载体能够超过这种特殊传单。插图3-31至3-33便是这类纸币。

---

[1]《冀中日人反战同盟支部长田中实先生访问记》,《晋察冀日报》1942年3月27日。

插图3-31 中央银行五元纸币

盖有文字"抗日救国 肃清汉奸"。

插图3-32 中国银行十元纸币

盖有文字"不买敌货 歼灭倭寇"。图片由南京民间抗日战争博物馆吴先斌馆长提供。

插图3-33 广东省银行二毫纸币。

盖有文字"打倒日本军阀"。

第四章　传单的散发

如前所述,传单的优势和特点之一是使用方法灵活机动,可以随时随地以隐匿或公开方式散发、张贴、传递,也可以用来邮寄,并且制作十分廉价方便,便于大量印制散发。抗日战争中,我方充分发挥传单的以上特点,因事因地因人地选择散发、传递方法。当然,从宣传对象看,无论使用何种方法,对敌宣传因充满风险,都是难度最大,也应是灵活性最强的。以下仅仅就对敌宣传加以考察。

一、通常的散发方法

在对敌宣传上,中国共产党方面散发传单的方式极其丰富多样。有关这一点,通过新四军政治部1942年对敌伪宣传工作的总结报告可窥一斑。

该报告提到的散发宣传品的有效方法多达21种。即:(1)在敌人据点安排坐探,由坐探散发。(2)利用农抗,特别是经常来往于敌我地区的船夫。(3)组织游击队散发,或派骑兵散发。(4)查明敌伪姓名、地址直接邮寄。(5)利用关系,让他先在墙上贴一下,然后揭下来给敌人，因与我有关系者不敢直接拿去，故用此法蒙骗。(6) 由俘虏家属及保人带回。(7) 利用检查邮件，将宣传品夹在其中。(8) 贴在敌人必经之处。(9) 战场散发。(10) 侦察时散发。(11) 交地方党政机关散发。(12) 利用风筝，待其飞入敌阵后，割断线索，使得传单散落。(13) 用箭射入敌方。(14) 将传单缚于鸡翅内，放进敌据点。(15) 将传单放入敌尸口袋内。(16) 夜间在敌占区会场和戏院散发。(17) 利用商人带进敌据点。(18) 逢集派人进据点散发。(19) 利用敌区大烟鬼或穷苦小孩，贴进敌据点的街上。(20) 撒在敌人经过的道路上。(21) 我军过公路时丢在路上[1]。

从上述报告来看，新四军在散发传单方面可谓见缝插针，动足了脑筋。当然，这只是1942年的情况，不能代表新四军在其他年份的做法，更不能代表其他根据地的情况。其他根据地因地制宜，也有很多自己的办法。

例如，晋察冀军区在下达对敌宣传指令时，要求"在各地尤其边区散发、张贴，利用小贩、居民送进敌区去，利用邮寄、河流、风向散布宣传"。"在作战或与敌军对峙尤其撤退转移时，更要大量散发张贴、画写，并且有计划地组织喊话、唱歌。"[2] 以上各种方法中，引人注目的是利用河流，将传单等宣传品放在浮于水面的物体上，从上游漂浮至下游敌军驻地。这一方法，活跃在华北的"朝鲜义勇队"等也都使用过[3]。

---

[1]《对敌伪顽的宣传工作》，中国人民解放军政治学院编：《军队政治工作历史资料》第七册，战士出版社，1982年，第97、98页。
[2]《晋察冀抗日根据地》，史料丛书编审委员会、中央档案馆：《晋察冀抗日根据地》第一册（文献选编上），中共党史资料出版社，1989年，第155、156页。
[3]《朝鲜义勇军华北支队第二队——李益星队长访问记》，《晋察冀日报》1942年9月30日。

再例如，1943年中共中央总结对敌工作经验时，重点介绍了利用移动载体散发所做的"最新的试验，是把传单装进掷弹筒里发射，其效果尚好"。这样，掷弹筒又多了一个新的功能——发射"纸弹"。

对于传单散发的地方，除了上面提到的敌军必经之处、战场、敌尸口袋、会场和戏院、公路外，我方的一些文件还提到了破坏过的铁路、电话线、桥梁、厕所等[1]。这些都是敌军活动最多的地方，看到宣传品的概率非常高。在沦陷区铁路沿线，武工队等还将传单悄悄贴到火车车厢表面，使火车成为移动宣传车。显然，八路军散发传单的方法十分灵活。

从上述方法可知，老百姓经常帮助散发传单。这是否会给百姓带来危险？据八路军野战政治部敌工干部回忆，在散发日文传单时，老百姓十分乐意帮助八路做此工作。因为老百姓带着传单，即使被日军发现，也会说因为传单是日文，自己看不懂是八路的还是日军的，完全以为就是日军的，而且把传单给自己的又是便衣，根本不知道对方身份。日军对此无可奈何[2]。

日军负责宣传的"报道部"人员在总结日方对我方散发传单方法时，说到了9种，即作战时撒在我方地区、使用气球、使用宣传密探、放大风筝、用高射炮教练弹、利用焰火、夹在流通的物资中、放进容器利用河流、使用飞机[3]。两者相比，我方方法之灵活丰富更是一目了然。

---

[1]《中共中央关于敌军工作的经验》，中国人民解放军政治学院编：《军队政治工作历史资料》第八册，战士出版社，1982年，第70页。
[2] ［日］藤原彰、姬田光義編：《日中戦争下中国における日本人の反戦活動》，青木书店，1999年，第277页。
[3] ［日］中国派遣军报道部：《纸弹》，非卖品，1943年，第142页。

如果将以上各种方法加以归纳，可以综合为通过人（如我武装部队、平民）直接散发，利用移动载体（如风筝、箭、鸡、火车等）间接散发，利用邮件散发三类。据此可以说，中国共产党方面在散发传单时，一切皆因时因地因对象而定，将传单在散发上的优势和特点发挥得淋漓尽致。

二、利用礼物散发

这是共产党领导下的日人反战组织常用的一种特殊宣传方式。

送礼物的主要形式是慰问袋。日军的慰问袋最早见于甲午战争时期，当时，日军家属等为了慰问士兵，寄上装有各种礼物的布袋，叫慰问袋。因此，通过它能够衡量出民众对战争的支持程度。1937年日军全面侵略中国后，日本国民在政府组织动员下，也给参战士兵寄送慰问袋。当时的慰问袋用布做成（插图4-1），里面一般会放慰问信、日用品、食品等。慰问袋成为问候和关怀的象征，久别家乡身居战场的士兵获得它会得到一种慰藉。八一三事变后一直负责华中日军宣传工作的马渊逸雄1941年在列举能为日军士兵鼓劲的事物时说："对于战线上的士兵而言，最高兴的事情，首先是家书，接着就是慰问袋、军队小卖部的廉价商品。"[1] 慰问袋在日军心目中的地位之高可见一斑。侵华战争初期，日军士兵每年可以收到八九个慰问袋，多时十多个，后来随着战争的长期化，送的次数越来越少，进入1943年后有些士兵一年只能得到一个，里面的东西也越来越干瘪，士兵的失望心

---

[1] ［日］马渊逸雄：《报道战线》，改造社，1941年，第527页。

插图4-1　日军使用的慰问袋。慰问袋上印着日本国旗与军旗。

情是可想而知的。

华北的日人反战组织认为可以利用这一机会给日军士兵送慰问袋,联络感情,拉近关系。因为形成了"慰问袋"文化的日军是比较乐意接受这一礼物的。当然,送慰问袋并不只送食物,还会"顺便"捎上传单等宣传品。据1940年百团大战后在八路军野战政治部敌工部对日军工作的干部常化志回忆,当时八路军生活十分艰苦,但为了做好宣传工作仍给日军送礼物,例如,"到了新年是把号召反战的传单和当地的土产一起放进慰问袋送出的,目的在于使他们想起故乡与家属,制造厌战气氛"[1]。显然,与"干巴巴"的反战宣传口号相比,以这种"慰问袋"文化为媒介进行宣传,更能从感情上接近、打动日军士兵,取得理想的宣传效果。

从1941年开始,觉醒联盟和华北反战同盟的一些支部,在根据地军民的大力支持下,动手制作慰问袋,里面装上烟、红枣、花生、毛巾等食物或日用品,还有一封慰问信,信的落款署上反战组织的名称[2]。为了获得最佳效果,反战组织选择节日,如新年、4月樱花节、7月中旬的盂兰盆节等日本的传统节日,送到前沿阵地,或挂在据点周围或敌军必经之地,甚至派人向各日军据点分送。这样,慰问信、通行证等传单以慰问袋为媒介被送到敌军阵营中。

在慰问袋里夹带传单应该是普遍做法。据反战同盟胶东支部创立者小林清回忆,支部成立后第一次给日军据点送的慰问袋里,除了食物、糖等外,还放了宣传品,偷偷放在敌人训练场等处,日军看

---

[1] ［日］藤原彰、姫田光義編:《日中戦争下中国における日本人の反戦活動》,青木书店,1999年,第210页。
[2] 刘德峰、孙靖:《抗日战争中的在华日人反战组织及其活动》,《纪念中国人民抗日战争暨世界反法西斯战争胜利70周年国际学术研讨会论文集》,2015年,第742页。

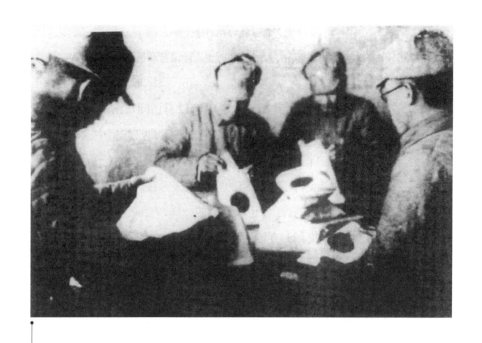

插图4-2 反战同盟成员在制作慰问袋。慰问袋上印着日本国旗

来源:[日]小林清:《在中国的土地上——一个"日本八路"的自述》,解放军出版社,2015年,插图第3页。

到后，吃了里面的东西，把宣传品悄悄收起来偷看。后来，同盟送慰问袋时都会放进宣传品，从小林的回忆看，传单是这些宣传品中最常见的[1]。

《晋察冀日报》的记者伍铭1941年12月访问八路军某部政治部"敌军科"时，正好遇见反战组织在装慰问袋，他在报道中这样描写："全科的同志正在忙着过年给'敌军送礼'的工作。把宣传品、核桃花生之类的东西装到印着日章旗的慰问袋去。在炕的一角，坐着一个穿着日本军人服装的青年，也和其余的一样，在细心的折叠着一大堆宣传品。"[2]文中提到的宣传品，有传单、日文学校招生广告、通行证、歌集、游戏棋、贺年片等。这些传单随着慰问袋在1942年新年之际送到了日军据点。有些甚至还送进了保定城，日军大为恐慌，连续戒严3天，紧闭城门，到处搜查[3]。

冀中根据地的当事人也回忆说，他们做的"慰问袋"用漂白细布做成，一尺长，八寸宽，正面上半部分印着"慰问袋"三个一寸见方的大红字，字的下面印着日本人最喜爱的樱花。内装晋察冀军分区司令员兼政治委员聂荣臻将军签发到解放区的通行证，还有一盒战场上缴获的五颜六色的糖块、一块印着反战厌战歌曲和樱花的白麻纱手帕，再有就是各种传单和反战同盟的刊物[4]。

慰问袋的使用十分普遍，不仅华北，新四军也以其作为宣传武

---

[1] 详见［日］小林清：《在中国的土地上——一个"日本八路"的自述》，解放军出版社，2015年。
[2] 《访问投诚日兵古内君》，《晋察冀日报》1942年1月31日。
[3] 张志永、吴刚：《晋察冀抗日根据地文化战探析》，《河北师范大学学报》2008年第5期，第142页。
[4] 冀中人民抗日斗争史资料研究会编：《冀中人民抗日斗争文集》第2卷，航空工业出版社，2015年，第163页。

器。如1944年新年之际，反战成员共向滨海区33个据点送发99个慰问袋，宣传品1 278份[1]。滨海日人解放联盟成立一年内送慰问袋146个[2]。

1944年3月反战同盟的宣传工作总结报告说，这种慰问袋每年送两三次，多则一次送出1 500个左右，少则900个。1943年仅仅一次就用去相当于边区货币250万元的费用[3]。如果考虑到当时八路军士兵每月领取的是一元生活费，就可以知道我方在慰问袋上所付出的巨大代价了。这也从侧面说明我方对于这一宣传工作充满着期待。

除了送慰问袋外，我方还会送礼物给日军，借机宣传。这种宣传方法也是抗战进入相持阶段以后得到普遍使用的。

1942年2月冀中反战同盟支部长田中在庆祝同盟建立一周年向《晋察冀日报》记者介绍支部的宣传工作时说，除了给日军散发宣传品外，"日本式点心，日本士兵也欢迎，我们不断的给各据点的日兵送去，这就造成反战同盟和他们的心有灵犀一点通了"[4]。

反战同盟送出的当然不仅是点心，还有"顺便"夹带的传单等宣传品。这一点可以从1943年3月野战政治部主任罗瑞卿的下列指示中得到印证。在《把日军工作提到更加重要的地位》这一指示中，罗瑞卿要求各部队研究宣传方法，改善和加强宣传工作。他举例说，山东的八路军，在樱花开时摘樱花送给日军，太行山没有樱花，就用纸剪的樱花散发在敌人碉堡周围，端午节则送鲤鱼旗，夏天送扇子，平时送香烟、印着女性画像的图片。当然我方会把宣传品夹在其中，

---
[1]《山东革命历史档案资料选编》第12辑，山东人民出版社，1983年，第123页。
[2]《滨海日本解放联盟政治攻势收效颇大》，《解放日报》1945年3月14日。
[3] ［日］鹿地亘编：《日本人民反戦同盟闘争资料》，同成社，1982年，第288页。
[4]《冀中日人反战同盟支部长田中实先生访问记》，《晋察冀日报》1942年3月27日。

或将宣传用语印在上面一起送入[1]。这里说到的宣传品大多应该是传单。

针对伪军、伪组织人员，我方也会选择适当时机送礼物，同时"奉上"的还有传单。如八路军一二九师政治部报告1942年宣教工作时说，其下属部队将宣传品装在月饼中寄给敌伪，"据说太谷的伪县知事，还因之而情绪不安宁了四、五天"[2]。因此，这种礼物加"纸弹"所发挥的效果完全不亚于给他们送警告性的子弹。

三、利用飞机、"土飞机"散发

散发传单，最有效的方法是使用飞机从空中撒下。

利用飞机散发传单是日军惯用的宣传手段，在九一八事变期间以及其后日军制造的中日冲突中，日军就常常动用飞机散发，七七事变前，日军这种活动更频繁，多次使用飞机在京津地区、青岛等地违法散发传单[3]，攻击国民政府政策，扰乱人心。七七事变一爆发，日军更是武力侵略与宣传攻势并重，不断利用飞机在前线和重要城市散发大量传单，破坏我军民抗战斗志，制造恐慌心理。

国民政府针锋相对，也动用飞机对抗。例如，七七事变日军占领平津地区后，北京民众无法获知国民政府的消息和战局。1937年8月

---

[1] 《把日军工作提到更加重要的地位》，解放军政治学院：《军队政治工作历史资料》第八册，1982年，第191页。
[2] 《一九四二年宣教工作报告（节录）》，中国人民解放军政治学院编：《军队政治工作历史资料》第八册，战士出版社，1982年，第85页。
[3] 《日机突飞冀南，散发荒谬传单》，《中央日报》1937年1月9日。《日机飞青散发传单，市政府提严重抗议》，《中央日报》1937年1月5日。

初,我军飞机飞抵北平上空散发传单,令民众振奋,日军惊慌[1]。

抗战初期著名的宣传战莫过于中国空军驾机远征日本本土,投撒传单等宣传品。1938年5月19日夜间,中国空军出动两架"马丁"B-10型轰炸机,由徐焕升、佟彦博等分别驾驶飞至长崎等地,投下《告日本国民书》等100多万份传单,严正警告日本政府:"尔再不训,则百万传单将一变而为千吨炸弹。尔等戒之。"声明此次行动目的在于"唤醒日本民众,推翻军阀,停止侵略战争。""因为日本军阀封锁言论,日本民众不明瞭战争真相。"

远征引起日本侵略政府的惊慌,获得圆满成功。当飞机归来时,国民政府行政院长孔祥熙、军政部长何应钦,中共中央和八路军驻武汉办事处代表周恩来、陈绍禹、吴玉章、罗炳辉等亲自来到汉口王家墩机场迎接(插图4-3)。对于此次行动,我国报刊的评价是"传单胜过炸弹","几千张传单的力量,抵得过万吨的炸药"[2]。

抗战时期,国民政府会根据需要使用飞机撒传单。一是针对敌人,扰乱敌军心,打击其士气,宣传俘虏政策等。例如1938年5月至7月第三厅交给航空委员的15 000 000份传单(见下章表2),无疑都是用来向日军空投的。二是用来对沦陷区民众宣传,给民众鼓气,坚定抗战必胜信心。例如,1940年12月14日《蒙疆通信报》报道10月3日我空军携带《蒋委员长"七七"告民众书》《"九一八"告民众书》《告日本民众书》共20万份,上午九时多在北平上空散发,北平人民看见我飞机到来,人人高兴,个个欢喜,纷纷抢着散下的传单看。我

---

[1] 《沦陷后的北平》,《申报》1937年8月30日。
[2] 《传单胜于炸弹:我空军惊人壮举》,《抗敌导报》1938年第21期,第4页。

插图4-3　1938年5月20日,中国空军远赴日本投撒传单后归来
来源:《东方画刊》,1938年。

飞机并盘旋数匝,对市民表示趁念慰勉之意[1]。看到了传单等于看到了政府的存在,看到了希望,飞机撒传单获得了理想的宣传效果。

当然,囿于当时的条件,八路军、新四军、反战组织无法使用飞机。但在战争中,我方为追求更好的宣传效果,仍发明了"土飞机"——风筝来撒传单。

对于利用"土飞机"的过程,朝鲜义勇军相关资料如此介绍说,朝鲜义勇军第一区队1939年5月在中国军队攻打湖南锡山期间,派宣传队进入前线,"当即由同志们扎缚长五尺宽四尺风筝一个,在我杨台尖左右翼地试放,这里距敌阵地五百余公尺,递送目的地为锡山及通城。……风筝引绳长约三百公尺,在风筝距引绳约五公尺的地方栓上一尺长的一根绳子,尾上悬上二百张小传单大的大小纸包数个。在捆绳纸包交结处绑上一根香火。一切装配完备后,对向目的地散兵线试放。但见风筝摇摇升空。大家手舞足蹈地叫着,望着,待到引绳放完后拴在树上,等待结果。约莫四十分钟左右,见传单纷纷飞下,在空中乱舞,辗转落去。在场官兵莫不欢舞惊叹。过两天后,根据我军侦察报告,知道那些传单都落在通城南门一带了"[2]。

以上如实描绘了战场上是如何利用风筝来宣传的。这一十分有效的"土"方法,一直沿用到"抗战最后一战"——1945年12月19日解放高邮之战。

1949年日本投降后,据守高邮的日伪军拒绝向新四军投降。在劝说无效后,新四军包围该城准备攻击。为了减少伤亡,我方展开宣传战,当地日本反战组织、"朝鲜独立同盟"亦加入宣传队伍。为了

---

[1]《蒙疆通信报》第一版,1940年12月14日。
[2] 杨昭全、李辅温:《朝鲜义勇军抗日战史》,黑龙江人民出版社,1995年,第82、83页。

将中、日文传单投放到城中，我军使用了两米宽、四米长的大风筝，将一包包传单绑在风筝上，在传单的捆扎线旁边点燃线香。风筝升空飞入高邮城上空后，线香烧断传单的捆扎线，传单一包一包撒开，落入城内。这种高空撒传单的方法与其他宣传手段相配合，在动摇敌方军心方面发挥了很大作用。

第五章　宣传的规模与效果

一、宣传规模

七七事变后,依据宣传方针、政策,我方各级组织积极展开抗日宣传,传单因其特别优势,成为最常见的宣传品,国民政府甚至动用飞机向敌方和沦陷区民众散发,散发份数动辄万份,甚至百万份。因此,各种纸质宣传品中规模最大者当数传单。

传单的散发规模可以通过具体数量来解读。遗憾的是现存资料留下的数据十分零散有限。不过,这些资料仍能反映出宣传规模的大致轮廓。以下仅以我方对敌宣传的情况为主加以考察。

我方在抗战全面爆发初期,即已开始大量使用传单进行宣传。表1是日军在北平的宪兵司令部1938年1—10月查获的我方传单,基本内容为:"(1)图谋使日本官兵丧失战意。(2)搅乱新政权的企业及统治。(3)对朝鲜、台湾、满洲、蒙古进行广泛的反战宣传(用各种文字)。(4)肃清本国汉奸。(5)高唱民族革命,培养民族英雄意识,并且使之发扬光大。"[1]因为宪兵司令部认为当时"华北的抗日反战宣传

---

[1] "昭和13年 宣伝ニ関スル綴(イ号)(陸軍省、外務省、内閣各情報部資料綴)",1938年,国立公文書館/返還文書(旧陸海軍関係),日本亚洲历史资料中心档案编号:A03032317200。

全部由共产党军队及共产党领导",因此这些传单的散发者应该都为共产党及其武装力量。据下表可知四点:一是1938年我方每月都在撒传单,被查获的数量不断增多。这自然是我方散发数量也在增加的结果。二是我方宣传对象包括我方民众和敌方,而日军不仅是所有宣传对象中唯一每月散发的对象,而且散发的传单最多,其次为一般民众,第三为伪军。日军无疑是最主要的宣传对象。三是在所有对象中,日军是唯一每月都被散发的,并且在徐州陷落的5月之后显著增加,10月是1月的9倍多。这说明我方对日军的宣传攻势在迅速加强。

表1 1938年1—10月北平日军宪兵司令部查获我方传单表

宣传对象 \ 月份	1	2	3	4	5	6	7	8	9	10	合计
对知识分子				1	1	11	8	7	5	4	27
对学生	11				2		4	1			18
对工人、农民			1	4		1	1	1	6	12	26
对一般民众	6		12	7	6	6	31	26	18	21	133
对"满洲"军人				3	3	5	6	5	9	11	42
对日本人	1			1	8	2	3	2	4	3	24
对日本官兵	5	9	2	5	27	26	30	18	41	46	209
对朝鲜人、台湾人							2		2	5	9
合计件数	23	9	15	21	47	51	85	60	85	102	498

表1仅仅是1938年北平日军宪兵司令部截获的传单,并不代表我方实际散发的时点和数量,我方在此地区散发传单的时间肯定远远早于1938年,数量也一定多得多。显然,七七事变一爆发中共就在

华北地区以传单等宣传品为武器发起了反击。

国民政府在抗战初期也投入大量人力、财力来印发传单。例如，1938年军事委员会政治部第三厅在汉口发起的二期抗战宣传扩大宣传周，第一日为文字宣传日，当天散发了四种传单，即《告将士书》《告同胞书》《告战区民众书》《告伪军书》，每种均为1万份。5月3日开始连续进行一周的"雪耻与兵役扩大宣传周"，则编印各种宣传品约20万份。第三厅从4月成立至5月7日编印宣传品情况如下[1]。

表2　第三厅1938年4月至5月7日编印的
宣传品名称、编写者、印数、散发状况

宣传品名称	编写者	印数	备考
对敌官兵宣传标语（15种）	秘书处	7 500 000	已经散发完竣
警告日本国民书	同	500 000	同
告日本国民书	同	10 000 000	同
对敌国民宣传标语（30种）	同	15 000 000	已送航空委员会尚有大量存积未散发
一个真实	鹿地亘	1 000 000	正散发中
与日本士兵书	池田幸子	100 000	同
与日本人民	鹿地亘	500 000	同
通行证（5种）	七处一科	5 000 000	同
漫画（1种）	同	500 000	同

[1] 中国第二历史档案馆编：《中华民国史档案资料汇编》第5辑第2编文化（1），档案出版社，1998年，第45—47页。

(续表)

宣传品名称	编写者	印　　数	备　考
敌士兵反战同盟传单(2种)	七处一科搜集	6 000 000	同
中国被侵略民众告日本军人书	七处一科译	1 000 000	正散发中
日文标语(17种)	七处一科	8 500 000	同
对东北伪军标语(9种)	同	1 800 000	同
告东北同胞书	同	500 000	同
告日本政党人士	同	1 000 000	同
告日本农民大众	同	1 000 000	同
告日本工商业者	同	1 000 000	同
告日本劳动阶级	同	1 000 000	同
告日本文化界	同	1 000 000	未印
告日本国民	同	1 000 000	未印

　　上表是第三厅的工作报告《抗战文化宣传运动的兴起》中汇报的成绩，编印宣传品近6 200万份。从名称可以判断，这20种宣传品，除了两种外，都是针对敌方日本官兵、国民的，如池田幸子的《与日本士兵书》(插图5-1)，便是针对侵华日军的。中国空军远征日本本土，投下百万份传单，是在5月19日夜间，而这份报告的时间截至5月21日，因此，在日本撒下的"纸弹"一定包括在表中。

　　表3是以上宣传品的分发情况。据此可知，第三厅编写的宣传品印制后立刻分给了各战区散发，拥有飞机的航空委员会也负有散发任务。从"备考"栏看，除了航空委员会外，各战区收到宣传品后又

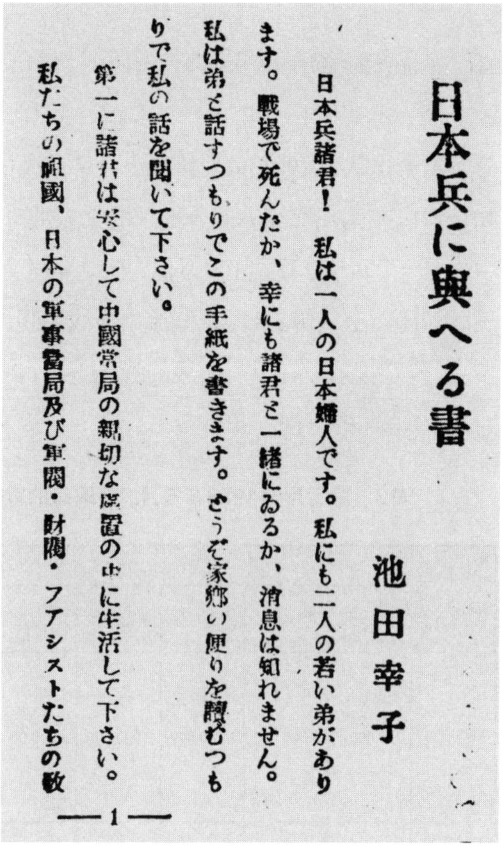

日本兵に與へる書

池田幸子

日本兵諸君！私は一人の日本婦人です。私にも二人の若い弟があります。戰場で死んだか、幸にも諸君と一緒にゐるか、消息は知れません。私は弟と話すつもりでこの手紙を書きます。どうぞ家郷からの便りを讀むつもりで私の話を聞いて下さい。

第一に諸君は安心して中國當局の親切な處置の中に生活して下さい。

私たちの祖國、日本の軍事當局及び軍閥・財閥・フアシストたちの敵

— 1 —

插图5-1　池田幸子的日文传单《与日本士兵书》局部

主要内容：我是一日本妇女，也有两个弟弟在当兵，是死是活无音讯，我是以跟弟弟说话的心情写此信的，请以看到家乡来信的心情听我说几句。首先，由于日本政府长期宣传中国是"横暴无道"之国，所以担心被俘有什么危险。此大错特错。我在中国和日本生活了各半时间，现在是反对日本法西斯者之一，参加了中国军队的战列。中国军队绝不以日本民众为敌，他们只是为了保护自己国家和人民，进行自卫战争，日本士兵只要放下武器，就会被视为同样遭难的日本民众对待，务请放心。因为没有人告诉你们日本国内的新闻，再给大家说说，日本议会通过了73亿的巨额军费开支，这些都需要国民负担，必将榨干民众，使得民不聊生。你们在中国杀害无仇无怨的中国人时，你们的父母姐妹也在被压榨杀害。日本是侵略战争，中国是自卫战争，中国必将胜利。推翻使国民受难的政府，建立人民的政府。

制作时间：1938年4月9日

分发给游击队，由他们散发给敌人。各战区的散发总量都很惊人，例如负责山东南部和江苏部分地区的第五战区，散发量达738万份，其中仅《一个真实》就达100万份，航空委员会也达400万份以上。第三厅编印以上宣传品时，正值徐州会战期间，投向第五战区的巨量宣传品，一定被散发在徐州会战的战场上了，这反映了抗战初期国民政府对"纸弹"的重视。

表3　第三厅至1938年5月7日编印的宣传品散发分工表[1]

种类\数量	分发单位							备考
	航空委员会	第一战区	第二战区	第三战区	第五战区	第五战区游击队	第六师政训处	
一个真实	250 000	1 000 000	1 000 000	2 000 000	3 000 000	1 000	500	一、二、三、五战区游击队已发，航委会包扎待发中
与日本士兵书		10 000	10 000	20 000	30 000	10 000	300	同上
与日本人民	250 000	—	—	—	—	—	—	包扎中
漫画	100 000	50 000	50 000	100 000	100 000	1 000	500	航委会包扎待发中
敌士兵反战同盟传单二种	1 000 000	每种 200 000	每种 200 000	每种 200 000	每种 350 000	—	每种500，共1 000	
告日本军人书	250 000	100 000	—	200 000	400 000	—	500	已发

---

[1] 中国第二历史档案馆编：《中华民国史档案资料汇编》第5辑第2编文化(1)，档案出版社，1998年，第46、47页。

（续表）

种类＼数量	航空委员会	第一战区	第二战区	第三战区	第五战区	第五战区游击队	第六师政训处	备考
日文标语17种	每种10 000	每种50 000	每种50 000	每种100 000	每种150 000	每种1 000 共17 000	每种1 000 共17 000	一、二、三、五战区游击队与六师已发，航委会包扎待发中
对东北伪军标语9种	—	每种30 000	每种30 000	每种40 000	每种50 000	每种1 000 共9 000	每种1 000 共11 000	已发
告东北同胞书	—	100 000	100 000	1000 000	150 000	2 000	500	已发
告日本农民大众	500 000							包扎中
告日本工商业者	500 000							同
告日本劳动阶级	500 000							同
告日本政党人士	500 000							同

以上只是第三厅成立后一个多月内编印的宣传品情况，第三厅活跃在抗战宣传战线上长达数年，其编印的传单等宣传品数量肯定十分庞大。

国民党负责对外宣传的中央宣传部国际宣传处也一直印制宣传品对敌宣传，以其1939年的工作为例，除了以"日本反法西斯联盟""国际反侵略运动大会在华日人支会""江南战线中国全体士兵"等名义编印小册子、简单标语对敌散发外，至10月为止还编印日文传单29万份，送往前线对日军散发[1]。

---

[1] 刘楠楠：《1939年国民党中央宣传部国际宣传处工作报告》，《民国档案》2016年第4期，第38页。

在共产党领导的抗日根据地，不仅有中共领导下的军队、政府、民间团体等进行宣传，日人反战组织成立后，在中国共产党的领导帮助下也成为对日军宣传生力军。尽管各方面条件极其艰苦，但各方面仍想方设法编印传单等宣传品。

例如，觉醒联盟晋鲁豫支部1941年8月成立一年来发行宣传品两百余种，共计20多万份。1941年5月反战同盟晋察冀支部成立后，除了出版《前进》月刊、半月刊外，在至8月的四个月内共印发了近20种小型的对敌宣传品[1]。1942年前后，太行支部制作出新传单后，每次印刷一千至两千份散发[2]。苏北支部1942年7月成立后的一年内，编写日文宣传品10余种，印发5万份[3]。

山东反战同盟的反战活动一直十分活跃，在1942年共散发宣传品2.4万份。这些宣传品文字生动，有些还配有富有日本民族特色的小型漫画。在我方军民协助下，它们或送到日军据点附近，或放在日军必经之外，或将传单等宣传品放在仿制的日军公用信封里，利用日军的传信站，进入日军机关、据点[4]。滨海日人解放联盟在1944年成立后的一年内散布小册子5 200册、宣传品22 200张、照片247张[5]。

新四军方面的活动情况，通过第五师下属四个武装宣传队的活动情况可知一二。自该师政治部下达对敌伪及敌占区人民武装宣

---

[1] 《十六个——在华日人反战同盟晋察冀支部剪影》，《晋察冀日报》1941年9月21日。
[2] ［日］藤原彰、姫田光義編：《日中戦争下中国における日本人の反戦活動》，青木書店，1999年，第278页。
[3] 小林清：《在华日人反战组织史话》，社会科学文献出版社，1987年，第18、48页。
[4] 牛淑萍：《山东抗日根据地日人反战活动述论》，《烟台师范学院学报》1999年第2期，第45页。
[5] 《滨海日本解放联盟政治攻势收效颇大》，《解放日报》1945年3月14日。

传的训令后，各部队派出武装宣传队进入敌占区宣传，其中的四个武装宣传队在1942年年初的约一周时间内，对24个敌人据点展开宣传，这些据点共有日军5 000余人，伪军1 000余人，控制了约10万民众。四个宣传队发出对敌伪宣传品8 600多份，报纸160份，处理伪方人员暂行条例11册[1]。据此而言，宣传品的散发规模还是比较大的。新四军的宣传活动都是由军政治部统一部署的，该军当时有七个师，第五师只是其中之一，新四军全军这一时间的宣传情况据此是可以类推的。

从共产党抗日根据地传单散发的总体规模看，1943年，反战同盟在华北各地散发的传单、报纸、宣传手册等印刷品达200万份[2]。有关传单数量，包括日人反战组织在内，这一年八路军共散发传单83万份，新四军20万份，各地每月制作传单五六种，其中冀南最多，每月制作有14种之多，基本上都是日军士兵的要求、时事、促使其回想起故乡的内容[3]。

1944年1月至6月的半年中，华北各地反战组织共印发传单110多万份，华中各地也印发了数十万份，向日军广泛宣传世界反法西斯战争的胜利形势，指出日本法西斯灭亡在即，日军官兵应该选择的正确道路[4]。1944年半年的散发数量比1943年全年还多，说明在接近抗战胜利的形势下，我军在军事进攻的同时加强了宣传攻势。

1945年8月日本宣布投降前后，蒋介石禁止日军向八路军、新四

---

[1] 鄂豫边区革命史编辑部编：《鄂豫边区抗日根据地历史资料》第二辑，1984年，第221页。
[2] 《宣传座谈会》，《解放日报》1944年6月5日。
[3] ［日］鹿地亘编：《日本人民反戦同盟闘争資料》，同成社，1982年，第287页。
[4] 刘德峰、孙靖：《抗日战争中的在华日人反战组织及其活动》，《纪念中国人民抗日战争暨世界反法西斯战争胜利70周年国际学术研讨会论文集》，2015年，第745页。

军投降。解放联盟制作了成千上万的传单,要求日军向八路军、新四军投降,"抗战最后一战"——1945年12月解放高邮之战使用大量日文传单便是典型之例。

值得强调的是,从数量上看,与国民党方面动辄数百万份相比,共产党方面显得十分有限。不过,与具有强大财力、物力、优良印刷设备、良好编印环境的国民党方面相比,在物资条件极端艰苦、印刷设备与纸张严重缺乏的条件下,共产党方面能取得以上成绩已经是竭尽全力了。

慰问袋也是宣传品,是传单的巧妙载体。自慰问袋成为新的"攻心"利器后,各种传单被放在袋中一并送出。通过它也多少能了解传单的散发情况。

如前所述,1944年新年之际,反战成员共向滨海区33个据点送发99个慰问袋,宣传品1 278份,28个据点反应良好,还有三个据点写回了感谢信。滨海日人解放联盟成立后一年内送出慰问袋146个。

另据华北反战同盟1944年3月的宣传工作总结报告说,慰问袋每年送两三次,多则一次送出1 500个左右,少则900个。1943年仅仅一次就用去相当于边区货币250万元的费用。因为不是按人分送,而是按据点、炮楼送,并且必定能送达,因此,每次1 000左右的慰问袋,所覆盖的宣传范围还是相当广的,宣传的效果也比其他散发手段要高得多。

散发信函类传单也是主要宣传手段之一。这种宣传,选择的对象很有针对性,不像一般传单那样需要大规模散发,所以,数量比较有限。以山东反战组织为例,1942年给日兵共写信300余封。1944年,解放联盟胶东支部和日军通信247封。信件通过当地老百姓和商人转到日兵手中，其中有些信件还可以收到回信[1]。以上书信数量虽然有限，但获得的效果肯定比一般传单要好得多，可以说一封信能抵得上几十张、几百张甚至更多的一般传单。

朝鲜在华抗日组织也是对敌宣传的生力军。如前所述，朝鲜义勇队在建队的最初两年共印发中、朝、日文小册子5 000册，传单500 000张，标语400 000张，敌伪军投诚通行证10 000份。朝鲜义勇队华北支队建立后，仅仅从1941年7月至1942年8月，在八路军帮助下就散发中、日、朝文传单30 000多张[2]。义勇队散发的朝文传单，在日军傀儡兵——朝鲜籍士兵中得到广泛宣传。

二、宣传效果

我方的宣传对象包括敌我双方，仅仅就对敌宣传而言，国共两党及其领导的抗日武装都做了大量踏实有效的工作。当然，与国民党方面相比，共产党方面在对敌宣传方面更为重视和投入，也更为活跃，日人反战组织在两党领导下的不同作用与命运就是最好的证明。共产党及其领导下的抗日武装、反战组织，不仅不断充实完善宣传方针政策及其组织，更新宣传策略，而且宣传手段灵活多样，宣传组织众多，宣传范围广泛。中国共产党在对日宣传方面取得的显著成绩甚至引得美国前来取经。1944年7月，美军派遣"笛柯西"任务组远赴延安，调查研究中共的宣传策略，其调研报告在一定程度上影响了美

---

[1] 牛淑萍：《山东抗日根据地日人反战活动述论》，《烟台师范学院学报》1999年第2期，第46页。
[2] 杨昭全、李辅温：《朝鲜义勇军抗日战史》，黑龙江人民出版社，1995年，第141、174页。

军的对日宣传,尤其是对俘虏的工作[1]。以下仅围绕共产党及其领导下的反战组织对日伪的宣传效果加以考察。

影响敌军军心的因素十分复杂,往往是多种因素共同发挥作用。但无论怎么说,宣传都是最重要的因素之一。而宣传本身也是一个综合行为,抗战时期我方总是尽可能多管齐下,立体宣传,所用手段丰富多样,传单只是众多宣传手段中的一种。因此,在考察实际宣传效果时,既无法将各种宣传手段分开一一评析,也绝对不能将取得的成果仅仅归功于某种特定的宣传手段。不过,正如反复强调的那样,传单具有种种显著特点和优势,在宣传方面,尤其是对敌宣传方面可以发挥其他宣传品无法替代的独特作用,影响也最为普遍。因此,即使是通过对总的宣传成果的描述,也能间接反映传单所发挥的作用。

共产党及其领导下的抗日根据地的对敌宣传效果是逐渐显现的。抗战初期,我方在对日宣传方面没有经验,制定的政策、方针尚不完善,宣传目标太高,宣传内容口号公式化、政治化明显,加上日军处于战争优势状态,狂妄不可一世,对于速战速决信心百倍,对于"弱者""败者"的宣传根本不屑一顾,因此,我方的宣传效果极为有限。后来,随着战局的变化,随着我方逐渐调整完善宣传政策、策略,加强组织力量,宣传效果开始显现。日人反战组织的加入,更使得我方宣传如虎添翼,宣传的针对性明显增强。以上变化也许通过被宣传对象的"切身"体会更能说明,1942年7月日本驻北京大使馆参事官土田报告说,"反战赤化"宣传越来越活跃,"现在的情况是,无论是其宣传内容,还是印刷等各种技术,与事变当初相比,都显示出迄今未见的

---

[1] Barak Kushner, *The Thought War — Japanese Imperial Propaganda*, University of Hawai'i Press, 2006, p.150.

进步"[1]。正是依靠这种"迄今未见的进步",我方宣传成效日渐显著,正像八路军总政治部宣传部部长肖向荣1939年总结八路军抗战以来宣传工作时所说,与抗战开始时期相比,我方所取得的宣传效果"则已截然不同"[2]。

以晋察冀地区为例,与抗战初期难以俘获日军相比,1939年5月大龙华战斗中一些日军士兵开始自愿缴械,十多名俘虏经教育被放回。在7月另一次围歼俘虏所在部队时,日军"多为不战四散逃窜,其后有数日兵举手缴枪"[3]。1940年百团大战,则俘虏日军281人,另有47人主动携械投诚[4]。1941年3月晋东南汾阳城日本士兵8人集体逃亡。5月日本士兵十余人将唐山马兰略据点的军事设施全部捣毁,集体向八路军缴械投降;7月晋中地区发生了数起日军投诚事件[5]。以上巨大变化与对敌宣传工作的深入扩大密切相关。

日人反战组织积极从事反战宣传后,更是"收到了我们直接对日宣传不能取得的宣传成果"[6]。例如,反战同盟晋察冀支部自1941年5月成立起,一直通过宣传反战思想和俘虏政策来影响敌军。该支部建立后除了出版了《前进》月刊、半月刊,还印发了近20种小型的对敌宣传品。"他们的工作已经出现了美好的果实。他们在樱花节写作的宣传品,在敌军阵营中已经起了伟大的作用。我们已经发现日本

---

[1] "中共側最近の邦文宣伝",1942年,外務省外交史料館/外務省記録/A門政治、外交/7類戦争/北京情報,日本亚洲历史资料中心档案编号:B02032461300。
[2] 肖向荣:《抗战来八路军宣传工作的检讨》,《八路军军政杂志》1939年第7期。
[3] 周均伦主编:《聂荣臻年谱》(上卷),人民出版社,1999年,第286、287页。
[4] 《百团大战总结战绩——第十八集团军总司令部野战政治部公布》,《北京档案》2005年第8期,第37页。
[5] 刘德峰、孙靖:《抗日战争中的在华日人反战组织及其活动》,《纪念中国人民抗日战争暨世界反法西斯战争胜利70周年国际学术研讨会论文集》,2015年,第743页。
[6] 林之达主编:《中国共产党宣传史》,四川人民出版社,1990年,第4页。

兵往家寄的书信中，有这个东西。并且还有这样的一种事实，在易县一个日本军官对我们的宣传品感到没有办法对付了。我们的宣传品像一颗将要爆炸的炮弹一样的威胁他，他烦恼的对士兵说：'敌人（指我们而言）这些宣传品，也不能不说不符合事实，没有道理，但是它不合乎我们的国体，还是不要去看它们！'但是他的安慰是不够治疗日本士兵的思乡病，我们往往在战斗后，可以从日本士兵的口袋里寻找我们的红绿纸的宣传品。"[1]这说明一些日军士兵已经不排斥宣传，并且开始关注宣传内容。

日军士兵通过宣传品也逐渐知道了反战同盟的实际存在。如池田静子1942年年初在《走向光明之路》一文中讲述的两个人物齐藤、西川，就是在疲于长期战事，归国无期，在苦闷彷徨之中看到了反战同盟的宣传品，得知同盟的存在而主动投奔八路军的[2]。池田的这篇文章在《晋察冀日报》和反战刊物《日军之友》上都登载过，影响不小。齐藤、西川只是众多日军受宣传影响投向八路军的一个缩影。

晋察冀支部成立两周年时，负责人宫本对两年来的工作进行了总结：出版了《日军之友》，现在改为《战友》三十多期，三十几万份，出了《前进》《前线画报》各种刊物。"因为这些刊物宣传品，都是他们自己写、自己画，写他们要说的话，画他们要画的内容，所以在前线的日本士兵是很欢迎的，乐意接受的。最近投诚到八路军来的日本兵还有的在口袋里装着这些宣传品。"宫本说："日本士兵过去怀疑，以为宣传品是八路军写的，但是事实证明，我们说的话都是他们要说的，感情和他们非常接近，后来就相信八路军里日本朋友大大的有

---

[1]《十六个——在华日人反战同盟晋察冀支部剪影》,《晋察冀日报》1941年9月21日。
[2]《走向光明之路》,《晋察冀日报》1942年1月31日。

了。"[1]去年秋天以后,反战联盟开始了"前线工作",宫本说"在前线上,我们打电话,写信,送慰问袋,给炮楼上课,收到不少成绩"。例如直接写信,"佐佐木投诚过来,就是因为被我们的信感召的"。宫本没有直接提及传单,但便于放在口袋中随身秘密携带的宣传品,传单居多,而书信则是传单的"变体",针对性强,效果明显。

随着反战同盟影响的扩大,一些有厌战情绪的日军士兵还主动寻找搜集其散发的宣传品。据《晋察冀日报》1942年10月报道,饭沼师团翻译桂田三郎因为厌战,开始关心反战同盟及八路军的传单,"他便热心地寻找着在华日人反战同盟支部的'战友'和八路军的每张传单"[2],最后主动来到边区。

再以山东地区为例,据统计,仅1942年2月在冀鲁边、鲁西、湖西和鲁南四个区日军厌战自杀者达15起18人,逃跑者8起22人,反战暴动者1起3人,投诚者4起13人。1942年山东日军共逃跑67人,自杀54人,投诚17人,其中有全班集体投诚的[3]。据对日本工农学校山东分校的调查,学员中见过反战同盟宣传品、慰问袋者为49%,听过喊话的占20%,日兵普遍知道"八路军不杀俘虏"、"八路军中有很多日本人"[4]。这说明我方的宣传十分普及深入,这些人能投诚过来,完全是宣传起到了潜移默化的作用。

日人反战同盟在宣传方面使用了一些特殊方法,这些特殊方法所取得的实效也十分显著。

---

[1] 《访问宫本哲治先生》,《晋察冀日报》1943年6月3日。
[2] 《桂田三郎是怎样来边区的》,《晋察冀日报》1942年10月8日。
[3] 牛淑萍:《山东抗日根据地日人反战活动述论》,《烟台师范学院学报》1999年第2期,第47页。
[4] 《山东日人解放联盟瓦解敌军效果良好》,《解放日报》1945年2月20日。

插图5-2　1942年5月在华日人反战同盟晋察冀支部成立周年纪念大会的展览室。展品为支部制作的宣传品。墙上贴着的是支部成员设计的传单、标语

来源：河北省政协文史资料委员会编：《河北抗日战争图鉴》，河北人民出版社，2005年，第256页。

1942年8月，华北日本士兵代表大会讨论制定了《日本士兵要求书》，提出了230项要求，反战同盟由此确定了今后的反战宣传方针。《要求书》的制定被视为反战组织对日军宣传工作的转折点，开创了对日军宣传的新局面。

因为与会的"日本士兵代表"均来自日本军队，所以提出的要求极有针对性和实用性，在宣传上取得了显著效果。1943年3月，野战政治部主任罗瑞卿下达《把日军工作提到更加重要的地位》的指示，要求更好地研究对日军工作方法，改善和加强宣传工作，要研究什么样的宣传内容才能真正抓住日军士兵的要求。为此他特地提到日本士兵代表大会提出了200多条"最切实的要求，给了我们很好的启示"，因为这些要求确实起到了很好效果。他举例说："冀南对敌宣传上曾经抓紧敌军内部殴打、虐待新兵，蔑视士兵人权的具体事实加以揭露，提出彻底废止殴打制度的要求，获得敌军士兵很大同情，逼着敌军不能不再次下令禁止。""如冀南针对伊集院部队（属三十二师团），抓住其许多虐待新兵的事实，并运用该部队的俘虏进行反复宣传，太行区作了许多运用三十六师团俘虏针对该师团的宣传，都起了显著的作用。"[1]罗瑞卿是从实际宣传效果上高度评价《要求书》的。

1944年2月日人反战同盟召开扩大执行委员会，对至今为止的工作进行总结时，认为1942年8月以《要求书》制定的宣传方针十分有效，"在前方各地实际上根据这个方针工作还不到一年，时间虽然很短，但这个方针却使前方的工作获得了新的开展和效果，从前方来的代表，举出许多有趣味的实际例子报告着这个事实。例如我们的

---

[1]《把日军工作提到更加重要的地位》，中国人民解放军政治学院编：《军队政治工作历史资料》第八册，战士出版社，1982年，第191页。

士兵要求书,是日本士兵最欢迎而且产生共鸣的东西,同时又成为日本将校们畏之如洪水猛兽的东西"。因为宣传的内容都是替日本士兵说话的,一下子拉近了双方的距离,"他们对我们送去的'慰问袋'、信等等,开始乐于回答。例如某地反战同盟发出的信中,每三封信约可收到一封回信"[1]。

《要求书》取得的实效在1944年3月反战同盟宣传工作的总结报告中也得到了反映。该报告列举了近来的宣传成果:晋中日军某中队长,看到传单后不打士兵了,晋西北也有同样情况,有士兵收到反战同盟的贺年片后,埋怨日本家乡没有寄来。晋察冀一新兵看到《要求书》后,想投奔八路军。士兵一般都知道八路军、新四军的俘虏政策。尽管日军使用各种方法阻止日军士兵接触《日本士兵要求书》,但载有230项要求的传单不断散发到士兵手中,日军不得不改善对士兵的待遇,这使得士兵十分感谢同盟为自己说话,或多或少对同盟产生了好感。在冀中甚至还出现了日军士兵暗中给反战同盟送军事情报的例子。

另外,受《日本士兵要求书》的影响,华北各地,例如太行、冀中、晋察冀的一些日军部队中,还出现士兵组织起来与上官抗争,为争取自己各种权益斗争的情况[2]。以上情况出现在日军中实为罕见,对从内部瓦解敌人无疑作用巨大。

送慰问袋也是日人反战组织富有特色的宣传手段之一,取得的效果也非常明显。反战同盟成立后,开始给日军士兵送慰问袋,以此"接近他们,找机会和他们做朋友",成为"使其他工作(电话、喊话、通

---

[1] 《日人反战同盟扩大执行委员会和日本人民解放联盟的成立》,中国人民解放军政治学院编:《军队政治工作历史资料》第八册,战士出版社,1982年,第657页。
[2] 《宣传工作座谈会》,《解放日报》1944年6月5日。

信、传单等等)发生效果的一个开端"[1]。慰问袋确实为宣传架起了桥梁,打开了道路。据反战同盟报告,有些日军下层军官十分顽固,从来不接反战同盟的电话,也不看我方的传单,但无论怎么顽固,看到慰问袋则笑而收下,据反战同盟1944年3月的宣传工作总结报告说,送慰问袋"普遍反应十分好,大家都很欢迎,感谢"。该报告列举了很多具体例子,说明日军收到慰问袋后,有的寄来感谢信,有的回赠礼物,有的据点敌军缓和了对老百姓的态度,有的据点因没有收到慰问袋还要求也给寄上。通过慰问袋搭桥,有的日军据点还跟反战同盟建立了通信联络,交涉交换俘虏事宜[2]。可见,慰问袋确实在反战同盟与日本士兵之间起到了桥梁作用,不仅拉近了感情,传递了传单等宣传品,甚至帮助两者之间建立起通信关系,为进一步工作创造了条件。

利用"战友"关系给日军写信,也是日人反战组织惯用的宣传手段,由于是"同胞"之间的书信,效果比随机散发传单好,而给特定对象写信,效果往往更佳。如前所述,这些特定对象包括事先调查清楚的据点、战死者友人、具体个人。例如,反战同盟胶东支部长渡边直接给他熟悉的下层军官写信谈家常,谈对方的父母妻儿。这"很能勾起日军官兵的思乡情感"[3]。1942年9月至12月底,反战同盟冀南支部对驻扎在第二、四、五、六四个分区的5 286名日军进行调查,摸清底细后有针对性地宣传,促使22名士兵逃亡[4]。日军独立混成第一旅团第七五大队

---

[1] 《谢谢你的慰问袋——日本反战同盟在这样斗争着(二)》,《解放日报》1944年4月26日。
[2] [日]鹿地亘编:《日本人民反戦同盟闘争資料》,同成社,1982年,第288页。
[3] [日]小林清:《在中国的土地上———个"日本八路"的自述》,解放军出版社,2015年,第140页。
[4] 刘德峰、孙靖:《抗日战争中的在华日人反战组织及其活动》,《纪念中国人民抗日战争暨世界反法西斯战争胜利70周年国际学术研讨会论文集》,2015年,第743页。

1942年5月开始驻扎清丰县,晋冀鲁支部立刻对该部队的内部状况、士兵姓名、籍贯等进行调查,然后再一一发信,送去慰问袋和传单。因为很有针对性,很快就引起兴趣,不久一些士兵开始回信,提出各种问题让同盟解答,如此开始书信往来,这些士兵不知不觉中接受了宣传[1]。

华北反战同盟1943年发出的信件,从回信的比例看,少则有十分之一给予回信,多时达三分之一。例如冀南同盟发出一百数十封后,回信42封,其中辱骂者五分之三,感谢者五分之二。从开始时无人理睬,到有人写回信感谢,这本身就反映了反战宣传获得的巨大进步。反战同盟认为通过信件进行宣传的效果正在显现,如果自己一边有固定的联络地址,得到的回信会更多。反战同盟成员都来自日军,他们的信件往往是发给熟识对象的,信的内容自然会谈被俘后的生活等,日军士兵看到信件后我方优待俘虏政策的实际情况必然就得到了宣传。例如,太行支部的松田给原先的中队发了48封信,他的那些队友以为松田必死无疑,接到信后议论纷纷:原来松田还活着,八路军没有杀死他。一个姓福田的也是这样,日军以为他已经战死,并且给他家人发出死亡通知,当收到福田的信时,都十分意外。反战同盟的信件也有的是用来警告一些常常对沦陷区百姓施暴的日军,同样也取得了很好的效果[2]。通过这种有针对性地投递信件,反战同盟甚至与一些日军士兵建立了通信关系,并且由此逐渐改变了他们的思想,使他们厌战、反战,甚至投向八路军而参加了反战同盟[3]。

---

[1]《和日本士兵信件的来往——日本反战同盟在这样斗争着(四)》,《解放日报》1944年6月16日。
[2]〔日〕鹿地亘编:《日本人民反戦同盟闘争资料》,同成社,1982年,第289页。
[3]《和日本士兵信件的来往——日本反战同盟在这样斗争着(四)》,《解放日报》1944年6月16日。

值得强调的是,反战组织在日军士兵心目中地位的变化本身,也能说明宣传效果。反战组织刚刚组建开始活动时,完全被日军士兵视为"叛徒"、"败类"、另类,被鄙视不齿。不过,通过艰苦的宣传工作,尤其是改变宣传策略,通过送慰问袋、宣传《日本士兵要求书》后,反战组织的形象得到了大大改变,不仅拉近了与日军士兵的距离,而且还在一些士兵中逐渐树立起威信。1944年反战同盟宣传工作总结会上,晋西北支部发言说,在晋西北的日本士兵中,反战同盟的权威非常高[1]。可以想象,通过他们进行的宣传,效果会更好。

在争取和瓦解伪军方面,我方的宣传等也收到了显著效果。如冀南区,仅在1942年10月到1943年4月约半年时间内,即瓦解伪军9 092人,占冀南伪军总数的30.9%,伪军反正1 128人,为上一年反正数的两倍。1943年山东根据地八路军共瓦解伪军7 000余人。1944年伪军反正数量急剧增加,1 500人以上者共3股,6 500人枪,1 000人以下者共140余股,计6 000余人枪,这一年共瓦解伪军12 000余人,由政治攻势结合军事攻势攻克的据点占整个收复据点的70%[2]。

就总的宣传效果而言,如果仅仅以敌军投降人数而论,从七七事变开始到1940年5月初,八路军共俘虏日军官兵1 074名,伪军24 593人,投诚日军19名,反正伪军28 482名[3]。1943年后,日伪军厌战反战情绪更是普遍增长,据统计,1943年从年初到11月止,发生日军官兵投诚事件18起。华中仅1942年一年就有日军士兵14人主动投诚新

---

[1] 《宣传工作座谈会》,《解放日报》1944年6月5日。
[2] 孙道同:《论八路军瓦解和争取敌军的工作》,《南京政治学院学报》1995年第4期,第23页。
[3] 萧向荣:《八路军的政治工作》,《八路军军政杂志》1940年第2卷,第65页。

四军[1]。

在八年全面抗战中,八路军、新四军获得伪军反正者达18万多人[2],俘获日本官兵则有7 118人(内有投诚者746人),其中八路军俘获5 096人,新四军俘获2 022人[3]。在整个日军俘虏中,自愿投诚八路军和从日军队伍逃亡者所占的比例,除1941年外都是逐年增加。1940年为7%,1942年为18%,1943年猛增至48%,1944年增至85%,1945年增至125%[4]。主动投诚者数量倍增,原因很多,但肯定是基于完全了解我方优待俘虏政策后的决断。

需要强调的是,在检验宣传效果时,有些效果是可以通过数据说明的,例如上文提到的投降、倒戈人数等,但精神层面的变化及其表现,诸如宣传造成的敌军军心涣散、士气低落等心理上的表现,往往是渐现的,是无法以数据表现的。我方优待俘虏的政策,从抗战初期日军完全不知晓、不相信,到后来普遍知晓,乃至渐渐相信,便是典型之例。虽然难以比较,但可以说与看得见的效果相比,看不见的精神层面的效果肯定更大更广。侵华战争的参与者、战后日本著名历史学家藤原彰回忆说,1941年7月自己从军校毕业后被派到河间任小队长,一到任就从士兵们那里知道八路军优待俘虏,八路军中有相当数量的日本俘虏存在。这说明当时我方的俘虏政策已经广为日军所知。他还说到了我方的宣传活动,老百姓带来装有红枣、信函的慰问袋,

---

[1] 刘德峰、孙靖:《抗日战争中的在华日人反战组织及其活动》,《纪念中国人民抗日战争暨世界反法西斯战争胜利70周年国际学术研讨会论文集》,2015年,第774页。
[2] 李仲元:《抗战时期我军对日伪军瓦解工作研究》,《南京政治学院学报》2005年第1期,第71页。
[3] 张其敏:《日本反战同盟在反对侵华战争中的作用》,《日本侵华史研究》2015年第3期,第134页。
[4] 梅剑主编:《延安秘事》,红旗出版社,1996年,第403页。小林清:《在华日人反战组织史话》,社会科学文献出版社,1987年,第8页。

反战组织打进电话、在据点外唱反战歌曲等，这些事情他也都遇到过。他个人认为当地八路军等的宣传工作"对于我们队并没有什么直接效果，但是，由此使得日军认识到八路军俘虏政策的实际状况、日本俘虏的反战活动，十分有意义。这种活动使人怀疑战争目的，降低士气。可以说反战活动的意义正在于此"[1]。这种精神层面上的效果也正是我方宣传战、思想战所追求的主要目标，并且，也正是由于这种精神影响的深入与扩大，才出现了越来越多的倒戈投降者。

抗战全面爆发之初，英国记者贝特兰采访毛泽东时曾经怀疑过我方的宽待俘虏政策，认为这种政策在日军的纪律下未必有效。毛泽东的回答是十分肯定的[2]。事实证明我方的政策确实极为见效，从平型关大战未能俘获一个俘虏，到后来抓获大量俘虏，甚至还出现主动倒戈投诚者，便是最好的证明。出现这种变化，虽然有各种原因，但宣传之功不可没。宣传之功虽不能全归于传单，但就像新四军政治部在总结对敌伪宣传工作时所说的那样，"散发传单和贴标语，是我军对敌伪的最普遍的宣传方式"。作为最普遍的宣传方式，自然对日军影响最大。传单与俘虏的关系，从1944年3月日本人民解放联盟华北地区协议会有关同盟活动情况的报告便可以窥知一二。报告说"所有的俘虏全部看过我们的传单，总的来说对八路军、新四军以及反战同盟有初步了解，普遍知道不杀俘虏"[3]。报告特地提到了传单，并且说所有的俘虏都看过，无疑是对传单宣传作用的最好诠释。

---

[1] ［日］藤原彰、姫田光義編：《日中戦争下中国における日本人の反戦活動》，青木书店，1999年，第98页。
[2] 《毛泽东选集》第二卷，人民出版社，1991年，第380页。
[3] ［日］鹿地亘编：《日本人民反戦同盟闘争資料》，同成社，1982年，第285、286页。

结　语

抗日战争是一场持久战，拼的是军事、经济、文化等各方面的综合实力。中日较量，不仅在战场上，在思想、宣传战线上也同时展开。在抗战期间，中国共产党和国民党都认识到了宣传重于作战，利用各种手段展开宣传活动，具有特殊宣传优势与作用的传单便成了宣传利器。

有日本研究者在研究战时日军在华散发的传单时，发现了中国军队散发的五份传单，认为是首次看到，并且说至今连中国军队也散发过传单这一事实都不为人知[1]。还有日本研究者认为，战争期间使用传单进行宣传，一般是由在战争中占有优势地位的一方向敌方或占领区居民散发，"失利一方向战胜一方撒宣传传单十分罕见。战斗力处于优势一方，是作为补充战斗力的方法撒传单的，如果战斗力低下，根本没有功夫去制作宣传传单"[2]。但是，从中国抗战的上述实际状况看，事实恰恰是"罕见"的一方——失利的中国，无论是中国共

---

[1] ［日］仓桥正直:《戦争と日本人　日中戦争下の在留日本人の生活》，共荣书房，2015年，第279页。
[2] ［日］土屋礼子:《対日宣伝ビラが語る太平洋戦争》，吉川弘文館，2011年，第3页。

产党还是中国国民党在全面抗战一开始就立刻使用上了这一特殊武器。在中国共产党方面,七七事变爆发后就开始在华北散发传单对敌我加以宣传;在国民党方面,1938年4月至5月21日,仅仅国民政府军事委员会政治部第三厅印制完毕的传单就达6 200万份,甚至在19日远赴日本空投传单百万份。此后,随着战争的深入,我方尤其是共产党方面使用的范围越来越广,规模越来越大。宣传战不会发生正面交战,即使军事上不利,无力正面交锋,只要想使用宣传这一武器,还是大有用武之地的。因此,在当时的历史条件下,传单也是弱者奋力抗争的有力武器。

更重要的是,中国进行的是正义之战,是为国家独立、民族生存而战,所以在宣传上自然理直气壮,不要任何粉饰或掩饰,这才是尽管属于弱者的中国竭力使用包括宣传在内的一切手段进行反击的根本原因所在。

利用传单宣传虽然只是我方宣传手段的一部分,但它却是抗战宣传战的缩影,通过利用传单进行的宣传战,可以看到我方宣传主体众多,不仅有中国共产党、国民党及其领导下的抗日武装、抗日团体,也有外国反战、抗日组织参加,共同组成抗日统一战线,在思想、宣传阵线上与日军鏖战。

通过利用传单进行的宣传战,还可以看到国共双方,尤其是中国共产党方面,在组织工作上,自上而下都建立有专门组织,负责领导和实施宣传工作。在指导思想上,制定有针对性的方针政策,并且在实施过程中不断总结经验教训,根据形势的变化加以丰富完善。在宣传策略与方法上,都十分讲究宣传技巧,注重因时因地因对象选择合适有效的宣传内容和方法,将传单的宣传优势发挥到了极致。在宣传效果方面，尽管困难重重，仍通过种种努力取得了巨大成效。

有研究认为，"在太平洋战争中，进行最特异并且最有效的反战运动的是中国的中国共产党，是八路军以及日本反战同盟、后来的日本人解放联盟"[1]。确实，通过利用传单进行的宣传战，可以看到针对敌军和民众宣传做得最全面彻底、深入细致的是中国共产党，在华日人反战组织也做出了巨大贡献，这充分佐证了我方，尤其是中国共产党方针路线的正确，同时再次证明宣传战在瓦解敌方方面的巨大效用。

---

[1] ［日］山本明：《戦時宣伝ビラ研究の文献解題》，《評論・社会科学》1978年第13期，第53页。

参考文献

一、论文

孙道同:《论八路军瓦解和争取敌军的工作》,《南京政治学院学报》1995年第4期。

石源华:《韩国光复军战史述论》,《军事历史研究》1998年第3期。

牛淑萍:《山东抗日根据地日人反战活动述论》,《烟台师范学院学报》1999年第2期。

黄义祥:《抗战时期在华日本人的反战宣传活动》,《广东社会科学》1995年第4期。

谷小水:《抗战时期的国民精神总动员运动》,《抗日战争研究》2004年第1期。

李仲元:《抗战时期我军对日伪军瓦解工作研究》,《南京政治学院学报》2005年第1期。

刘宝辰、徐峰:《觉醒联盟述论》,《绵阳师范学院学报》2005年第3期。

易振龙:《被湮没的抗争——抗战时期国民政府的对敌宣传》,《湖北广播电视大学学报》2008年第8期。

石岩:《抗战时期在华日本人反战组织及其活动》,《日本研究》2011年第1期。

朱之江:《抗战时期朱德宣传战思想探析》,《党的文献》2012年第3期。

杨海亮:《八路军敌军工作方针变化述析》,《延安大学学报》2013年第4期。

段瑞聪:《蒋介石与抗战时期总动员体制之构建》,《抗日战争研究》2014年第1期。

及之刚:《中国共产党领导的抗日心理战》,《沧州师范学院学报》2014年第4期。

胡正强、李海龙:《论抗战时期中国共产党漫画宣传的主题与特色》,《南京政治学院学报》2015年第1期。

刘树宏、张莹:《抗日战争时期瓦解敌军思想的历史经验》,《沈阳大学学报》2015年第1期。

刘德峰:《抗日战争中的在华日人反战组织及其活动》,《纪念中国人民抗日战争暨世界反法西斯战争胜利70周年国际学术研讨会论文集》2015年。

二、著作、资料

中国人民解放军政治学院编:《军队政治工作历史资料》4—9册,战士出版社,1982年。

[日]鹿地亘:《日本兵士の反戦運動》,同成社,1982年。

[日]鹿地亘编:《日本人民反戦同盟闘争資料》,同成社,1982年。

小林清:《在华日人反战组织史话》,社会科学文献出版社,1987年。

王岳庭:《在华日人反战运动史略》,河南人民出版社,1989年。

[日]平和博物館を創る会编:《紙の戦争・伝単——謀略宣伝ビラは語る》,エミール社,1990年。

杨昭全、李辅温:《朝鲜义勇军抗日战史》,黑龙江人民出版社,1995年。

孙金科:《日本人民的反战斗争》,北京出版社,1996年。

[日]铃木明编:《秘録・謀略宣伝ビラ——太平洋戦争の"紙の爆弾"》,讲谈社,1977年。

[日]藤原彰・姫田光义编:《日中戦争下中国における日本人の反戦活動》,青木书店、1999年。

[日]一ノ瀬俊也:《戦場に舞ったビラ——伝単で読み直す太平洋戦争》,讲谈社,2007年。

[日]土屋礼子:《対日宣伝ビラが語る太平洋戦争》,吉川弘文1馆,2011年。

后　记

　　谍报、宣传、谋略是孪生兄弟。一直研究近代日本在华军事谍报活动的我，在长期"耕作"中，自然接触到了很多有关宣传方面的史料，并且逐渐对此产生了浓厚的兴趣，最终将其开辟为自己的又一研究领域。在收集史料过程中，最令人感到强大视觉冲击的当属那一张张花花绿绿的传单。

　　从制作时间看，这些传单基本上是七七事变爆发后印制的，传单的制作者既有我方，也有敌方。时间已经过去了八十年左右，这些传单能够穿越战火保留至今本身就是奇迹。面对一张张泛黄而带有几分神秘色彩的传单，不由得令人关心起其背后的故事。

　　自此，收集抗日战争期间中日双方散发的传单，追寻、解读其背后的"故事"，成为我这几年挖掘的专题之一。经过不懈努力，终于在一叠叠尘封的档案中陆续找到了一些珍贵的传单原件。在此基础上，首先围绕我方使用传单进行的宣传战进行了解读，现在呈献给各位的正是这方面的成果。

　　本研究能够深入展开，首先要感谢财团法人住友财团提供的宝贵支持。去年底，笔者以"有关日中战争期间中日两国传单的收集与研究"（日中戦争における中、日両国による宣伝ビラの収集と研究）为题申请住友财团2016年度亚洲各国日本关联研究（"2016年度アジア諸国における日本関連研究"）资助，有幸获得赞助，本书便是这一研究课题的成果之一。此外，课题的申报得到了原名古屋大学副校长、爱知县立大学校长森正夫教授的热情支持，资料的收集则获得了日本外务省外交史料馆、日本防卫省防卫研究所史料阅览室、立命馆大学经济学部金丸裕一教授、东华大学李嘉冬老师与南京民间抗日战争博物馆吴先斌馆长的诸多帮助，在此一并感谢。

最后，衷心感谢复旦大学出版社的史立丽编辑。没有其慧眼所识和为编辑、出版所付出的辛苦努力，小著不可能最终付梓。

许金生

2017年6月

图书在版编目(CIP)数据

无声的炸弹:传单上的抗日战争/许金生著. —上海:复旦大学出版社,2017.8
ISBN 978-7-309-13143-7

Ⅰ.无… Ⅱ.许… Ⅲ.抗日战争-史料-中国 Ⅳ.K265.06

中国版本图书馆 CIP 数据核字(2017)第 205277 号

无声的炸弹:传单上的抗日战争
许金生 著
责任编辑/史立丽

复旦大学出版社有限公司出版发行
上海市国权路 579 号　邮编:200433
网址:fupnet@fudanpress.com　http://www.fudanpress.com
门市零售:86-21-65642857　团体订购:86-21-65118853
外埠邮购:86-21-65109373　出版部电话:86-21-65642845
上海市崇明县裕安印刷厂

开本 890×1240　1/32　印张 9.5　字数 201 千
2017 年 8 月第 1 版第 1 次印刷

ISBN 978-7-309-13143-7/K·627
定价:28.00 元

如有印装质量问题,请向复旦大学出版社有限公司出版部调换。
版权所有　　侵权必究